利益抑或信仰:
文革与社会分层研究

INTERESTS OR BELIEFS:
*Research On the Chinese Cultural Revolution
and Social Stratification*

张耶斯 著

By Zhang Yesi

美国华忆出版社
Remembering Publishing. USA

Copyright © 2025 by Remembering Publishing, LLC. USA

ISBN： 978-1-68560-210-9 (Paperback)
　　　978-1-68560-211-6 (eBook)
Remembering Publishing, LLC
RememPub@gmail.com

Interests or Beliefs:
Research On the Chinese Cultural Revolution and Social Stratification

By Zhang Yesi

利益抑或信仰：文革与社会分层研究

张耶斯 著

出　版： 美国华忆出版社
版　次： 2025 年 9 月 第一版 第一次印刷
字　数： 162 千字

All Rights Reserved.
No part of this book may be reproduced in any form or by any electronic or mechanical means, including information storage and retrieval systems, without permission in writing from the publisher. The only exception is by a reviewer, who may quote short excerpts in review.

作品内容受国际知识产权公约保护，版权所有，侵权必究

目 录

绪 论 1

第一章　社会结构与社会分层 8

　　一、户籍制度与城乡社会二元结构 / 11

　　二、统购统销与再分配制度 / 20

　　三、单位体制与群体等级制度 / 23

　　四、阶级路线与身份制 / 34

第二章　社会结构特征及阶层状况 50

　　一、中国社会结构的特征 / 50

　　二、文革前社会分层状况 / 56

第三章　干部阶层与文革 60

　　一、干部阶层及其群体划分 / 61

　　二、干部阶层中政治派别的出现与文革的实质 / 64

　　三、党政干部群体的命运起伏 / 76

　　四、干部阶层对文革的抵抗 / 83

第四章　知识分子阶层与文革 100

　　一、知识分子阶层及其特征 / 100

　　二、血统论背后的阶层利益之争 / 104

　　三、知识分子阶层的遭遇与抗争 / 108

　　四、知识分子阶层子女在文革中 / 118

第五章　工人阶层与文革 …………………………………… 126
一、工人阶层和不同群体派别的形成 / 126
二、最早的造反行动者——合同工、临时工及其命运 / 132
三、工人阶层的分化与冲突 / 137

第六章　农民阶层与文革 …………………………………… 147
一、农民阶层的构成及其特征 / 147
二、农民阶层在文革中 / 148
三、文革的受益者——农村干部群体 / 158
四、文革的深度参与者——农民阶层的学生群体 / 163

第七章　贱民阶层与文革 …………………………………… 171
一、贱民阶层及其特征 / 171
二、贱民阶层的际遇 / 175
三、离经叛道者的最初呐喊 / 180
四、呼吁制度变革的"新思潮" / 193

结　语 ……………………………………………………………… 202

参考文献 ………………………………………………………… 209

绪 论

就像法国大革命一直是法国政治生活中的议题一样，1966—1976年历时十年之久的中国文化大革命也会永远留在中国政治生活中。六十年来，许多人都有一个强烈的愿望，那就是了解这场史无前例风暴产生的原因、过程和后果。至今为止，对于文革的研究面临种种困境，受到诸多限制，但不可否认的是对这场运动本质的探求、真相的追问、历史与现实影响的研究都取得了可喜的进展。

"文革为剖析中国政治的进程提供了一个独特的机会，因为它是一场危机，正是在危机中，一个政治制度的本质、长处和弱点最容易原形毕露。"[①] 文革是一场政治运动，是一个社会治理危机，更是一场社会运动，社会各个阶层的人们几乎无人例外地被卷入其中，对个体命运、家庭命运和社会生活的影响是巨大的。无论在学界还是在民间，关于文革的定义多种多样，对文革性质的判定莫衷一是，对文革对中国社会发展和历史进程影响的看法更是仁者见仁、智者见智。总体而言，不管研究者是否意识到，对文革的解释路径却是清晰可寻，概括起来说主要有"上层斗争说"和"社会冲突说"两种。文革史研究者一般自觉或不自觉使用的解释框架可以分为三种：一是权力斗争说，用中央高层政治人物争夺政治权力的斗争为主线分析文革；一种是路线斗争说，用中共最高层的两条路线或两个司令部的斗争来解释文革；再一种就是社会冲突说。其实，从严格意义上说，第一、二种属于同一解释路径，即把社会分层中的干部阶层，特别是高级干部作为历史的主体来研究文革史，数以亿计的其他社会阶层的文革参与者有意或无意被忽略。这种解释路径可称之为"上层斗争"

---

① 王绍光：《理性与疯狂——文化大革命中的群众》，第1页。

模式。这种理论模式的研究者将关注的焦点集中在中共高层的内部斗争,实际上反映了人们思想观念深处的一种潜在的、变态的英雄史观。这种基于传统史学研究理念的对文革的观察和叙述,远远不足以反映文革这一重大历史事件的真实全貌和多重面相,尤其无助于解释为什么如此多的社会各个阶层、不同群体的普通民众积极投身其中的事实。

有些学者鉴于上层斗争说解释路径的局限,开始用跨学科理论,特别是社会学理论研究文革,对文革史的解释路径发生了变化。红卫兵群体、工人群体的研究日益增多,许多文革时期个案研究更体现了这一变化。这种理论框架和解释路径就是第三种解释路径,即社会冲突模式。社会冲突模式改变了只关注上层权力斗争和路线斗争,上层精英的思想、意图、行为,忽略社会其他阶层在文革中的利益诉求、活动的状况,把投身于运动的人们当成具有各自利益诉求的主体,力图揭示文革爆发前中国的社会状况和社会结构对文革走向、进程和结局的影响,对于理解文革中许多重大问题和文革的本质至关重要。文革时期的社会结构和矛盾冲突与现代社会冲突理论描述的景象有相似之处。如财产所有权和财产实际支配权的分离等等,毛泽东的"由天下大乱达到天下大治"的观点也与现代社会冲突理论一样,均肯定社会冲突的正功能。

用社会冲突理论解释文革有一定的合理性,但也存在着一些不容忽视的问题。现代社会冲突理论分析的是由社会矛盾发展而自然引起的冲突,而文革是由最有权威的领袖为了战胜同僚、追求所谓理想社会的实现而人为制造的。利用这一理论研究文革的结果之一是出现了两个文革说的观点。国内学者普遍不认同两个文革说并撰文予以批驳,但都没有从剖析社会冲突模式解释文革的缺陷这一高度来认识。社会冲突模式虽然激活了群众组织和群众运动的研究,并通过叙述群众组织机构的发展演变过程,揭示群众组织与国家政权、群众组织之间、群众组织内部的矛盾冲突,来展现群众运动的形貌及其与文革的内在联系,但对文革的解释也存在着致命的缺陷。亚里士多德说："任何情况下的内乱,不管其目的如何,都来源于不平等。"①文革时期社会的不平等是显而易见的,但把干部阶层和其他阶层对立的研究方法和观点无助于认识文革的本质。

重视普通民众在文革中的作用无疑是探求文革本质的一个前提。王绍光认为："为什么许许多多的人积极投身这场运动?为什么那些自称是毛泽东的真心追随者的人们最终分裂成敌对的派系?这些问题很少有人提出并做出基本的解答。三家村成员中唯一的幸存者廖沫沙似乎对文革理解得更深一些。他指出,对文革的普遍解释,与马、恩和列宁曾强烈抨击过的旧式历史理论一样,存在两个缺陷。他们充其量只考虑人的历史活动的思想动机,而不去考察产生这些动机的原因,也不去探讨人民群众的所作所为。②"尽管文革很重要,而且已有大量的文献对之进行探讨,但我们对文革的了解依然是很肤浅的。在我看来,对于理解这场动乱特别关键的一个方面被忽视了,那就是大多数普通中国人的经历、感受和行为以及他们与政界人物的相互作用。这种忽视是致命的。因为文革最显著的特征正在于它关系着千百万人,所以,如果不涉及人民群众在文化大革命中所起的积极作用,便无法对其作出充分的解释。"③

一些持上层斗争说的学者也关注到了社会各阶层对文革的影响。金春明1996年出版的《文化大革命史稿》因内容的结构性缺陷和对民众的忽视被唐少杰尖锐批评。唐少杰认为,《史稿》对1967年初春到1968年的众多重大事件辍笔而过,对在此期间的许多群众运动、群众组织、群众派性斗争和全国性的诸多群众思潮忽略不计,是极不妥当的。其实金春明也注意到了社会各阶层对文革进程的影响,他认为:因不同的阶层、群体的不同动机、要求产生的不同行动,给运动打上了或深或浅、或全局或局部的不同烙印,"在过去那个历史

---

① 【古希腊】亚里斯多德著,颜一、秦典华译:《政治学》,第196页。
② 王绍光:《理性与疯狂——文化大革命中的群众》,第4页。
③ 王绍光:《理性与疯狂——文化大革命中的群众》,第1页。

阶段中，群众是分阶级和阶层的，即使是同一阶层中也有社会地位、环境的不同，利益和要求也不会是一致的。成百万、上千万的人参加同一政治运动，尽管他们可能呼喊着同一个口号，念着同样的语录，但他们的动机和要求，他们的表现和行为也必然是千差万别的。""参加文化大革命的群众，存在着不同的动机，不同的利害，不同的要求。这方面比以前的历次政治运动表现的更明显、更突出。"唐少杰认为："文革的全部问题都离不开群众问题。人民群众不仅使文革在规模、范围、意义、影响等方面成为二十世纪数一数二的群众运动，而且他们本身就是文革历史的主体。人民群众对文革历史的创造和推动包含了他们在文革中的自身演变、自身反省和自身批判。文革时期的群众思潮和派性斗争表明，群众问题从根本上使文革具有了不以任何个人意志为转移的利益驱动和利益分化的色彩，并且对文革的命运注入了难以逆转的因素。如果无视群众问题在文革中的角色和功能，文革作为一场亿万人民群众参加的活动或置身于其中的历史就无从谈起。"①

社会冲突模式对文革研究的最大贡献在于把普通民众当作历史的主体来看待。文革的发生与中国的历史和当时的社会结构密不可分，与中国传统社会文化密切相关。文化大革命绝非离开中国历史轨道之外的怪物，它恰恰是中国历史浓缩的再现，是历史上存在过的各种主义与当时追求的社会主义诸种因素的奇特结合。文革中所展现出来的怪相、丑恶、残暴、麻木、疯狂等种种现象，大都可以从漫长的中国历史中找出原型。文化大革命无疑是领导者错误发动的运动，但进一步观察思考，又不能否认，它也是被发动起来的人们的一次相当自觉的运动，以致出现了被忠于的主体无法或难以驾驭效忠者的现象。历史的事实驱使我们从更深的层次去理解文化大革命。刘泽华在为美国学者阿妮达·陈著作《毛主席的孩子们——红卫兵一代的成长与经历》中文版所作的序中写道："有人说文化大革命其实就是革

---

① 唐少杰：《"文化大革命"史稿刍议》，《开放时代》1998年第6期。

文化的命,这自然是不错的,但换一个角度看,它又是一次由一定的文化支撑的运动。现在有一些人把文革视为权力斗争,这样就很容易把思维限制在一个狭窄的框子里。其实底层社会所表演的一幕幕活剧,是更值得重视的,是整个文化与社会心态的大暴露。权力斗争固然需要研究,但社会文化与心态的研究目前更是刻不容缓的,应加紧进行材料的搜集和研究,因为这些很容易随着一代人的自然消失而给后人留下空白,向下一代传白卷是莫大的过失。"①

对于文革的性质,人们从不同的角度有不同的判断和定义,每一种判断都有其一定的合理因素。1981年中共十一届六中全会通过的《关于建国以来党的若干历史问题的决议》认为:"历史已经判明,文化大革命是一场由领导者错误发动,被反革命集团利用,给党、国家和各族人民带来严重灾难的内乱。"金春明认为:"文化大革命是由党的最高领袖亲自发动和领导的,以无产阶级专政下继续革命理论为指导思想的,以所谓走资派和反动学术权威为对象的,采取所谓四大方法动员亿万群众参加的,以反修防修巩固红色江山为神圣目标的,一场矛盾错综复杂的大规模长时间的特殊政治运动。或简称为特殊的政治运动。"②。中央文革小组成员王力后来认为:从深刻的社会的、经济的、思想的根源来看,文化大革命是一次带有封建迷信色彩的,具有无政府主义性质的农民(小生产者)运动,因而具有极大的盲目性、破坏性和倒退性。

文革是一种充满种种悖论的历史事件,给人们设置了诸多历史困境和道德困境。"在中国漫长的历史发展过程中,再没有像文化大革命时期这样复杂和矛盾的历史时期了,文化大革命堪称史无前例,也再没有任何时期能像文化大革命这样,会使得一切历史的类比都陷于无效。几乎没有一个社会会这样公开地裸露自己的矛盾、创伤和受到的损害,会这样展示出如此奇怪、曲折和异乎寻常的历史事件。

---

① 【美】阿妮达·陈著,史继平、田晓菲、穆建新译:《毛主席的孩子们——红卫兵一代的成长与经历》序言。
② 金春明:《文化大革命史稿》,前言第3页。

在现代历史上，也很少有这样的历史片断，它充满着如此之多的讽刺和悖论，充满着如此之多的由手段和目的之间深刻的不协调而引起的灾难，充满着如此之多的由动机和结果之间的巨大鸿沟而造成的伤害。"①

　　文革的这一特点是由它所处的中国社会由传统农业社会向现代社会转型的历史阶段所决定的。文革是中国社会现代化的一个分界点，传统因素与现代因素聚合纠缠，互为一体，其本质是传统农业社会对现代社会的最后抵抗和无声的悲鸣。文革更多地体现了当时中国社会所包含的传统性和封建性，淋漓尽致地体现了中国国民性，其所追求的所谓理想社会的形态以及运作的机制和手段是典型的传统中国专制政治的特征，缺乏对人性的尊重，漠视个人的自尊和权利。文革所追求的终极目标也毫无现代性可言。文革所要实现的目标，即1966年5月7日毛泽东给林彪的信，即五七指示体现出来的他多年憧憬在中国建立的一种理想的新社会模式，也是一种具有理想色彩的、平均主义的社会经济模式，其中所体现的排斥商品经济、市场经济，企图通过消灭阶级分工来消灭阶级差别、消灭特权现象，实现社会公平的思想，只不过是中国农民几千年憧憬的所谓理想社会大同社会的翻版，是乌托邦思想的再现。文革的现代性主要体现在它是发生在中国现代化的历史进程中，同时提出了许多现代社会的命题，如民众参与政治，民众应享受平等的权利，对官僚制度和官僚特权的否定等等。文化大革命本身提出的问题是多方面的，包括官僚主义、等级制、教育制度的改革、消灭城乡差别和脑体差别、民主、文化传统等诸多现代化需关注的议题。

　　对于文革这样席卷全国，有数以亿人计参加的政治运动和社会运动，不考察其社会根源就不可能对错综复杂的社会政治现象，特别是对社会各阶层为什么曾经以高昂的激情参加运动作出令人信服的

---

① 【美】莫里斯·迈斯纳著，杜蒲、李玉玲译：《毛泽东的中国及后毛泽东的中国——人民共和国史》，第390页。

说明。要揭示文革的起源和本质,理解文革的进程和结果,必须了解文革发生的社会环境,即中国当时的社会结构及其社会运行机制。中国社会是如何控制、整合、调控、统治或分化的?是什么样的制度或体制、通过什么样的手段和机制,构造了社会的制度结构?

社会分层是分析社会现象、探求社会规律的一个重要方法。社会学家马克斯·韦伯最早提出社会分层理论。社会分层是指社会成员、社会群体因社会资源占有不同而产生的层化或差异现象,尤其是指建立在法律、法规基础上的制度化的社会差异体系。社会资源包括经济资源、政治资源、文化资源、社会资源、声望资源、公民资源、人力资源等七个部分,这些资源在人群中的不平等分配构成了社会分层系统的基础。通过对每个社会的平等程度、分层系统的严格程度(或僵硬程度)、分层系统在多大程度上依赖于先赋以及身份集聚程度,对某一社会的分层系统进行总判断,是观察和分析社会问题和历史问题的重要方法。文革前和文革中的社会分层对文革的起源、进程、结局具有重大影响,是考察文革的一个重要视角。依据对中国社会结构以及影响社会分层重要制度的分析,当时的社会人群分为干部阶层、知识分子阶层、工人阶层、农民阶层、贱民阶层。干部阶层是唯一具有整体组织的社会结构因子,这一群体构成一个严密的自上而下的组织系统对外独立,内部结构等级森严。其他的社会成员也有组织,但不够独立,也没有形成整体性系统。每个社会阶层根据不同的状况又可分为不同的群体。这些阶层、群体对文革的态度以及在文革中的不同利益诉求、行动综合发生作用,从而决定了文革的进行方式、进程、走向和结局。

本课题试图在对文革已有的研究基础上,利用社会分层理论探求文革的起源、进程、结局与文革的性质。从社会分层的角度来看,文化大革命是由干部阶层(精英阶层)因对改变社会结构和社会分层现状主张采用不同的方式而引起的,由执政党最高领导者发动和主导,社会各个阶层、群体共同参与,并借用意识形态斗争的形式追求并力图实现自身利益诉求的政治运动和社会运动。

第一章

社会结构与社会分层

马克思主义社会学关于社会结构的观点,有广义和狭义两种理解。广义的社会结构,是指社会各个基本活动领域,包括政治领域、经济领域、文化领域和领域之间相互联系的一般状态,是对整体的社会体系的基本特征和本质属性的静态概括,是相对于社会过程而言的。狭义的社会结构指由社会分化产生的各主要的社会地位群体之间相互联系的基本状态。这类地位的群体主要有:阶级、阶层、种族、职业群体、宗教团体等。在阶级社会中,阶级结构是理解其他群体的地位和作用的基础,阶级关系决定着整体社会和各个社会群体的发展方向。李百汉认为:一个社会的社会结构主要是指这个社会的社会成员之间按照特定的社会地位或社会角色行为与互动的一种社会情景与状态。它是一种在特定的价值观念和行为规范框架内进行社会互动的社会关系。①

对于社会结构的性质,社会学家也有不同的观点。马克斯·韦伯等社会学家认为,所谓社会结构不过是个名称,并不是一种社会事实,是没有经验根据的,是推测性的抽象。韦伯认为社会现实是以个人的社会行动为基础的,社会结构不过是一种可能性,它并不能独立地存在人们的行为之外。马克思则认为,社会结构是一种不以人的意志为转移的客观实在,社会结构是对社会上每个人都发挥巨大作用的实体。法国社会学家涂尔干也将社会结构视为一种客观的实在,认

---

① 李汉林:《中国单位社会议论、思考与研究》,第12页。

为它超越于个人之上，并影响和制约着每个人的行为。涂尔干有一句名言："社会先于个人"。

社会结构（social structure）是指一个国家、部落、部族或地区占有一定资源、机会的社会成员的组成方式及其关系格局，包含种群数量结构、家庭结构、社会组织结构、城乡结构、区域结构、就业或分工结构、收入分配结构、消费结构、社会阶层结构等若干重要子结构。社会结构具有复杂性、整体性、层次性、相对稳定性等重要特点。一个理想的现代社会结构，应具有公正性、合理性、开放性的重要特征。社会阶层结构在社会结构中处于核心位置。社会分层（social stratification）是指社会成员、社会群体因社会资源占有不同而产生的层化或差异现象，尤其指建立在法律、法规基础上的制度化的社会差异体系。

社会资源是对人有价值的资源的总称，它包括：政治资源、经济资源、文化资源等等。资源是那些能满足人们需要和利益的物品、非物品以及事件。资源是那种可使得人们满足必要且重要的经济、政治、社会以及与此相关的各种需要的东西。社会分层是以一定的标准区分出来的社会集团及其成员在社会体系中的地位层次结构、社会等级秩序现象。人们对社会资源的占有或者获取，是由其社会地位决定的，人们的社会态度也在很大程度上是社会地位的产物。因此，社会成员所具有的社会地位决定了人们对社会资源的占有以及社会态度。社会分层常常既指社会团体或个人之间社会经济状况的差别，同时也包括根据一定的指标对社会经济地位或地位等级所作的评价，如上等、中等、下等之类。

决定社会各阶层处于社会结构中不同位置，即社会地位高低的因素在于对社会资源的占有、支配及享受收益的程度。在本课题研究中，我们主要依据法国社会学家布迪厄关于社会资源划分的理论来说明社会分层状况。布迪厄认为，区分各个社会阶级的首要差异，在于各个阶级占有的资本总量不同。资本总量即为人们实际可以使用的资源与权力，即由经济资本、文化资本、社会资本、符号资本构成。

经济资本主要是指财产、收入等经济资源。文革前的中国社会虽然在形式上消灭了财产私有权,对经济资本的个人占有在形式上基本不存在,但对经济资本的实际占有、支配、收益在社会阶层中还是存在明显的差异的。有实际占有、支配权的社会阶层还是处于社会结构的最高位置。

布迪厄社会分层思想的突出特征是强调文化、生活方式、品味、惯习等在区分社会地位差异方面的重大作用。"不同阶级的家庭在子女教育上的期望和投入是不同的,其中最重要的是不同阶级的家庭所传送的文化资本是不一样的,由此最终影响了一个人的教育地位和学术成就。"布迪厄认为文化资本有三种存在形态:(1)身体化的形态。一个人受到的教育、具备的修养、习得的知识。所谓身体形态,就是和人的身体结合在一起,为个人所拥有,它是不可转让的。文化资本具有隐蔽性。(2)客体化的形态。表现为文化物品或文化商品的形式。(3)制度化的形态。体制的、制度的安排。社会资本指一个人所拥有的持久的人际关系网络。这个由熟人所组成的关系网,是一种实际的或潜在的资源。一个人占有的社会资本的数量,是由关系网络规模的大小决定的,并取决于关系网中每个人所占有的经济资本、文化资本、象征资本的数量。建立某种社会关系网也成为一种投资策略,将某些原来仅仅是偶然的关系转变成持久的关系,也就成为一种重要的投资。符号资本,也译作象征资本,指运用符号使占有不同形态的其它三种资本合法化。布迪厄认为社会上的不同阶级、不同群体占有的资本总量是不一样的,所以,四种资本的总量和类型决定了阶级地位和阶级结构。支配阶级、中间阶级、下层阶级。[①]

每个社会都分为地位高低不等的结构或社会地位差异的网络,即地位差异结构。这种差异是由一个社会的社会制度、社会文化、社会分配规则及社会流动等因素决定的。文革前后的社会是典型的人造秩序,决定文革时期社会分层和社会结构的关键因素与其他社会

---

① 李强:《社会分层十讲》,第280—281页。

相比,有明显的特点。概括起来说,它取决于当时的四种重要的制度设计,即户籍制度与城乡二元社会结构、单位体制与群体等级制度、统购统销与再分配制度、阶级路线与身份制。

一、户籍制度与城乡社会二元结构

社会分层在一般社会中是基于职业的分类和不同,户籍制度并不是构成社会分层的因素。户籍制度是政府运用相关行政手段对所辖人户进行登记和管理的一项基本的国家行政法律制度,是社会管理和社会控制的一项基本制度。古代中国是世界上最早制定一套严密的户籍管理制度的国家。中国的户籍制度源远流长,从秦汉的"编户齐民"到明清的保甲制度,沿袭了两千多年。传统户籍制度是与中国王朝体制相联系的一项基本制度。20世纪初,中国社会在由传统社会向现代社会转型的过程中,开始赋予传统户籍制度以现代意义。现代户籍制度是建立在保障公民自由平等、居住自由、迁徙自由等基本权利之上的人口管理制度,意味着从义务本位到权利本位、从臣民身份到公民身份、从人身依附到独立人格的转变。在一般的社会中,户籍制度不具有社会分层的功能,而只是国家、政府履行社会管理、社会控制和社会服务职能的一种手段。

户籍制度成为社会分层的关键因素,是1949年以来中国社会的一个重要特征。社会分层的形成依赖于各种各样的制度设计。不同社会的阶级、阶层区分是由形式多样的制度设计决定的。中共在全国执政之后所逐渐形成的、在1958年逐渐定型的社会分层结构中,基于城乡社会严重分割的二元社会经济结构的户籍制度,是社会分层的最基本的要素。基于户籍制度,整个社会被分为界限分明、权利与义务严重不对称、生活方式等完全不同的两大社会层级——农民与非农民阶层。农民阶层可以看作是一个人数最为庞大并具有同质的社会阶层，杨继绳认为"改革前的农村是一个同质均等的社会"，① 而非农民阶层根据社会分层的其它标准则形成了诸如干部阶层、知识分子阶层和工人阶层等构成社会结构的其它社会阶层。陆益龙认为："现行户籍制度涉及社会的分配体制，因此，对这一制度的剖析和解释，也会为理解中国社会分层结构和机制提供一个重要视角"，"在中国的现实社会生活中，户口、户籍编制和管理都与人们的日常生活密切相关，同时也与每个人的切身利益紧紧相连。对户籍制度的研究，可以解释中国社会分层与结构及其变迁的历程和机制；从中也可折射出政治文化、制度与社会结构及变迁之间联系的基本形态。"②

户籍制度成为社会分层的一个最基本的要素，是中共执政之后建立的社会结构区别于中国传统社会和其它国家的一个重要特征。一般社会的分层是基于职业的不同。户籍制度成为社会分层的一个重要标准，是研究当代中国社会分层的学者的共识。社会学者李强认为："户籍制度最重要的方面就是将人们分为两类：城市户口和农村户口。而所有持农村户口的人均被称为农民，尽管他们中的很多人并不从事农业劳动"，"严格的户籍制度形成了我国城市与农村相互分割的二元社会结构。城乡差异成为最基本的社会分层。"③ 户籍制度对人们的观念、行动、社会关系和结构与发展产生重大影响。这种典型的以户籍制度为核心的城乡分割的二元社会结构的形成与中共采取的工业化战略、经济体制和社会实际状况密切相关。为实现工业化所采取的重工业优先的强制性赶超战略、高度集中的计划经济体制以及基数巨大却增长迅速的人口因素是二元社会结构形成的基本要素。

一般来说，户籍制度在建立之初并不具备社会分层的功能，之后

---

① 杨继绳：《中国当代社会各阶层分析》，第112页。
② 陆益龙：《户籍制度——控制与社会差别》，第3页。
③ 李强：《社会分层十讲》，第311页。

成为重要分层标准，是随着形势的变化和户籍制度的逐步完善和固化而确立的，也是与国家建立户籍制度的最早动机——实行对社会全面控制的目标相吻合的。这种户籍制度，最早在中共接管城市的过程中得以酝酿、设立，其初衷是为了更好地实现社会控制，然后逐渐形成比较系统的普遍的制度。它的主要内容包括户口登记，对各类户口的迁徙、居住、获取资源和福利的权利的规定等。1958年《中华人民共和国户口登记条例》的颁布，标志着城乡二元分割的户籍制度基本形成。这一制度从开始制定到20世纪60年代完全定型是一个不断完善发展的过程，附着于这一户籍制度的内容也日益增多，成为中国社会分层的一个重要元素。

户籍制度具有社会管理和社会控制的双重职能，同时具有社会分层的功能，把全体社会成员分为农民阶层和非农民阶层，是从1953年开始的。第一是在迁徙的程序设计上限制农民进城；第二是剥夺农民在城市就业的权利；第三是统购统销剥夺了农民在城市的生存权，堵塞由农村到城市的通道；第四是在农村建立户籍制度以及人口普查和实行选举，开始正式把全体公民分为农民和非农民两大类。户籍制度成为社会分层的一个关键因素，在于它通过一系列的制度设计把全国人民分成享有不同权利、处于不同社会地位、难于流动的两大不同人群。这种社会地位的高低体现在具体的程序设计的意图中，而且是被社会普遍认可的现象。农业人口，即农民成为一个人数最为庞大的处于社会底层、失去流动自由的人群。

户籍制度明确划分为两类不同的社会群体，即农业人口和非农业人口。1955年11月，国务院颁发《关于城乡划分标准的规定》，确定"农业户口"和"非农业户口"作为人口统计标准。农业人口的定义是：从事农业生产的人数和依靠农业生产者抚养的人数；全年从事农业生产，不论其副业收入多少，均为农业户。1958年1月9日，第一届全国人大常委会第91次会议制定《中华人民共和国户口登记条例》，中国的人口迁移政策由自由迁移政策改为控制城市人口规模政策。《条例》的制定，标志着以城乡分割为特征的户籍制度正式形成，标志着城乡二元户籍制度的确立。在统购统销、合作化运动中形成的城乡二元利益格局，最终以行政和法律的形式强行固定下来。《条例》以法律的形式对户籍管理的宗旨、户口登记的范围、主管户口登记的机关、户口簿的作用、户口申报与注销、户口迁移及手续、常住人口与暂住人口登记等方面作了明确规定。户口登记的内容，城镇实行常住、暂住、出生、死亡、迁出、迁入、变更更正等七项登记；农村实行常住、出生、死亡、迁出、迁入等五项登记。《条例》是户籍管理的基本法律依据，标志着以城乡分割为基本特征的户籍制度正式形成。有学者认为："1958年1月9日全国人民代表大会常务委员会通过的《中华人民共和国户口登记条例》，对人们的社会生活产生了极其深远的影响。因为它成为后来各种行政部门限制或控制个人迁徙和居住自由以及接近和占有资源权利的法律依据。"①

《条例》明确规定了户口迁移审批制度和凭证落户制度。公民由农村迁入城市的，必须向城市拟迁入地的户口登记机关申请迁入。城市户口登记机关审查合格后，签发"准予迁入的证明"。申请人拿到准迁证明后，到常住地户口登记机关申请迁出。常住户口登记机关无误，则给办理相关迁出手续，交本人再回到迁入地的户口登记机关办理迁入手续。《条例》对农民进城、公民外出和暂住的限制，与宪法规定的"公民有居住和迁徙的自由"相比，实际上不仅限制了占人口多数的农民，而且还限制了全体公民的基本权利。《条例》确立的城乡二元管理的户籍制度，为制止农村人口外流和紧缩城市人口提供了强有力的法律手段。之后，农民的自由迁徙虽然在"大跃进"时期有短暂的松动，在之后则基本上被取消该项权利。户籍制度以"农业户口"与"非农业户口"把人分成两部分。农业人口除了考取国家正规大中专院校、少数应征入伍战士提拔干部、少数农村非脱产干部转为脱产干部，以及国家因特殊建设工程需要招收少量职工以外，原则上不能转为非农业户口，从而也就没有权利进城定居就业。在人口

---

① 陆益龙：《户籍制度——控制与社会差别》，第123-124页。

流动的制度规定上，禁止农村人口进入城市，而城市人口到农村则不受任何限制，在迁徙方面城乡存在着巨大的不平等。自发流入城市的农村劳动力获得了一个歧视性的称谓"盲流"。1953年4月17日，政务院第175次政务会议通过《关于劝止农民盲目流入城市的指示》，要求县、区、乡政府劝止农民自行进城找工作，动员滞留在城市的无业农民回乡，企业未经政府劳动部门批准不得擅自招工。4月20日，《人民日报》发表题为《盲目流入城市的农民应该回到农村去》的社论。沿用时间很长的"盲流"一词就是这篇社论中提出来的。农民阶层与非农民阶层的区别在此时开始显现出来。农民渐渐由一种职业变成一种身份，因居住地不同而产生的就业机会的不平等对农民的权利来说，是一次限制甚至剥夺。农民就应该在农村从事农业生产，也逐渐成为居住在城市的干部阶层制定政策的一个基本价值导向。而这种规定作为农民是无权参与的。

划分为农业户口与非农业户口的户籍制度之所以成为社会分层的一个关键因素，在于他们在公民权利、自由流动、劳动就业、社会保障、社会福利、教育资源的享有方面存在巨大的差异，在经济资本、社会资本、文化资本、符号资本的占有和利用上也存在巨大差异，从而造成了社会地位高低的完全不同。王海光认为："中国户籍制度从形成、建立到确立的过程，是在既消灭了市场，计划又失灵的混乱情况下，由一系列意外事件构成的短缺经济下的被动选择。它的确立，不仅人为地割裂了城市化和工业化的过程，造成了城市居民和农民的公民身份的不平等，而且成为继续制造经济短缺的一项制度条件，同时也为大规模政治运动——四清和文革的发生提供了一个社会控制和社会动员的机制。"[①]

这种城乡分离的二元社会结构随着时间的发展不断强化。1956年12月30日，国务院发出《关于防止农村人口盲目外流的指示》，要求：要切实劝阻农村的盲目外流人员。工厂、矿山、铁路、交通、

---

① 华东师范大学中国当代史研究中心编：《中国当代史研究》（二），第47-48页。

建筑等部门不应当私自招用农村剩余劳动力。①1957年1—3月，国务院又接连下发了几个专门的通知，严禁盲目招收各种工人或临时工。1957年3月2日，国务院又发出制止农村人口盲目外流的《补充指示》，要求各地政府必须"反复地、耐心地劝阻农民外出进城。"4月11日，公安部、粮食部下发《关于解决预约工、临时工的户口和粮食供应关系的联合通知》，明令限制临时工在城市用粮。5月27日，公安部向国务院报呈了劝止农民流入城市和紧缩城市人口的有关情况及其解决意见，国务院两月后正式批复转发执行，从户口登记和粮食供给两个方面扎住了农民通过务工进入城市的渠道。9月14日，国务院再次发出《关于防止农民盲目流入城市的通知》，规定对盲目进城农民应采取随到随遣返的办法。户籍制度剥夺了农民在城市、工矿企业劳动就业的权利和职业选择的自由。

国家在农村建立户籍制度的目的之一，就是限制农村人口向城市流动。为了阻止农民进城，在户籍制度具体的程序设计上也进行了改变，各城市实际上形成了一种事先审批凭证落户的户口迁移管理制度。最初的户籍制度设计，并不干涉人民享有居住迁徙的自由权利。1951年7月颁布的《城市户口管理暂行条例》第一条即开宗明义地说明，制定条例的目的是："维护社会治安，保障人民安全及居住、迁徙自由。《暂行条例》规定，户口迁徙采取事后申报的办法，要求迁徙者凭迁徙证在3日内向当地派出所申报入户，对城乡之间的人口迁徙并没有特别的限制。国家对城市户籍的控制还是比较宽松的，对外地人口迁入城市的政策是由城市自己决定的。但在维护城市公共秩序、解决就业等社会问题时，户籍制度对人口流动的限制性管理功能开始凸显。1954年为了控制农民向城市流动的猛烈势头，减轻城市的人口压力，国家加紧了建立农村户籍制度的步伐。公安部制定的1955年工作计划，针对大量农村人口流入城市的情况，要求

---

① 《中华人民共和国经济档案资料选编（1953—1957）劳动工资和职工保险福利卷》，第360页。

各大中城市根据户口管理的统一规定，改进和健全户口登记工作，掌握人口变动情况。1955年3月，内务部、公安部就当前办理户口迁徙的一些政策问题发出联合通知。通知规定：（1）农村正式建立户口等级制度后，不论在县境内迁移或迁出县域以外，一律使用公安部门规定的迁徙证；（2）对盲目要求迁往城市的农民（包括复员回乡军人和烈属、军属），不应随便开给迁徙证；（3）确实因残、病、老到城市依靠子女或亲友供养、子女随父母到城市上学、妻子到城市找丈夫同居，国家企业单位在农村有计划招收的农民和考入城市学校的学生，以及其他正当理由到城市的居民，不属于盲目流入城市，应发给迁徙证。在城市已找到正当职业或考入学校就学的，可给予登记正式户口。（《内务部、公安部关于办理户口迁徙的注意事项联合通知》，1955年3月），据此，各大中城市对由市外迁入申报户口者，严格了审批权限。暂住人口、临时户口不发给购粮证。

1962年12月，公安部发布《关于加强户口管理工作的意见》，规定"对农村迁往城市的，必须严格控制；城市迁往农村的，应一律准予落户，不要控制；城市之间必要的正常迁移，应当允许。但中、小城市迁往大城市的，特别是迁往北京、上海、天津、武汉、广州等五大城市的，要适当控制。"1964年8月，国务院批转《公安部关于处理户口迁移的规定（草案）》，提出了户口迁移的两个"严加限制"：对从农村迁往城市、集镇的要严加限制；对从集镇迁往城市的要严加限制。这个规定基本堵死了农村人口迁往城市的大门。

1956年2月，公安部发出通知，统一了全国的户口迁徙制度。从5月1日起，在全国范围一律启用新规定的迁徙证和户口专用章。在户口管理上，加强和严密控制城镇户口管理。户口管理制度的基本框架形成。户口对民众生活越来越重要。据北京、天津等城市1956年时的统计，公民经常需要户口证件作证明的事项，即达30多种。以后，附着在户口上的各种项目又不断增加，发展到41种之多。

户籍制度成为社会分层的重要因素，不仅仅在于户籍管理的规定，还在于长期附着在户籍上粮油供应制度、劳动就业制度、医疗保健制度、教育制度、福利制度等十几项制度，形成了一整套城乡隔离体系，限制了公民迁徙自由，堵塞了农村人口迁往到城镇的道路，以保障城镇人口在就业、教育、社会福利等方面的权益。

是否吃商品粮成为划分户口性质的标准，也成为将人分成两大社会族群的标准。1963年以后，在人口统计中，把是否吃国家计划供应的商品粮作为划分户口性质的标准，吃国家供应定粮的户即城镇居民户就被划为"非农业户口"[①] 城市人口的粮油等基本生活必需品、劳动就业等由国家予以保障，而农村人口则自行解决这些问题，全社会公民实际上分为享有完全不同权利、承担完全不同义务的两大群体。1955年8月，国务院发布《农村粮食统购统销暂行办法》和《市镇粮食供应暂行办法》，规定粮食凭城镇户口实行按人定量供应，农民吃粮自行解决，同时规定了对粮食转移证、粮票等管理使用办法，开始赋予户口以特有的职能。户籍制度一开始就与粮食供应关系紧密挂钩。它的实行有效地限制了农村人口的流动和迁移。国家通过国营商业和农村供销合作社两大系统掌握了90%以上的剩余农产品，基本控制了全部商品化粮油。[②] 国家对城镇居民实行成品粮油定量供应的制度，每户拥有一个粮本，附着在户籍制度之上。凡是实行计划供应的地区，取消集市贸易。农民要进城必须先换到粮票。没有粮油供应关系，加上无法获得住宅、副食品、燃料供应、入学、医疗、就业、保险等福利保障，农村人口自发流入到城市也无法生存。这项制度将全体国民分割成城镇人口和农村人口两大社会集团的身份户籍，在古今中外的历史上都是罕见的，人数最多的农民实际上长期没有享受到平等的国民待遇。在城市与乡村建构起来户籍壁垒的同时，城市与城市之间构起了几乎同样严格的壁垒。包括农村与农村之间的流动，也是被控制的。

国家通过户籍制度，实现了对社会的全面控制，人们的活动被限

---

① 殷志静 郁奇虹：《中国户籍制度改革》，第5页。
② 商业部商业经济研究所编：《新中国商业史稿》，第488-491页。

定在特定的地域（单位）范围内，市民和农民身份的不同只是在国家新的"编户齐民"下的待遇差异，公民的自由迁徙权利和自由居住的权利名存实亡。（在1954年通过的宪法中，形式上仍旧规定公民有自由迁徙权利和自由居住等项权利，到1975年重新修订颁布的宪法中，连这一形式上的自由权利也被取消了）

在所有公民权利均被限制和剥夺的前提下，被剥夺权利的不同成为一部分人拼命维护的所谓特权和利益，真是一个天大的悲剧。"户口不是个地理概念，而是个社会经济地区概念。工人和干部可以一辈子在农村工作，但拥有城市户口。而农民，哪怕在城里工作一、二十年，也还是农村户口。"这种社会不平等与生俱来。由于农民低下的经济和政治地位，与农民相连的回忆本身就带有负面含义。例如农民意识、农民习惯或者像个农民。城市居民和农民之间很少通婚，尤其是女性市民和男性农民之间更是如此。①

户口与权利和稀缺资源控制的结合，逐渐使人们内化了一种户籍等级或差别观念，而这种观念又影响着人们的认同和行动。现实的情况让人们不断地感受到农村户口与城市户口、不同地区的户口存在极大的差别，而且差别不仅是名称上的，更重要的是切身利益和地位上的高低。因此，人与人之间常以户口为认同的标准，这一点在择偶标准和通婚方面表现得最明显。认同的分化使人们更多地与同类户口的人交往，户口不同的人之间的社会交往和沟通常有较多障碍。

法国学者潘鸣啸在谈到中国知识青年上山下乡运动时对这种城乡隔离的二元社会的看法是："在一个户口制度严格、商业交易又有各种条条框框的国家里，城乡之间以及不同地区之间的来往接触是极其有限的，上山下乡运动就正好令社会上这两大族群互相有了较好的认识了解。"②"下乡运动缓和了城乡两极之间的互不往来及互不

---

① 李毅：《中国社会分层的结构与演变》，第150页。
② 【法】潘鸣啸著，欧阳因译：《失落的一代——中国的上山下乡运动1968—1980》，第396页。

了解的关系,但并没有改变植根于人们思想里的等级观念,反而是更加深了。长期以来,从事体力劳动还是脑力劳动是划分社会阶层的准则,运动将此明显地推到了次要的位置。其实,在所有的知青和他们的父母眼里,在城里从事体力劳动也比在乡下从事脑力劳动强。此外,这场运动给城里人留下了那么一种集体记忆,以至于令他们认为宁愿失业,也不下乡。20世纪80年代初进行的好几个意见调查问卷都说明,为改变城市比农村优越的思想所作出的一切努力,到头来是满盘皆输。""城市比农村优越的观念之所以在下乡运动期间反而得到加强,那是因为双方都互相了解了,因此对两方之间的真正差别就更清楚了。"①"运动也没有正视城镇人和乡下人身份的基本区别,那是由户口与配给制度所造成的。20世纪80年代起,某些中国专家才开始承认这种社会结构上的人为分化具有根本性的重要意义:城镇户口高于农村户口,城市户口高于乡镇户口,大城市户口又高于中小城市户口,这是人们心目中公认的社会现象。城市(尤其是大城市)户口成了比什么东西都重要的命根子。"②

二、统购统销与再分配制度

统购统销政策的实行,是将农民与非农民彻底隔离开来的一种制度设计。如果说对农村劳动力在城市的就业限制,是剥夺农民在城市的自由就业权的话,那统购统销政策则是剥夺了农民在城市的生存权,基本堵塞了农民进城的通道。虽然在以后的特定历史时期也有大量农民进城工作,如大跃进时期。通过统购统销政策的实行,国家和政府基本控制了公民的衣、食、住等最基本的生存权,国家对社会和个人的控制能力空前加强。

---

① 【法】潘鸣啸著,欧阳因译:《失落的一代——中国的上山下乡运动1968—1980》,第397页。
② 【法】潘鸣啸著,欧阳因译:《失落的一代——中国的上山下乡运动1968—1980》,第398页。

应该说，在完成国民经济的恢复重建任务之后，确立工业化目标是符合中国由传统农业社会向现代社会转型的历史潮流和发展趋势的。借鉴苏联的发展模式，确立重工业优先发展战略，把各种社会资源集中到重工业，实行依靠农业积累支持工业化发展的方式，使脆弱的中国农业，特别是粮食不能够充分支撑经济的发展。为解决粮食问题，国家于1953年开始实行统购统销政策，这一制度设计使农民与非农民的差别不断扩大并固化。因为居住地差别而形成的地位、声誉、福利等各种资源的拥有不同而产生的社会分层，使占总人口90%左右的农民成为中国发展路径的牺牲品，其基本权利被进一步剥夺。而由统购统销政策导致的集体化则对农民的财产权、交易权、自由权进行了进一步剥夺，中国农民的生存状况进一步恶化。

在国民经济恢复时期，国家需要的粮食，除了公粮（农业税）有保证以外，其余要从粮食市场上购买，而粮食的供求关系是由市场调节的。供方是非常分散的上亿农户，购方是国营公司，还有供销合作社和私人粮商。国家通过制定牌价在粮食市场上控制和保持粮价的稳定。1953年粮食市场的需求明显大于供给，一方面粮价看涨，农民普遍有惜售心理，国家无法按合理价格大量收购到粮食，以平抑物价；另一方面，粮食市价高于牌价较多（在主要产粮区高出牌价30%—50%），私营粮商见有利可图，大肆抢购囤积，有些地区的稻谷几乎全部被私商买走。部分城市居民见粮食供应紧张，价格看涨，也参与抢购增加储存。这些因素汇集起来，致使1953年夏收后国营公司的粮食销售量远远高于收购量。

粮食市场紧张的原因，固然有农民惜售和私商抢购囤积的影响，但根本原因仍是粮食产量的增长和收购量的增长赶不上粮食销售量的增长速度。为解决粮食问题，中共决定采取陈云的建议，在农村实行粮食征购，在城市实行粮食配售的建议方案。就如陈云所说：只要通过征购把粮食搞到手，其他问题就好处理了。1953年10月10日，全国粮食会议在北京紧急召开。会议决定将粮食征购定名为"计划收购"，粮食配售定名为"计划供应"，简称"统购统销"。具体政策为：

计划收购，计划供应，由国家严格控制粮食市场，由中央对粮食实行统一管理。10月16日，中共中央作出《关于实行粮食的计划收购与计划供应的决议》。11月19日，政务院下达《关于实行粮食的计划收购与计划供应的命令》。

统购统销制度实行之初的1953年和1954年，由于统购统销的办法不尽合理，再加上自然灾害的影响，从1954年9月起，全国城镇的粮食销量就开始了不正常的上涨，甚至出现城市粮食向乡间倒流的现象。到1955年春，许多地方的粮食销量大大超过国家规定指标。全国各地农村普遍发生闹粮风潮，中央决定对统购统销政策进行整顿。1955年3月3日，中共中央、国务院发布《关于迅速布置粮食购销工作安定农民生产情绪的紧急指示》，在全国范围内执行粮食定产、定购、定销（简称"三定"）的办法。即以乡为单位，确定全乡每户的常年计划产量和全乡粮食统购统销的数量，并向农民宣布，使农民预先对粮食的生产、收购、留用、供应做到心中有数，能够安心生产。为把庞大的统销粮数目降下来，4月28日和5月16日，中共中央、国务院又先后联合发出《加紧整顿粮食统销工作的指示》和《关于整顿城市粮食计划供应的指示》。整顿统销的办法是：在农村，发动群众对要求供应的农户逐户评议，核发购粮证，凭证供应。在城市，普遍开展节约粮食的宣传，将原来的凭证买粮，改为"按户核实"供应。

1955年8月25日，国务院正式颁布了《农村粮食统购统销暂行办法》和《市镇粮食定量供应暂行办法》两个文件。前者详细规定了"定产、定购、定销"一定三年的政策，明确农民吃粮问题自行解决的办法，从而确立了国家与农民订立协议的基础。后者在"按户核实"供应的基础上，规定对非农业人口一律实行居民口粮分等定量供应。并规定了对粮食转移证、购粮证、粮票等使用管理办法。这两个文件的全面实施，意味着粮食统购统销的基本定型。从此，粮食的计划供应指标就与城镇户口直接联系起来了。计划供应也意味着对城镇居民的最基本生存保障由国家负责。

粮食实行统购统销以后,中央接着实行油料的统购和食油的统销。1954年又实行棉花的统购和棉布的统购统销。从1954年9月起,城乡开始实行棉布、食用油凭票定量供应的办法。从1955年11月起,全国城镇统一实行粮食及粮食制品凭票定量供应的办法。由此,我国粮食、食用油脂油料的统购统销进一步制度化。公民对国家和政府的依赖性也越来越强,国家和政府对公民和社会的控制力也越来越强。

以统购统销为主体的一系列制度设计,在中国形成了社会主义再分配经济。这种经济形式可能在形式上是平均主义的,但是在如何分配公共物品上是很不平等的。有再分配权力的干部享有特权,占有住房等公共物品,而无再分配权力的一般工人则只能享用分配给他们的那一很小份额,拥有再分配权力是获得精英阶级地位的必要条件,没有再分配权力则表明被抛弃在精英阶层之外。

三、单位体制与群体等级制度

单位体制和户籍制度一样,是构成文革前后中国社会结构和社会分层的关键要素之一。

按照社会学者的观点,"单位"和"单位组织"是以科层制为基础,"联合起来完成特定目标"的社会组织,是现代社会的基本要素和显著特征。在一般意义上,单位并不具有社会分层的功能,而是与国家、政府、企业、个人一样,是构成社会整体部分的社会组织,具有较强的独立性。而单位体制则将单位的功能演变为政府的附庸和个人的统治者,成为政府控制社会、个人的一种组织形式,从而将处于不同单位的民众的社会地位的高低区别开来,成为社会分层的关键性要素。

单位制度或单位体制更多是指以单位组织为基础的某种社会体制、制度结构。在单位体制中,单位成为一种特殊的组织形式和社会调控形式,即基本的社会调控单位和资源分配单位,同时是社会调控体系中以实现社会整合和扩充社会资源总量为目的的制度化组织形式,是国家与个人之间的联络点。路风认为:"单位是我国各种社会组织所普遍采取的一种特殊的组织形式,是我国政治、经济和社会体制的基础""可以将整个社会的运转不得不依靠单位组织形式的结构定义为'单位体制'。"①单位体制的主要特征是:流动者对工作场所的全面依附实质上是个人对国家的依附;被纳入国家行政组织结构,因而成为国家对社会进行直接行政管理的组织手段,同时也成为社会成员参与政治过程的主要场所。

单位体制是文革时期中国社会特有的制度,是中国城市社会结构的独特特征。李路路、王奋宇认为:中国社会中的单位组织,就其本质来说是一种统治的形式和工具,即一种组织化的国家统治体制。借用韦伯的话来说,是一种"组织化"的统治。单位体制与社会资源的分配、社会控制和社会整合都密切相关。单位制度同时也是一种社会分层的制度。

美国学者魏昂德最早发现单位体制在中国社会结构中的特殊作用。他在1989年发表的《中国革命后的社会变迁》发现,户籍制度和单位制度是中国社会结构的两大显著特征。这一模式的第一大特征是显著缺乏居住流动和工作流动。六十年代和七十年代,严格的户籍制度和食物定量配给把农民绑在农村,把城市居民限制在街坊邻里。这套系统有效地制约了农民向城市的流动,并使当局得以将一千六百万城里的年轻人安置到农村去。这个模式的第二大特征是工作场所和居住场所的密切结合。在城市里,单位拥有的住房占中国城市房源的30—40%。单位分房是单位职工获得新房的主要途径。许多大型企业,特别是在城市边缘的大型工厂,是集医院、学校、政府机构的自成一体的社区,大部分职工都住在工厂自己的住宅区以内。这些单位表现出惊人的集体消费的模式,在这些社区里,政治经济权力与庞大的政治组织几乎完全融合。这些社区的官员不但支配强大的政

---

① 路风:《单位:一种特殊的社会组织形式》,《中国社会科学》1989年第1期。

治组织，他们还对分房、分配消费品、涨工资和提拔与否有广泛的支配权力。好几项研究发现，这导致了人治、人身依附和拉帮结派，成为滋生腐败的温床。

单位体制的形成有多种因素，同时也使中国社会结构与社会分层既区别于中国传统社会，又与一般意义上的现代社会有本质的不同。单位体制的形成是中共追求单一的公有制所有制、控制一切社会资源从而控制整个社会、全体民众的社会制度的产物。尽管单位作为国家政权自上而下强制性推动的产物，并不像格雷夫所述的那种国家政权不在场的自发生成、自我实施的制度，但是随着主流意识形态的不断灌输，单位也逐渐形成为一种自我实施的制度，它是由规则、信念、规范和组织构成的自我均衡系统。阿夫纳·格雷夫将制度定义为由规则、信念、规范和组织构成的系统。规则、信念、规范和组织构成了制度的要素，它们之间相互联系。具体而言，规则界定了规范性行为，提供了共有认知系统和信息集合，发挥协调作用，而信念和规范提供了遵守规则的激励。组织的作用在于产生和传播规则，使信念和规则持久化。制度是一个由规则、信念、规范和组织这些相互关联的要素构成的均衡系统，是一种自我实施的行为模式。

单位制度符合当时的主流意识形态社会主义和共产主义所主张的理想模式。按照马克思主义经典作家的设想，社会主义社会的一切生产部门都要在总的计划和社会全体成员的参与下，由整个社会来管理，以克服传统资本主义制度下的生产无政府状态所带来的各种社会弊端。列宁认为：在社会主义国家，全体公民都成了一个全民的、国家的辛迪加的职员和工人，并服从这个国家。他还说，那时整个社会将成为一个管理处，成为一个工厂。毛泽东也认为，我们应当将全中国大多数人组织在政治、军事、经济、文化及其他各类组织里，克服旧中国散漫无组织状态。[①]

单位制度是在中国传统社会的整合机制失效的情况下，符合国

---

① 朱光磊：《当代中国政府过程》，第312页。

家确定的发展战略的有效社会管理和控制形式。传统中国社会是由国家—民间精英—民众三层结构构成。县以下的乡村社会基本由乡绅来管理和自治，国家权力很少渗透到乡村，家族承担了许多现代社会组织的功能。在中国社会结构被土地改革、对资本主义工商业的改造、党的控制直接深入到乡村等一系列社会改造后，中国社会基本成为国家—民众的二层结构。国家直接面对民众，因而可以将各种信息直接传达到民众之中，但民众却没有有效的形式实现自下而上的沟通，社会秩序完全依赖国家控制的力度，国家直接管理社会的成本也高的无法承受。由于国家和民众之间缺乏有独立性的社会组织的存在，因而，作为国家与民众中介的单位承担了这种功能。国家和政府对其社会成员，按照国家所倡导的行为规范和价值取向进行整合控制，根本不需要也不可能直接作用于社会成员，而仅仅只需要通过控制其隶属的单位就能实现自己的行为目标。换言之，国家和政府的社会控制主要是通过单位来实现的。因为，在任何依赖的社会情境中，人们只能以服从为代价才能换取资源，进而获得社会身份、自由和权力。恰恰在这个意义上，单位在文革前以及文革中的一段时间里，成为国家和政府进行社会动员以及进行整合全社会资源的一个重要的、有时甚至是唯一的制度和控制手段。不同的矛盾利益和冲突，必须通过单位组织并且只能通过单位组织来表达、综合和实现，国家对利益冲突的协调和整合也是在单位制度的框架内进行的。[①] 文革中的各类冲突都与单位体制紧密相连，不同的势力对单位实际控制者的态度也成为冲突的一个重要来源。

单位体制下的单位是社会中的一个高度整合和低度分化的基本组织形态，中国社会成为一个由极其独特的两级结构所组成的社会：一极是几乎控制、垄断所有社会资源、权力高度集中的国家和政府，另一极则是大量相对分散和相对封闭，对国家高度依赖的一个个单

---

① 李汉林：《变迁中的中国单位制度回顾中的思考》，《社会》2008年第3期，总第28卷。

位组织。社会成员总是隶属一定的单位,单位不再仅仅是个人就业的场所,而成为个人生存的基础。由于资源主要由国家的依附单位垄断分配的机制,个人与单位之间也不可避免的形成依附关系。人们从摇篮到坟墓,生生死死都离不开单位。

单位体制的实行,使应当是现代工业文明社会载体的城市的运行机制和关系网络更多体现了小农经济社会的特征,是城市乡村化的一个典型表现。单位在很大程度上秉承了传统家族的特征和功能,这是一种在中国社会独特的文化框架内产生的复合型组织形式。它一方面满足了国家调控的需要,另一方面也为人们提供了情感、利益交织在一起的独特空间。中国社会普遍的非契约特征以及社会成员根深蒂固的家族观念,构成了单位体制得以存在的社会历史根源,从而也使城市失去其固有的功能和对乡村社会的引领功能,传统社会中的人身依附关系得以在城市延续和固化。这一特征对文革及文革参与者的影响可谓巨大深远。

研究者通常认为,那些城市中居于再分配体制中心的行政单位、事业单位和国有企业单位属于典型的单位,农村基层组织具有某些单位的特征,而那些非国有单位则不属于单位的范畴。单位体制下的单位是社会构成的细胞,处于不同单位以及处于不同单位中的民众的社会地位,因所在单位的不同而不同。那些处于完整意义上的单位组织及其其中的人们处于较高的社会地位,单位成为社会分层的一个重要标准。

关于单位和单位体制的问题,路风进行了详细分析和研究。他认为,只有国营部门的机构才具备最完整的单位形式。尽管农村人民公社和街道居民委员会不是标准意义上的单位,但它们却是单位体制的组成部分。单位体制的基本制度内容是国家把民众组织在一个行政组织网络中。最完整的单位形式包括:(1)党和国家机构,合法的民主党派和人民团体的机构等等,被称作行政单位;(2)所谓不创造物质财富的机构,如各类教育机构、研究所、卫生医疗机构和文化团体等,被称作事业单位;(3)所谓创造物质财富的机构,即各类国营企业,被称作企业单位。国营部门的机构是被统一纳入国家财政预算的。第一、二类单位的资金来源是财政拨款(行政事业经费)第三类单位的资金是上缴利税和税收后的留成和国家的拨款。虽然资金来源不同,但他们都遵循同样的组织原则,都受到国家劳动人事计划的控制,都实行原则相同的集体福利和保险制度,都因被纳入国家预算而享受到国家承担的无限责任。城市集体所有制企业可以被看作是一种近似于国营企业的单位,因为他们在 20 世纪 70 年代末也或多或少受到国家计划的控制,附属于地方政府,并比照执行国营企业的许多制度和惯例,但在实际上无力提供许多福利而逊于国营企业。城市街道委员会和农村人民公社不能被定义为单位,因而它们所管辖的人的社会地位低于单位人的地位。街道居民委员会不是居民的就业场所,只负责管理那些没有单位的成年人(待业青年、家庭妇女、退休者等等)尽管农民的经济活动受到政府越来越多的行政干预,国家始终没有对农民承担任何义务,始终没有在农村实行超出救济范围的福利制度和社会保险。①

单位体制体现了国家、政府对单位的依靠和民众个人对单位的依附,构成了中国社会的两大依附关系,从而使民众个人的权利降落到历史的最低点。单位既是一个生产单位,又是一个消费单位;既是一个生产场所,又是生活场所。国家之外无社会,单位之外无组织。单位能够为其成员提供 10 余种集体福利项目,如医疗服务、托儿所、幼儿园、食堂、图书馆、班车、旅游活动等等。华尔德试图通过对基层单位组织中权力结构的研究,来探讨和理解"共产党社会"的本质及其发展模式。②他认为,尽管 20 世纪 50 年代以来,党对社会进行了全面控制和改造,但真实的单位组织并非与共产主义理想宣传的完全一致。相反,中国国营工厂中普遍存在着诸如依附、庇护、

---

① 路风:《中国单位体制的起源和形成》,《中国社会科学季刊(香港)》1993 年第 4 卷,总第 5 期。
② 参见中文版【美】安德鲁·华尔德《共产党社会的新传统主义:中国工业中的工作环境和权力结构》。

特殊主义这样的现象。他将中国单位组织中的这些在西方现代工业中已基本消亡的社会特性定义为"新传统主义",并将其视为共产党所特有的政治和经济组织形式引进的结果。魏昂德从权威结构的角度深入分析单位现象,认为与社会分层有关的单位依附理论的三个命题:第一,当单位占有和使用经济资源的条件下,商品市场不发达,许多生活消费品是通过单位分配给职工及其家庭的,所以造成了工人对单位的依附。第二,公有制条件下,经济资源由国家统一分配,这种分配又称再分配。国家的再分配是通过单位实现的。第三,社会主义国家是在共产党一党领导下进行统治的,统治的手段是通过各级组织,特别是工作单位组织对人民进行政治控制。所以,政党依附单位组织实行有效的政治控制。单位层化理论的内容是:职工的住房、工资、集体福利是按单位的预算级别来排列的。单位级别越高,获得集体福利项目就越多。再分配经济的社会分层,单位地位是很重要的分层标准。

华尔德认为这种新传统主义的根源,是计划经济赋予了厂长在组织生产和资源分配上的特权。在这样的制度中,个人对单位和单位领导产生了一种独特的政治经济"依附关系"和上下级之间的"庇护依赖关系"。其独特性在于,它并非西方现代组织中的"非正式结构",而是一种在上下之间(尤其是领导和积极分子之间)建立的既包含"个人因素",又夹杂着"非个人化道德信念以及正式的制度角色"的互惠交易网络。一方面,厂领导有责任去动员广大职工完成国家的定额,因为需要一些积极分子发挥模范带头作用;另一方面,普通工人也只有通过与这些领导建立和保持特殊的关系,才能获得更多的利益。于是,一种融合了正式与非正式的特殊的互惠交易纽带,即"庇护关系"便在领导与积极分子之间建立起来了,成为国家与社会之间的一个主要纽带。它加强了国家渗透与协调社会的能力,导致了人们对现有制度的认可。然而,这种各取所需的"庇护关系",在维持正式制度的形式下,也修正甚至完全改变了该制度的实质。本来,制度设计者希望在国营工厂建立一套非个人化的"政治刺激体系",从而激励人们的政治信仰和道德质量。然而在实践中,作为国家代理人的单位领导却将其变换成一种个人化的奖励制度,"他奖励的不再是对政治理想的信仰本身,而是工人对党支部和车间领导的实实在在的忠诚。"① 于是,不仅上下级之间的互惠交易纽带得到了发展,而且,工人队伍之间也发生了分裂。积极分子通常以积极竞争的方式,同党和行政领导站在一面,不断地与整个工人集团的利益作对;普通工人要么以各种消极自我保护的方式保护自己(比如通过仪式性服从以防止被领导穿小鞋),要么与各种掌握一定权力的人发展"工具性私人关系"来"捞小便宜",从而加剧了领导干部的以权谋私和贪污腐化。总之,"庇护关系"促进了社会群体的分化,减弱了社会资助的集体行为的能力。通过对党政领导与积极分子各自策略行动的研究,华尔德描绘了一幅中国权力关系的特殊图景(亦即以依附、垂直性关系、工人队伍的分裂、紧密的私人关系网络为特征的"新传统主义"权力结构)。这就是文革时期中国单位制度的权力结构和运行机制,也是文革各种矛盾冲突的重要根源之一。

　　单位制是文革前及其文革期间社会整合和社会控制的基本手段。单位制形成于对社会重构的过程中。当商品经济、市场关系、自由劳动、契约合意、私人资本以及社会结构自治都丧失了合法性以后,这个社会的运转就建立在单位体制的结构上。单位体制的基本内容是:个人归属与单位,而单位成为国家对社会进行直接行政管理的组织手段和基本环节。一切微观社会组织都是单位,控制和调节整个社会运转的中枢系统由与党的组织系统密切配合的国家行政组织构成。在单位体制下,所有基层单位都表现为国家行政组织的延伸,社会的整合依靠自上而下的行政权力,单位成为行政机构的内部组织形式。国家的意志按照行政隶属关系下达到各个单位,再通过单位而贯彻于全社会,离开单位,社会就无法正常运转。单位体制决定了单

---

① 【美】安德鲁·华尔德《共产党社会的新传统主义:中国工业中的工作环境和权力结构》,第174页。

位的内在性质,例如功能合一性、非契约性、资源不可流动性等等。王沪宁认为,1949年后,配合国家对整个社会体制的选择,即集中分配社会资源和高度一体化的政治体制和行政体制的需求,在资源分配、社会调控和组织管理方面建立了单位体制,构成了整个社会调控的基层体制。国家与单位、单位与个人的关系总是处于这样的一种状况:国家全面占有和控制各种社会资源,处于一种绝对的优势地位,进而形成对单位的绝对领导和支配;单位全面占有和控制单位成员发展的机会以及他们在社会、政治、经济及文化生活中所必需的资源,处于一种绝对的优势地位,进而形成对单位成员的绝对领导和支配。在当时,所谓企业单位办社会,单位功能多元化的一个直接和突出的社会后果就是在极大的程度上强化了单位成员对单位的全面依赖。这样一来,国家和政府对其社会成员按照国家所倡导的行为规范和价值取向进行整合和控制,根本不需要、也不可能直接作用于社会成员,而仅仅需要通过控制其隶属的单位就能实现自己的行为目标,即国家和政府的社会控制主要是通过单位来实现的,而单位在单位成员中贯彻国家整合和控制的意志,则主要是基于单位成员对单位的全面依赖性,通过单位办社会、单位自身功能多元化的过程来实现。因为在任何依赖的社会情境中,人们只有通过服从作为代价才能换取资源,进而获得在社会上行动的身份、自由和权利。

单位制是文革前及其文革时期社会分层的一个重要标志。在这个社会中,传统的作为社会分层最基本标志的职业,不再具有社会分层的意义。在当时的中国社会,资源是通过国家科层组织,按企事业单位的各系统进行分配的,享受和使用资源的承受者不是个人,而是通常所说的工作单位。不但财、物等一般经济资源被单位占有、使用,劳动力作为一种特殊的经济资源也被单位支配。劳动力是由国家分配给单位的,劳动力不允许自由流动。

对中国再分配经济中社会分层结构的分析表明,由于单位制度是国家分配社会资源的组织化形式,因而它也是一种社会分层的制度,是一种决定社会成员社会地位高低的一种制度性工具。国家为了有效地控制资源、动员资源于国家的目标，建立了一整套利用和分配资源的组织化体制，即单位体制。根据单位在国家行政体制中的地位的高低、所有制性质的差别以及在国家工业化目标中的地位，将国家所掌握的资源有差别的分配到各种各样的单位组织中，然后再由单位分配再分配至每一个单位成员。在不同单位中工作的社会成员，由于所在单位地位的不同，在社会资源的享有以及在社会地位上就有了显著的社会差别。人们社会地位的高低不仅仅取决于职业地位或人力资本，甚至常常主要不取决于职业地位和人力资本，而在很大程度上取决于其所在的单位。由于单位体制的存在，中国劳动力市场的分割界限在很大程度上沿着单位之间的界限展开的。

不同性质单位在资源的分配中处于不同的地位，从而造成占有、支配资源方面单位之间的不平等。单位内部的相对平等和单位之间的不平等并存，使单位成为划分人的地位高低和身份的一个重要标志。一个人分配到的资源不再取决于他的能力和才能，不再取决于他的品质和贡献，而是取决于他所在的单位。这样就在社会上形成了单位主权现象。就单位而言，由于国家对资源的再分配并没有一个明晰的规定，在许多情况下，往往视单位主管部门领导者的好恶和感情而定，所以他们往往在获得正常的资源输入之后，由于面临着单位人的压力以及从单位整体利益出发，必须通过非制度化的渠道去争取更大的资源输入，从而出现单位主权现象，致使单位对国家资源的分割倾向越来越严重。就单位人而言，当单位里短缺资源的分配和交换过程中他们自我感觉到不平等、不公平、不平衡时，当短缺的资源处于一种紧张和被激烈争夺状态的时候；特别是竞争和分配短缺资源的规则不明确和含糊不清，整个社会处于失范状态的时候，这种单位的冲突和内耗将在所难免地变得更加激烈残酷。文化大革命特定的政治环境和社会环境，把单位体制下这种你死我活、鱼死网破的人际冲突和争斗以阶级斗争的形式血淋淋撕开来摆在人们的面前。①

---

① 叶麒麟：《中国单位制度变迁——一种历史制度分析的视角》，《华东理工大

对于计划经济下的中国社会来说,地位的获得过程的关注点就成为单位而非职业地位。在分割的劳动结构中,进入具有优势的工作单位构成地位获得的合适目标地位和出发点。在一般意义上,处于完整意义上的单位的人居于较高的社会地位,处于不完全意义上的人居于较低的地位,他们获得、占有、支配资源的能力,完全取决于所处的单位与国家权力之间的关系。最具有资源控制和分配能力的党政机关,成为分配到的资源最为相对充分的组织,而国有企业由于具有生产的功能,在资源的争夺中也具有与党政机关讨价还价的资本和能力,再加上国有企业的领导者在身份属性上与党政机关的人员同属于干部阶层,因而使企业的负责人与企业工人的利益又有所不同,从而造成工人与企业负责人的利益对立和冲突。事业单位则由于不具有资源分配的权利而只能享受到规定的利益,从而在社会福利方面远远赶不上党政机关的人员。由于党政机关是一个等级森严的群体,更高等级的党政机关则控制更多资源,从而能够分配到和享有更多的资源。因而,单位的不同也就成为社会分层的一个重要因素。

林南、边燕杰认为:工人在什么单位工作,对于其社会经济地位至关重要。所以,社会流动与其说是获得一个较好的工作或得到较多的金钱,而毋宁说是进入一个较好的工作单位——在优势部门的单位工作。工作单位在社会地位获得中具有重要意义。在资源和劳动力配置方面,国有单位在两个方面被赋予优先权。首先,当国家和地方政府确定劳动配额时,国有单位的劳力要求被优先纳入计划之中。其次,政府在进行新工人的分配时,这些国有工作单位对劳动力的具体要求可得到优先考虑。工人因其工作单位而被确定身份。身份的定位导致了工人的地位差异,它不仅体现在有形的好处上,同样体现在得到社会和经济服务的机会上。①

学学报(社会科学版)2008 年第 4 期。

① 林南、边燕杰:《中国城市中的就业与地位获得过程》,载《美国学者论中国社会转型》。

在中国的城市社会中，单位体制是最重要的社会分层制度，单位地位的获得是最重要的地位获得机制之一。以"单位体制"或"单位制"为特征的社会制度和社会结构，是中国独特的社会结构和社会分层特征。不理解单位制，不理解单位组织的特征，就无法理解文革时期中国体制的特点及其运行机制，就无法理解文革中的各种社会现象，揭示多种多样的文革悖论。

四、阶级路线与身份制

马克斯·韦伯最早和最为系统地阐述了身份和身份群体的概念。韦伯认为：身份是一种特权，它建立在如下一种或数种因素基础之上：生活方式、正式的教育过程、因出身或因职业而获得的声望等。身份制就是建立在上述身份基础上的一套由法律、法规、规范认可的制度体系。身份的划分多与一些"先赋因素"有关（所谓先赋因素是一个人与生俱来的、不经后天努力就具有的因素，如家庭出身），这种体制的最大特征就是讲究等级、秩序。文革前以及文革期间的中国社会是一个典型的身份社会，各种各样的身份构成了社会分层的基础。

建国后中国社会最主要的特征是打碎了传统的阶级体系。土地改革用革命的手段剥夺了地主的土地，把它平分给农民，中国农村中不再具有真正意义上的地主阶级。1956年对资本主义工商业的社会主义改造，用低额利息赎买的方式，改造了中国民族资产阶级，将城市中的私营企业先变为公私合营的方式，后来又逐步变为国家所有和集体所有两种形式，用渐进革命的方式剥夺了资产者的所有权，同时还进行了私有房产的改造。因此，在1956年之后，中国社会已经不存在真正经济意义上的有产者和无产者了。

财产所有权不再作为区分社会地位和社会分层的标志，各种各样的身份成为社会分层的主要标志。如由户籍制度而形成的农民和非农民身份，非农身份又可以分为干部和工人，还有由历史原因形成的贫农、下中农、地主、富农、职员、革命干部等政治身份。身份制反映出中国社会基本上还属于一种传统的社会结构。不同的身份地位体现了人们在获取社会资源方面的差异,标志着对不同社会资源的支配权利的大小和享有程度的高低。城乡差异成为最基本的社会分层标志。各种各样的身份划分交织在一起构成了社会的结构和分层状况。在1979年以前,不同身份地位的人在生存状况、福利待遇、工资级别、入党、参军、上大学、就业等方面均有明显区别。在社会生活的层面上,更体现出身份是一种实实在在的社会地位。骆思典认为,自1949年以来,中国社会中一个最基本、最普遍的事实就是,人们按照家庭出身被区分为三六九等,他们对现体制的态度和感情上自然有差别。

(一)阶级出身论的形成过程

自从1949年10月中华人民共和国成立,中共创设制度,开始了重建国家和社会的过程。新制度和新秩序建立的一个重要方面,就是通过对旧政权及其人员,即所谓"敌对阶级的社会基础"的政治清算来展开的。其理论根据是马列主义的"彻底砸碎旧的国家机器说"、无产阶级专政的理论和阶级斗争学说;其现实背景就是俄国十月革命和中共革命根据地的实践经验。胜利者对旧政权及其人员等所谓阶级敌人的政治清算和改造,是一个有计划有步骤的庞大社会工程,其具体路径就是在社会成员中划分阶级成分。在近30年间,中国社会高度重视社会成员的阶级出身问题,将阶级出身作为检测民众对新政权政治忠诚的重要识别标志,并通过此项检验,巩固和强化政权基础。由此出发,执政者根据形势的变化,在政治和社会生活的广泛领域,对社会成员不断进行政治身份类别的划分和排列,有差别的给予社会成员不同的政治和经济待遇。这种强调阶级出身的思想意识和以此划分社会成员政治类别的原则,即是"阶级出身论"。在建国后17年里,"阶级出身论"随形势的发展,历经几次变化,在1960年代初中期成为中国政治文化中的强势意识,对民众生活带来严重负面影响。1966年毛泽东提出文革爆发是国共长期斗争的继续，阶级出身论迅速转化为"阶级血统论"，从而造成一种广泛的社会歧视现象。① "阶级出身论"的形成是一个历史过程，总的看来，在文革前基本形成，并在文革期间被进一步强化和固化，大约分为三个阶段。

第一阶段是1949年至1953年，其主要特征是以政治分层重建社会。其具体路径就是在全国人群中开展敌、我、友的区分，通过迅速组织阶级队伍来重组中国社会的各阶层，对社会各阶层重新予以定位：明确工人阶级为国家的领导阶级，工农联盟是国家的政治基础，民族资产阶级既是革命的盟友，也是革命的对象。知识分子则是一个中间阶层，既可以为新社会和革命服务，也是资产阶级思想的载体，而国民党残余力量、地主和反革命分子则是新社会的敌人。位居新社会政治阶层第一梯队的是工人阶级，第二梯级的是农民阶级，即农民中的贫下中农。由工农子弟组成的人民解放军，又称"工农子弟兵"。在建国初期，国家曾动员和吸收一些知识青年参军，以满足部队对文化、教育、医务、外语、技术人才的急切需求，其后又将出身于剥削家庭，或未曾受过抗美援朝战争或政治考验的一部分人陆续淘汰出去。在军队内，决不允许有阶级异己分子和异己思想，一经发现，马上清除。商、学（知识分子）是面貌暧昧的阶层。从总体上讲，这两个阶层不属于新政权的依靠力量。但从实际情况和革命策略的考虑，还应争取他们对新政权的支持，办法之一是对这两个阶层进行政治上的"排队"，即在他们中间划分左、中、右派。对民主人士的要求是解决立场、观点、方法的问题。在执行新民主主义建国方针之时，在思想意识方面，民族资产阶级和知识分子就已被视为对立面。只是在这个时期，在落实阶级出身论原则时，仍然表现出相当的弹性，各级政府都吸收了部分民主人士参政，在许多大中城市，资本家的家属甚至担任了居民委员会负责人，非工农出身、"历史清白"的

---

① 高华：《身份和差异：1949—1965年中国社会的政治分层》，第2页。

知识青年,即使不是党团员,也可参军、参干。阶级出身论最初是通过1950年代初相继推出的几个大的政治运动来落实和实现的。当时重建社会的基本方法,就是不断地推进政治运动,借助政治运动将党的组织和党的意识深深扎根于社会生活的各个方面。贯彻阶级路线主要体现在严格入党条件,以及在党、军队、政府机关、人民团体、学校、企事业单位对干部进行频繁的政治审查和清理。1951年,毛泽东亲自领导和部署在全党范围内开展清理内层(党机关)、中层(政府机关)的运动,被清洗的对象大多是"阶级异己分子",即出身于地富家庭,对地富家庭表示同情的共产党员。在各类政治运动中,交代阶级成分、本人历史和社会关系都是中心内容。

第二阶段是1953年至1956年,其主要特征是强化革命专政和政治分层细密化。1953年毛泽东实际上废止了曾承诺长期坚持的新民主主义路线,宣布向社会主义过渡。由于国家开始了大规模的经济建设,在社会大众尤其是青年学生和工人之中,充满高昂的对未来的美丽憧憬,全国上下出现向上攀升的精神气氛。与此同时,国家对经济和社会生活的控制日益加强,计划经济体制也初步确定。政治和意识形态领域,各种批判运动接踵而至,使得社会上某种压抑的气氛也在逐步聚集。所有这些转变及其批判运动,它的基本动力都是通过政治分层来实现社会动员。在执政党内部实行了更加严格的纯化政策,1955年至1956年,全国党政机关、军队和学校又开展了一场肃清暗藏反革命分子运动(简称肃反),又清洗出一批"异己分子",包括那些在建国初期隐瞒自己的阶级出身,"混入"党内和政府机关内的"嫌疑人员"。在新干部的任用和提拔以及选派留苏生工作中,家庭出身成为首要考察条件。从工农、解放军中选拔优秀分子进入大专院校学习(调干生)虽未达到像挑选留苏学生那样极端重视家庭出身的程度,但调干生的主体仍多为工农家庭出身。1953年后,敌对阶级范围有了新的扩大,在原先的地主、反革命、反动会道门、土匪之外,又增加了富农。"反革命"的种类也有了新的增加,历史上有一般的反共行为,和旧社会联系较多的人员,如中下级国民党军政人员、保甲长等，也被划为历史反革命之列。此外，知识分子从总体上归入旧知识分子的范畴。所谓"旧知识分子"具体指1949年前在国民党统治区域的大专学校培养出来的知识分子，他们整体被视为"不纯"阶层，主要依据是他们中的绝大部分都出身于剥削阶级家庭，并曾为旧社会服务。在其中，历史不清分子、不纯分子占相当比例。

第三阶段是1957年至1965年追求全面"纯化"的新世界阶段。这一阶段是对政治身份和社会阶层的一次更大的调整，所谓的敌人也越来越多。在此阶段，阶级出身论又有所发展。一些党的干部，属于干部阶层的人由于政治态度、派系斗争、观点看法与各单位主要当政者不同而被打入阶级敌人的行列，而清洗他们的名义则是阶级出身，绝大多数被清洗者被称为阶级异己分子，少数出身无可挑剔者则被称为蜕化变质分子。政治分层的原则没有改变，而被打入社会最底层，即贱民阶层的人则越来越多，社会关系进一步紧张。国家对个人和社会的控制也越来越严密。反右运动的重点打击对象是民主人士和知识分子，斗争的策略和基本方法仍是延续过去的经验，这就是结合知识分子和民主人士的现实言论和历史背景，对他们进行新一轮的左、中、右，甚至是更深入、更细密的中左、中中、中右、极右的政治划分，然后依据不同情况，对其中的右派加以严厉的惩治。此后，对知识分子进行反复无情的排队，已成为组织人事、政治保卫、意识形态部门的基本工作。1958年，毛泽东又用阶级斗争和群众运动的方式推动大跃进运动，"阶级出身论"借助大跃进运动向社会各个角落渗透，以阶级出身为基准的政治分层实现了全面的制度化。由于有强大的国家力量作后盾，尽管大跃进造成空前的经济危机，但国家权力不仅没有受到削弱，反而利用大跃进得到扩张。在城市，党的领导进一步强化，文教更加政治化，寺观庙堂数量减少，私人出租房屋已被实行社会主义改造，户口制已经全面巩固，公安治保系统警惕地注视着社会的每一个角落，"四类分子"定期向派出所汇报改造情况已成为一项被固定下来的制度。1959年庐山会议后，阶级斗争进入党内，革命专政的对象随之也发生了重要变化，从过去单纯打击旧社会基础,演变到打击革命阵营中的"坏人"。在反右倾运动中,各地都处理了一大批对大跃进、人民公社抱怀疑、抵触的干部。其中出身不好者蒙受的打击更重,大大加深了干部和普通群众对出身问题的重视与敏感。

1958 年后,重视出身的意识已在全民扎根,并体现在城市和农村的一切领域。在 1961 年召开的中共八届九中全会上,毛泽东指出,全国三分之一的政权不在共产党手中,出乱子的原因在于民主革命不彻底、地富复辟、勾结坏干部,以及实行和平演变。解决这些问题的方法是在农村开展社会主义教育运动,用扎根串联的办法,组织阶级队伍(贫下中农协会),开展对敌斗争。阶级斗争的对象有两类:钻进党内的阶级异己分子和社会上的地富反坏右"五类分子"。从 1962 年下半年开始,执政党原来在阶级出身问题上的正式表述"有成分论、不唯成分论、重在政治表现",在实践中已完全倒向"唯成分论"。在所有涉及人和人群的领域,从事一切工作的前提,即是区分谁是自己人,谁是敌人,从而把社会人群正式分为"成分好"与"成分坏"两大类别。1963 年,各级党政机关又进行了新一轮清洗。清洗对象为两类人,"家庭出身不好的"一般工作人员和党员干部。这两类人都被陆续调出上级领导机关。1965 年又在全国党政机关开展机关革命化运动,以精简为名,又清洗了一批成分欠佳的干部。在此前后,各级党政机关、厂矿企业、文教机构普遍成立了政治部。在基层,创立了政治指导员制度,又清理了一批阶级异己分子和蜕化变质分子(即工农出身的干部党员)。

1963 年后,阶级出身论进一步转化为制度层面的措施。以阶级斗争为纲,给 1960 年代前期的社会带来严重的负面影响,过去在"成分好"与"成分坏"的两大政治分层外,还存在一个较为宽阔的灰色地带,容纳了旧知识分子、原工商业者、资方代理人、高级职员、一般海外关系者、旧艺人班主、原国民党起义人员、以及作为统战对象的民主人士等。他们一般被认为"成分不好"或"不纯",对他们疏远、排斥有之,但在阶级斗争相对缓和时,尚未把这些人明确视为

"阶级敌人"。对于剥削阶级家庭出身的青年学生，至少在理论上还主张对他们采取"团结、教育、改造"的方针。然而，一旦阶级斗争激化，他们马上被推向右边。1962年后，灰色地带逐渐消失，不久就被完全融进黑色地带。

从1963年开始，"阶级出身论"已表现在对敌对阶级子女的各种歧视性的安排。黑色部类的子女在就业、升学、婚姻等方面处于严重不平等的地位，除个别情况外，入团已不可能。黑色部类子女在1962年尚有可能考入农林、地质、师范类大专院校，但在1963年后，大学已基本停止招收黑色部类子女入学。这方面的歧视实际上已发展到中小学，大城市的重点名牌中学也开始拒收黑色部类子女入学；部分农村地区甚至规定，小学生升入中学的条件是"出身占六十分，表现占二十分，学习成绩占五分，其他占十五分。"[①] 邓贤在《中国知青梦》中肯定地说："根据统计，1972—1976年间进大学的知青，70%是高干子弟，进入知名大学的更超过90%。"[②]

从1950年代到1970年代，中国社会每个人都有一个标签标明着他的阶级出身。在城市里，贴政治标签的过程从来没完全彻底过，但在50年代的一系列政治运动中，各个家庭慢慢地被贴上一张标签，诸如资本家、商人、小业主、工人或贫民。专业人员、小官吏等其他知识分子则采用了一张模模糊糊的标签，叫作"职员"。这在60年代初期还是一张相对中性的标签。其他的标签都是极具刺激的：工人和贫农是最令人羡慕的标签，而资本家、地主以及"敌伪人员"（前政府中较高层次的官员的称呼）的标签是被看不起的。从激进的观点来看，一个人的阶级标签是要影响他一生的机遇的，从教育，到职业，到他的工资级别和升迁的速度。到60年代早期的时候，新的上层领导的干部子弟开始得到最好的教育，进入了精英寄宿学校，这在后来的文化革命中被攻击为"小宝塔"。工人、农民和小贩的子弟

---

① 徐晓、丁东、徐友渔编：《遇罗克遗作与回忆》，第18页。
② 邓贤：《中国知青梦》，第168页。

继续获得年数较少的教育,并被置于次等水平的学校,这些学校经常把生产劳动和学习文化相结合,且其财政预算也要比那些精英学校少得多。

1964年5月,毛泽东在一次谈话中提出了全面划分阶级的思想。他说:"工业、农业、商业都要划阶级,学校、机关、军队、文化团体也要划阶级。此外,街道、小市镇也要划。划阶级主要是把坏分子清出来。阶级成分和本人表现要加以区别,重在表现,唯成分论是不对的。我们在工厂中划阶级,主要是把那些国民党的书记长、反动军官、逃亡地主、地富反坏分子清查出来。并非查所有的人,并非主要为了查剥削阶级出身的技术人员。"[①] 文革中的清理阶级队伍的最初渊源即出于此。

(二)政治身份制度

由于实行阶级路线,这就在政治上将全体社会成员赋予了不同的政治身份。不同的政治身份在声誉、地位等方面的差距成为划分社会阶层的重要标准之一,每个社会公民都不可避免地给贴上了政治标签。

1949年中共建政之后,打破了中国传统的阶级体系,逐步消灭了私有制度,建立起国有制。财产这一作为阶层划分的最主要指标失去意义。财产所有权作为区分社会地位的高低的标志的作用消失后,居于统治地位的社会集团通过一些程序,将获得社会资源或机会的可能性限定在具备某种资格的小群体内部,即通过其他途径进行社会屏蔽。他们通过选定某种社会的或自然的属性作为排斥他人的正当理由。中国的情况恰如帕金所言,当财产所有权不再成为社会屏蔽的条件后,立刻出现了其他条件取而代之,包括户口、家庭出身、工作单位等等。到20世纪50年代中期,这样一套非财产所有权型的社会分层,已经形成比较稳定的制度体系,并一直持续到1979年。

---

① 中央文献研究室编:《毛泽东传1949—1976》下册,第1344页。

其中，根据所谓阶级路线和家庭出身，对各种社会阶层认为规定其应当享有的权利以及在社会上的地位，即所谓政治分层，是中国社会阶层划分的一个重要依据。

社会分层和社会阶级划分有一定的联系，有一些相似的地方，他们都是根据一定的社会关系把人划分为高低有序的社会等级。从这方面看，阶级划分也是一种社会分层划分。但是，社会分层和阶级划分有所不同。根据马克思的历史唯物主义理论，阶级划分是根据人们在生产关系中所处的地位和作用不同，把人们划分为一些大的相对稳定的社会集团。阶层划分则是根据各种不平等现象把人们划分为若干个社会等级。社会分层假定，社会上所有的人都占有一定的资源，但其占有多少不同。用占有资源多少的不同来区分人们处于什么样的阶层。在文革前后，中国执政者无视中国社会结构和阶级状况已经发生重大变化的事实，仍以建国之前人们所处的阶级地位或阶层地位，根据家庭出身等先赋因素把人划分为不同的等级，从而实现对社会的控制，维护统治者的利益。这种划分也可称之为政治分层。这就是当时宣传的所谓阶级路线或家庭出身论。这种划分使不同的人群在声望、机会等方面产生了巨大的不平等，从而影响了社会分层状况，甚至形成了一个被剥夺所有公民权，甚至部分生存权的社会阶层，即所谓黑五类，也可称之为贱民阶层。

文革初期盛行的"血统论"是"阶级出身论"的延续和强化，是对马克思主义阶级路线的曲解和歪曲。这种由于家庭出身不同而将人分为三六九等的做法与正统马克思主义的思想毫无共同之处。阶级路线应指："无产阶级政党在不同的革命阶段，根据当时革命的性质和任务，在分析社会各阶级的经济地位及其对革命态度的基础上提出的分清敌、我、友，确立依靠谁、团结谁、打击谁的政策。"[①] 自20世纪50年代起在中国大陆执行的阶级路线，指的是根据人们的家

---

① 参见《辞海·政治法律分册》，上海辞书出版社，1978年，第5页；高放主编：《社会主义大词典》第13页，河南人民出版社1988年版。

庭出身而给予不同的政治待遇和社会待遇的政策。在正统定义中，阶级路线涉及作为阶级或阶层的群体，而不涉及个人；它依据的是群体中人们由经济状况而决定的阶级地位，而与他们的阶级出身毫无关系。在政治话语中也出现了本人成分、家庭出身、管制、各种各样帽子等具有时代特色和特定含义的概念和词语。本人成分：指本人参加工作或土地改革前的社会地位。家庭出身：指本人取得独立经济地位前或参加工作前的家庭阶级成分。根据上述含义，家庭出身可以追溯到土改前的家庭成分，并且随着血缘而向下传递。在文革中因发表《出身论》而被处死的遇罗克把成分与出身分别界定，认为出身和成分是完全不同的两件事，老子的成分是儿子的出身。遇罗克定义的关键就在于想切断出身与成分之间的纽带，也因此触及到了当年制度设计中的潜在意图，成为被处决的原因之一。管制：中国创造的一种刑罚，用于处理最轻度的犯罪或者被认定有罪者。对犯罪分子不予关押，在公安机关管束和民众监督下进行劳动的刑罚。1952年《管制反革命暂行办法》规定对被管制分子，应剥夺下列政治权利：选举权与被选举权，担任国家机关行政职务之权，参加人民武装与人民团体之权，言论、出版、集会、结社、通讯、居住、迁移及示威游行之自由权，享受人民荣誉之权。决定何人被管制、管制时间多长，在法律上由人民法院判决，由公安机关执行。但是实际上发生过有些基层干部滥用职权，私自管制他人。被管制的数量是相当庞大的。在文革时期更是被滥用。监督劳动，虽然没有被管制，或者已经解除管制，但是依然要在其他民众和基层干部的监督下从事劳动改造。谁有权受到监督劳动，没有明文规定，是一个法律上的盲区，然而这个实际权力操纵在基层干部之手。

"帽子""戴帽""摘帽"等口语化政治名词，经常出现在官方的文献档案中，根据社会上对这几个概念的理解，"帽子"是指政治上的异己者，比如四类分子、右倾机会主义分子、叛乱分子等称号；"戴帽"就是被贴上政治异己者的标签，然而谁有权让人"戴帽"没有明文规定，也是一个法律上的盲区；"摘帽"就是被解除政治异己者的标签,虽然给人"戴帽"的权力不清楚,但是"摘帽"的权力却是比较明白的,一般基层是无权给人摘帽的。"摘帽"者本身也是一种标签,比如1979年之前的摘帽右派,其社会地位高于没有摘帽的右派分子,但是还无法真正成为普通民众。在一个公民权几乎被剥夺的社会里,被剥夺政治权利严格意义上说也不是一个惩罚,而是被歧视的一个群体,一个社会阶层。

这些政治术语在现实生活中绝不是毫无意义的区分,而是与人们享有权利的多少和社会地位的高低密切相关。"阶级出身论"在中国的兴起与发展是有其深刻的社会历史根源的,它的思想背景是马列主义的阶级斗争、暴力革命和无产阶级专政的学说。但是,"阶级出身论"并不是一套完整系统的理论,甚至不符合古典马克思主义,事实上它更接近于中国历史上的"父债子还""株连九族"的传统。以红色恐怖形式出现的阶级歧视,在文革初期发展到登峰造极的地步,完全取消了"革命对象"的基本权利,造成了巨大的社会压迫,"阶级出身论"至此完成了向"阶级血统论"的转换。"阶级出身论"和"阶级血统论"有着共同的思想基础,只是"阶级血统论"更具有暴力性和命定论的色彩。尽管如此,"阶级出身论"和"阶级血统论"与种姓制度仍有区别。首先,在长达数十年间,主流意识形态始终未对此意识和原则作出正面的论述;其次,每当"阶级出身论"和"阶级血统论"趋于沸点时,毛泽东都给予一定的降温,在不断追求纯化的大前提下,为了"团结一切可以团结的力量","化消极力量为积极力量",每隔若干年,都会略微舒缓由极端强调阶级出身问题而造成的社会紧张,从而避免走向完全的极端主义。①

人为地扩大阶级斗争,以致依据政治思想划分阶级,使中国的社会结构产生了新的多层次的等级制。中国几千年的封建社会中,形成了建立在家族制、官僚制和科举制上面的贵贱有序的等级制度。如果说,传统的封建等级制还有一定弹性,位于卑贱下层的个别人有时还

---

① 高华:《身份和差异:1949—1965年中国社会的政治分层》,第57-58页。

可以通过科举等走向上层改变等级。那么，阶级等级制的划分却是依据血统，几乎毫无弹性可言。如果说封建等级制的结构形似金字塔，处于塔底的众多劳苦大众还有可供自己活动的社会层次，那么阶级等级制的结构却形似枣核，处于枣核下端的只有10%或不足的人口，并散处在社会的各个领域。他们不可能有独立活动的社会层次。①

阶级出身在某种意义上成为享有某种权利，或者某种权利是否有所保障的前提条件。有时这种划分还涉及到人的生存权问题。如即使外出乞讨，黑五类也是不允许的，而贫下中农则可以。刘泽华在《我在"文革"中的思想历程》一文载："也是上个世纪七十年代初期，我一次路过保定，去了一家饭馆吃饭。饭刚上来，就有一群乞食者伸过手来，同时出示盖着村政府红印的出身证明，都是贫下中农。我问这是怎么回事？答曰：我们没有吃的，但地主富农不能出来乞讨，那是给社会主义抹黑。我感到万分惊讶，天呀，乞讨都要凭成分，是社会主义支柱者的特权。"②

阶级路线与政治身份的存在，与当时的中国社会结构为人造秩序有关。这一社会结构不是社会自然发展的结构，而是由于人的意志和强力去构建的，因此就不可避免地在话语体系中出现表达性现实与客观性现实完全断裂的状态。政治身份就是这一现象的表现。文革在中国的爆发，其实并非是一个突发性的事件，它是建国后历次政治运动不断扩大化的必然结果，之所以不断地发动政治运动，则是因为在对中国社会结构背景分析上，出现了严重问题。黄宗智在《中国革命中农村的阶级斗争》一文中，提出了表达性现实和客观性现实这一概念，对分析政治身份在中国社会分层中所起的作用的理解有重要意义。他把1946年到1952年的土地改革运动和1966年到1976年的文革联系在一起分析。如果说文革时期是表达性现实和客观性现实完全断裂的时期的话，那么，1946年至1952年的土改运动则是中

---

① 米鹤都：《心路：透视共和国同龄人》，第15-16页。
② 刘泽华：《我在"文革"中的思想历程》，《炎黄春秋》2011年第9期。

共在对中国社会——结构背景出现错误判断的开始。"马克思主义的精英们在将经济不平等的程度降低到非马克思主义的工业社会中的水平以下这一点上似乎取得了成功。但是,他们为此付出的代价是更大程度的政治上的不平等。看起来似乎是,对经济不平等的大量限制,只有靠政治上的压制手段才能维持。"①

黄宗智认为,文革是表达性现实和客观性现实完全偏离和断裂的结果,这一过程开始于土地改革,到文革时期达到顶峰。他认为很难将1949年的解放视为革命的终结,因为其后还发生了大规模的革命性变迁:全国范围内的土地改革,几近全国耕地面积的43%的土地被再分配,作为阶级的地主和富农也同时被消灭;随后发生从1953年到1957年的社会主义改造运动,国有化了几乎所有的城市私有财产,集体化了几乎全部的农村私有财产。在大跃进失败后的短暂的革命退潮后,出现在1966年到1976年的无产阶级文化大革命,这个运动的目的是全力铲除旧传统,建立一种全新的革命文化。他认为,革命之所以和造反或王朝更迭区分,最终是因为革命不仅只是从一个国家机器向另一个国家机器的过渡,而同时是大规模的社会结构变迁。黄宗智将中国革命视为贯穿于1946年到1976年的大变迁,自大规模的土地改革开始,经过社会主义改造直到文化大革命的结束。这一替代性概念把分析的焦点从共产党获取权力转移到共产党所发动的社会变迁之上。黄宗智把土改和文革视为一体,分析它们是怎样相互作用的。他认为我们决不能预先假定表达与实践之间的一致性。表达性现实和客观性现实既可能是一致的,有可能是相互背离的。一致性需要被证明,而绝不可当作预先的假定。两者可以有着独立的起源、意涵和结局。

黄宗智认为,在1946年到1952年的土改和1966年到1976年的文革中,农村阶级斗争的表达性建构越来越脱离客观实践,两者的

---

① 格尔哈斯·伦斯基著,关信平等译:《权力与特权:社会分层的理论》,第5页。

不一致强烈影响了共产党的选择和行动，而党的这种选择和行动又形成了一种话语结构，该话语结构在文革中极大地影响了个人的思想和行动。文革是人类历史上表达性现实与客观性现实之间相互脱节的一个极端例子。这种不一致性既诱发了文革的出现，又导致了文革的终结。这一历史强调了表达性现实和客观性现实之间的确是相互独立的。表达性现实脱离社会现实之处，主要在于共产党将其宏观结构分析转化为每个村庄的微观社会行动所作出的决定。每一个村庄都要划分出阶级敌人，党要组织阶级斗争，发动贫农和雇农反对地主和富农。阶级斗争被当作是一场道德戏剧性的行为，用来表现代表着"善"的革命力量和代表"恶"的阶级敌人之间的对抗。关于阶级斗争的官方建构和社会现实之间的偏离存在于多个层次。官方认可的农村阶级斗争话语，不仅成为阶级话语中的主导，而且统治了整个政治/文化生活中的所有话语。直到文革结束时（期间只有在大跃进之后出现过一段短暂的回潮），政治一直主导着所有的生活领域，而在政治话语中，阶级话语又占据着最突出的地位。它成为这一阶段几乎所有群众运动的主导力量：从土改到三反五反，从社会主义改造到反右运动，直到最后的文化大革命前奏的社会主义教育运动。在文革中，主导性的标语是毛泽东的"千万不要忘记阶级斗争"。阶级、阶级身份、阶级斗争、阶级敌人、斗争对象这些术语完全渗透进了标准的日常语言。在这个纷杂的世界里，生产关系分析中的细微标准已经不复存在。所有革命中的敌人都被合并成阶级敌人这个单一范畴，他们代表了旧社会的所有罪恶。在如此混乱的实践中，发展出了关于阶级敌人的四种类型（"四类分子"）的惯用语：地、富、反、坏（分子，即罪犯）。在这样的惯用语中，作为人民的敌人，阶级敌人的危害性要大于罪犯。这些惯用语成为文革中主要的战斗口号。无论阶级斗争目标是党外的老阶级敌人，还是党内的"走资派"这种新阶级敌人，文革中使用的语言、思想甚至行动的仪式，许多都是从土改那里借用来的。文革积极分子思考和谈话时使用的语言（四类分子或者是黑五类）、识别斗争对象、在开群众大会时，给斗争对象扣上高帽，在他们胸前贴上标语，公开的侮辱、殴打等等，这些都是土改中使用过的技术。这些行动更直接地继承了农村土地革命，而不是城市的五反和社会主义改造等运动的遗产。

像阶级敌人那样对待走资派并发动无产阶级斗争来攻击他们，是毛泽东在文革中的发明。这一运动被官方称作无产阶级文化大革命。这一等同是从早期那种认为民族资产阶级是一种进步力量的观点的一次概念飞跃。后来我们看到，这一飞跃把文革的斗争目标和土改的斗争目标联系起来，换句话说，把走资本主义道路的当权派和封建主义阶级敌人联系起来。这一联系将为文革中泛滥的暴力提供正当性。

我们应当把主要在农村开展的四清运动看作是文革前奏。尽管文革基本发生于城市，但它与被称为第二次土改、旨在重新发动十几年前的土改中的阶级斗争的四清运动密切相关。那时，那些四类分子早就沦为无权无势的可怜角色。他们成为新一轮替罪羊的不幸遭遇，尽管是人为造成的，仍然向这一半真实、半虚构的话语提供了一种真实的面目。当毛泽东把反对当权派与对老阶级敌人的斗争联系在一起时，就可以把反对自己敌手的政治斗争转化为阶级斗争。而对那些手无寸铁的替罪羊的折磨和反对当权派的行动的结合方式，成为了文革的普遍对象。

与发生在城镇中的文化革命相比，农村中的文革只是一种附属运动。在城市中，阶级斗争话语的力量和影响在十年文革中达到顶峰。阶级斗争的主题控制了所有的文化生活：从文学家、艺术家到历史学家和学者，从官方通讯社到日常交谈，从国家法律到个人对配偶和朋友的选择等等。旧有的传统和态度被人们以创造革命新文化的名义抛弃。阶级斗争的霸权文化是建立在表达性现实和客观性现实之间不断扩大的鸿沟之上的。阶级成了一个完全由政治态度决定，和任何物质基础无关的东西。于是，对于以假定的无产阶级反对封建主义和资本主义阶级敌人的阶级斗争作动力的文革来讲，其表达现实的古怪建构也就不足为奇了。这一建构的结果可称为表达主义政治。

土改中虽然出现了表达结构与社会现实之间的偏离，但依然存在着判断表达的客观检验：阶级范畴植根于物质财产关系，而这一关系在《土地改革法》中是得到客观定义的。依据这一客观标准可以纠正那些错贴的标签，表达现实保持着与客观现实的联系并受到后者的检验。但文革并非如此。表达现实与客观现实之间的联系被割裂了。成为阶级敌人的后果和土改时期一样严重，并且其遭遇比在社会主义改造和反右运动中更为可怕。文革的真正悲剧在于模糊的表达主义政治与土改的暴力手段的结合。

李逊在《革命造反年代》中关注到等级身份制度在文革中所起的潜在作用。李逊"将1949年后各种等级身份归为体制和政治两大类，并且分析两者的相互作用。共产党执政后，消灭了以财富为基准的不平等，但又建立了另两个不平等的身份体系：以户口、编制和工作单位所有制为归属的等级身份，即体制身份；以阶级斗争理论划分出的本人成份、家庭出身、政治面貌、政治表现为标准的等级身份，即政治身份。前者更多体现着经济利益的分配，后者更多体现着政治权力的分配。比起财富的不平等，这是两个更宿命和无奈的不平等。①

---

① 李逊著：《革命造反年代——上海文革运动史稿》第一卷，第2页。

第二章

社会结构特征及阶层状况

一、中国社会结构的特征

历史唯物主义一向注重考察政治运动的社会根源，对于文革这样席卷全国，有千千万万民众参加的政治运动，不考察其社会根源就不可能对错综复杂的社会政治现象，特别是对民众为什么曾经以高昂的激情参加运动作出令人信服的说明。要揭示文革的起源，理解文革的进程与结果，必须了解文革发生的社会环境，即中国当时的社会结构。中国社会是如何运行、控制、整合、调控、统治或分化的？是什么样的体制或制度，通过什么样的手段和机制，构造了社会的制度结构？而这恰恰是诸多文革史研究者有意或无意忽略的。只有了解当时社会结构的特征才能找到打开文革诸多悖论的钥匙。国家与社会高度重合化和泛政治化是这一时期社会结构的特征，对文革的过程、结局产生了重要影响。

（一）中国社会是一个人为制造的国家与社会高度重合化的封闭社会

按照西方著名社会学者哈耶克和波普的观点，人类社会可分为开放社会和封闭社会两大类。这两类社会有时又被哈耶克称为"大社会"和"小群体"。前者与规则相联系，后者与目的相联系。这两种社会分别对应于两种秩序类型：即自发秩序（或内部秩序）和人造秩序（或外部秩序）。前者表示进化而来的秩序，后者表示认为创造出来的秩序。自发秩序产生于所有社会成员的相互作用，是在个人对环境不断适应的过程中形成的，即弗格森所谓的"人类行动而非人类设计的结果"。自发秩序以及哈耶克晚年常说的扩展秩序的显著特征是复杂、抽象、没有特殊目的，并不有意把每一要素置于适当位置，不由外物创造。人造秩序产生于一种有意安排，它依赖于一种命令与服从的关系，或者一种社会整体的等级制结构。在此整体社会中，上位者以及某一至上权威的意志，决定每一个人的行动，因而人造秩序是为了达到某一目的而挖空心思地设计出来的，它只能由外在于系统的力量创造。由两种秩序类型，哈耶克进一步区分出两种规则：自发秩序规则（或内部规则）和组织规则（或外部规则）。前者指那些不知其源而只是被一般接受的规则，它与自发秩序的属性相一致，具有抽象性；后者指由权威创造、设置和规定的规则，它与外部秩序特征相适应，从属于命令，致力于具体内容和特定结果，按照既定的不同地位对不同的组织成员给以区别对待。

　　文革前的中国社会结构基本符合封闭社会、人造秩序的特征，是典型的人造秩序和封闭社会。在这种社会结构中，以生产资料国家所有制为基础，国家政权几乎垄断了全部社会财富，一切经济资源和经济权力都集中在国家机构手中，生产者只有通过国家这个中介才能和生产资料相结合。这决定了国家机构在各个方面对直接生产者的控制，与以往以及其他的社会形态完全不同。在其他社会结构中，经济资源大部分分布在社会与民间。就像一位著名学者所说："不论是谁，一旦掌握了全部经济活动的控制权，也就掌握了我们生存的命脉，从而就有力量决定一切我们所追求的其他方面的价值以及替我们安排这些价值的优先秩序，进而让我们相信我们应当为什么样的目标而生活和奋斗。"与此同时，国家还是社会资源的垄断者，掌握着几乎全部社会资源的配置权，这些资源不仅包括物质资料、资金、技术、劳动力，而且包括权力、威望、地位、机会等等，任何社会成员要取得最基本的生活条件，都必须从国家那里获得相应的资源。民间没有任何独立的提供资源和机会的源泉，因而不可能形成任何独立的力量。国家的力量以历史上前所未有的深度与广度渗透于基层的社会生活和私人空间。

由于直接占有了几乎全部重要的社会资源或财产，国家从而也控制了几乎全部的社会机会。国家不仅通过行政管理机构和其他国家暴力机构行使着权威的、强制的命令统治，而且在社会资源的占有分配上处于绝对的垄断地位，迫使几乎所有的利益需求的实现都依赖它自身。国家既是具有权威和强制性命令权力的统治者，同时又是财产所有者。在这种合二为一的统治形式中，分别承担统治功能的两类组织，即行政机构和经济组织也合二为一。国家行政机构同时也是占有财产和资源的经济组织，经济组织由于和国家行政机构相结合从而也具有国家行政机构的功能。在中国特有的情况下，党的专职机构也与行政机构一起，成为国家机构固有的一部分。由于国家几乎占有了所有社会资源，与国家对应的社会根本不再存在。国家与民众的关系也失去了社会或社会组织这一中介，完全是面对面的。在一个人的一生中，无时无刻不在与国家直接打交道，个人的全部生活几乎完全取决于国家。陆益龙认为："文革"期间的国家控制显然有过度扩张的倾向，政府的控制范围可谓渗透到个人的衣食住行之中，个人吃饭穿衣皆由国家定量和发放票证来控制，城市居民的住房也由国家或单位统包统配，居民外出必须持有权威部门开出的证明材料。国家对私人生活领域的控制主要通过户口控制的途径，即按照在册登记的户口来分配各种凭证或票据和进行资源与权利的分配。户籍制度在国家控制中起着操作平台的功能。在高度集中的权威控制下，个人完全丧失或失去大多数选择权和对自己行动的控制权，社会结构的有机整合变得相当困难，社会运行就难以协调，通常在众多环节需要人为的调节，否则社会混乱就难以避免；但是人为的调节往往也只能是暂时的，而难以保证社会系统自身的协调发展。[①] 如传统的中国农村具有相当的自治权利，国家权力只能直接达于县级，从来没有有效

---

① 陆益龙：《户籍制度——控制与社会差别》，第134页。

的控制农村。而人民公社控制了农村土地和劳动力两大基本生产要素,获得了对社会进行强控制的力量。农民失去了传统中国农民拥有的一些自治权利,如支配自己土地和财产的权利,自由择业、自由流动和集市交换等等。"古往今来,没有哪一种制度能像人民公社那样,把国家权力如此有力地深入农村,对农村社会实行如此高的组织化和超强控制。"①

(二) 高度泛政治化社会的特征

对当时的社会状态,章立凡在《不幸的年代》中有这样的描述:"一个健康的公民社会,一个和谐社会,公民对政治不应该有这许多不良偏好。可是我们所生活的年代,是一个过分政治化的年代,很多事情是泛政治化,任何事情都和政治挂上钩。而且呢,你不在这个政治框架里去就范,就可能很难生存。那时候已经有户籍制度、单位制度,一个人被组织人事关系编制到社会的网络上,自己没有可寻觅的空间。户籍涉及到口粮、工作单位涉及到工资,这几条线就把你定位定死在那儿了,你这一辈子基本上摆脱不了这个框架。后来下农村,我发现人民公社制和农奴制相似。编氓,把你们都编在这儿,你的义务是交公粮,没有任何权利,出门得开介绍信。现在回想,这种情况等于让人回到了中世纪。中国封建社会实际上是地主制而不是领主制,但是所谓人民公社制,很有点领主制的味道,包括单位制、户籍制也是这样。过去中国农民是很散漫的,不是特别有组织和人身依附关系的那种,我们这套人事、户籍制度,反而是人身依附的关系。就范才有饭,非如此你不能生存。"②

亨廷顿用"普力夺"一词描述泛政治化社会的特征。他认为:"普力夺"一词形容的是一种政治化的社会。在这种社会里,它不仅指军

---

① 肖冬连:《中国二元社会结构形成的历史考察》,《中共党史研究》2005 年第 1 期。
② 米鹤都主编:《回忆与反思——红卫兵时代风云人物口述历史之二》,第 244 页。

人干政,而是指各种社会势力都干政。广泛地介入政治是整个社会的通病。在普力夺社会,团体之所以更加政治化,乃是由于缺乏有效的政治制度去调停、升华、缓解各团体的政治行动,各种社会势力相互赤裸裸地对抗,没有什么政治制度也没有一批政治领袖被公认或接受调节各团体之间冲突的合法中介。同样重要的是,在这些团体中,对于什么才是解决他们之间冲突的合法而权威的途径,亦不存在共同的认识。"[①] 泛政治化社会特征表现为:各种议论主体各行其是的高度参与政治争辩,但是却没有达成共识的公共理性对话模式,无法在话语共同体机制内寻找到解决问题的出路;政治理性、自治性、有效性、合作性和适应性很低,而非理性、大众情绪性参与程度高;专业层次和制度化水平低,没有功能上的进步,呈现激进特征。

傅高义通过研究广州建国后的历史,对中国社会的特征和文革的本质产生如下的认识:"在中国历史上他们第一次建成了强大的政治体系控制社会、改造社会,重要的经济、文化、教育、农村的活动都置于政府的管理范围之内。不管以上章节中所描述的运动——土改、社会主义改造、公社化、社会主义教育、文化大革命,其具体的目的如何,这一切都强化了政治体系重组社会的能力。在这些统治的初期,日益强化的政治体系被置于经济的现代化之前。中国共产党所承继的这样一个国家在经济上甚至比苏联更落后,他们首先的目标是形成一个能够控制经济变革的政治组织。政治机构的增长不可避免地要求侵入以前属于私人的领域。政府不仅深入到企业,而且深入到地方的宗族、村庄、行会和地方团体,而这些组织以前实质上是享有自治的。即使是这些自然的社会团体也被政府重组成标准化的政治、经济取向的组织结构,其领导人基本上不是由当地组织,而是有外人选出的。行政管理机构的增长第一次使群众进入政治领域。虽然,群众受领导、被动员,但作为公民,个人的政治作用比 1949 年以前要重要得多。在这头 20 年中,人民生活的基本变化不是来自经

---

① 【美】亨廷顿著,王冠华等译:《变化社会中的政治秩序》,第 177—178 页。

济上的变化，而是来自政治组织的变化。①

　　文化大革命是一种城市现象，参与的机会集中于规模很小的单位。对大多数中国人来说，政治活动的主要领域是初级单位：生产大队或生产队、工厂或企业、机关、学校或居委会。参与这些单位的事务有可能是高度政治性的，可以加强与国家政治制度的联系，但对于分析家来说，系统地考察这种参与则是件难事。而且，这些单位是由非政治性的功能定义的，并渗透着高度个人化的关系（亲缘、邻里、同等组织、小团体领导或同事等等）。积极分子、干部、党员，这三种核心政治角色主导了中国政治制度的人员安排。积极分子是不占有专职政治职位，但对公共事务具有特殊兴趣、积极性或责任的普通公民。干部则是在一个组织中占有通常是专职的正式领导职位的人。"1962—1965 年的社会主义教育运动在若干方面都是'文化大革命'的前奏曲。"②"这场运动也显示出两种观点的分歧，一种是毛泽东依靠农民从外部批评党的主张，另一种是依靠党的内部纪律的列宁主义的观点。毛泽东看起来在决议中比对地方党的领导的实际批评表现得更为激烈，而中央组织受到王光美（刘少奇之妻）的报告的鼓动，主张通过传统的等级渠道执行严厉的纪律。"③

　　亨廷顿指出群众社会和参与社会的政治参与性质之区别：在群众社会里，政治参与是无结构、无常规的、漫无目的的和杂乱无章的。每一股社会势力都试图利用自己最强的手段和战术来确保自己的目标。政治上的冷漠和激愤相互交替，政治参与的独特形式就是把暴力与非暴力、合法与非法、胁迫与说服结合起来使用的群众运动。而参与政体则不是这样，它的民众高度参政是通过政治制度来进行

---

① 傅高义著、高申鹏译：《共产主义下的广州：一个省会的规划与政治（1949-1968）》，第 332-335 页。
② 【美】詹姆斯·汤森、布莱特利·沃马克著、顾速、董方译：《中国政治》，第 190 页。
③ 【美】詹姆斯·汤森、布莱特利·沃马克著、顾速、董方译：《中国政治》，第 190 页。

组织和安排的。① 由于民众追求的目标与执政党追求的目标无共同之处，被动参与政治的民众从内心深入并不认同执政党的目标，但迫于整个社会政治化的压力，只能以沉默来对抗。"虽然政权现在能获得顺从，但它无法唤醒大众的政治冷漠。自大跃进的失败与1959—1961年的经济灾难发生以来，横亘于领导层的革命目标与人民的目标间的分歧在扩大，后者的目标是个人的、实物主义的。政权想要恢复平民与底层干部曾经拥有的革命热情，为此一直进行持续与强烈的政治思想教育。然而这些计划显然非常无效，异议仍保持着很高的势头。②

二、文革前社会分层状况

社会上不同群体的人们占有社会资源（经济资本、社会资本、文化资本、符号资本）的不同，这就是不平等。不平等的状况使得有相似地位的人群成为同一社会阶层。这些阶层使社会成为一个等级系列。同一等级层次的人有着共同的利益和追求；这些利益和追求与另一社会层次的人们的利益和追求相异，有时会发生冲突。人们在社会中的许多政治行为来源于他所处阶层的共同利益。处于上层的人们总是想寻求社会稳定以维护他们的利益，他们如果用强制的办法保障稳定，就会激化矛盾，从而出现与其目的相反的效果，缓和阶层冲突是他们的最佳选择。而处于下层的人则希望在社会变迁中得到改善自己处境的机会，但革命性的社会变迁不仅要以一两代人的社会动荡为代价，还会造就一个凌驾于他们头上的超级权威。

马克斯·韦伯认为，决定人们社会分层的除了经济因素以外，应该至少还有两个因素：权力因素和地位因素。在一个经济资源的所有

---

① 【美】亨廷顿著，王冠华等译：《变化社会中的政治秩序》，第52页。
② 《中情局关于中国的异议与反抗潜力的研究报告（1965年12月7日）》，载沈志华、杨奎松主编：《美国对华情报解密档案贰（1948—1976）》，第138-151页。

权不存在差异的社会里,对经济资源的支配权仍是决定社会成员分层地位的重要因素,而由荣誉、声望、级别和权力等因素构成的复合物——地位则成为区分社会阶层高低的关键因素。地位是一个人在等级秩序中的位置,它以此人相对于该秩序中其他成员的角色、权利和义务为特征。地位比阶级等根本上属于经济范畴的事物更难确定,由于它是社会尊重的量度(即某人在社会层级中较高还是较低位置的量度),因而更主观。传统社会通常具有明确和固定的地位等级,而现代社会的地位流动性更大。大致说来,经常与财富和职业相关联。不过,地位等级依然同家庭背景、教育、性别以及种族和族群等因素有关。[①] 在文革前后的社会里,地位则与户籍制度、单位体制、身份制等密切相关,成为评判一个人社会地位高低的标准。

文革前后的社会分层状况严格地说是在1958年之后在农村实行人民公社化之后基本定型的。这一社会结构和分层状况的形成从1949年建国开始,全国范围的土地改革运动、粮油等基本生活资料的统购统销、资本主义工商业的社会主义改造、人民公社化运动等,是这一社会结构和分层状况形成的具有关键性影响的重大事件。著名社会学学者李毅在《中国社会分层的结构与演变》一书中,运用定性社会学和历史社会学的方法,对建国之后的社会分层状况分历史阶段进行了分析、描述,认为到1958年,一个崭新的中国社会分层结构出现了。地主阶级消失,民族资产阶级被赎买,干部成为新结构中唯一的上层阶级。同两千年前一样,庞大的农民阶级处在中国社会分层的下层。从1959年到1979年,中国的社会分层呈现出一个明确的三个阶级的结构。1000万国家干部处在顶层,3500万国有企业工人在干部之下,两亿农民处在下层。"这20年里,尽管国内外风云变幻,中国社会分层的结构基本上没有变动。为数很少的领导干部居于分层的顶端,干部阶级囊括所有精英。其下是为数不多的国有企事

---

① 【英】安德鲁·海伍德著、张立鹏译:《政治学》(第二版),第233页。

业单位工人。一个庞大的农民阶级在社会的下层。"①

李毅的社会分层研究固然勾画出中国社会分层的大致框架，但并没有真正反映出由于各种资源的分配状况而形成的准确社会分层状况。其原因在于源于西方的单纯社会学理论并不完全适应于分析高度政治化的中国社会。李毅把社会的管理者和与不拥有社会管理权和资源支配权的知识分子阶层由于其经济来源，如工资等相同，统一称为干部阶层，但他也认识到干部阶层的构成不同，中间有对各种公共资源有管理权、控制权和分配权的国家和社会的管理者，也有教师、医务人员、工程师等专业技术人员，甚至神职人员也评定了干部级别。1956年确立的分级工资制度，从中央到地方有五级政府，干部共分三十级。从真正意义上说，没有管理职能的专业技术人员虽被列入干部行列，但不论是从官方意识形态的话语里，还是在实际社会生活中，他们都是一个有别于干部阶层而独立存在的社会阶层——知识分子阶层。

吴汉全从官方定义的工人阶级的范畴出发，认为："从研究角度看，可以将1956—1966年间中国工人阶级分为物质生产者阶层、知识分子阶层、管理者阶层等三大阶层。"这三大阶层"享有不同的对社会资源的支配权力，具有不同的社会身份；其身份之间的界限不仅是清晰的，而且也是刚性的，一般来说不易进行转换。"②

另外，在各个阶层中间还有一部分被剥夺各种人身权力、倍受社会歧视的一个群体，他们处于社会的最低层，即所谓的地富反坏右"黑五类"，可称为贱民阶层。贱民阶层的存在对于当权者对整个的社会控制有其特殊的功能。另外还有社会上的一个群体，构不成一个阶层，即城市流浪人口、游民。游民主要是长期不从事劳动生产、没有正当职业条件，以致无法维持生活而以偷窃、拐骗、聚赌、乞食等不正当手段谋生的分子。被剥夺自由和政治权利的犯罪群体也是应

---

① 李毅：《中国社会分层的结构与演变》，第50页。
② 吴汉全著：《中国当代社会史》第二卷，第227-230页。

当注意的一个群体。这一群体也可以划归为贱民阶层。杨曦光《牛鬼蛇神录》对这一群体对文革的态度和文革中的表现的记述，也是研究、分析文革与各社会各阶层关系的重要资料。

不同社会阶层以及同一社会阶层中的不同群体在文革中有不同的利益诉求和表达方式，文革期间的冲突是以所谓捍卫信仰的名义掩盖下的实际利益的冲突。傅高义认为："在1966—1967年，权威机构受到抨击，群众组织中的当地民众可以表达他们自己的利益要求。由于政治事务的大范围保密，一般的民众不太了解总的政策问题，而只会不满眼前的个人生计问题。可以肯定，他们加入哪一派依据的是过去的友情或敌意，每个学校、工厂都有两大主要的群众组织。不过，总的来说，那些认为自己相对受到剥夺的，加入了更为激进的革命派，而那些与现状有更大利益关联的人则站在较为保守的一边。"[①]

依据对中国社会结构以及影响社会分层重要制度的分析，文革前中国社会可以分为以下5个阶层：干部阶层、知识分子阶层、工人阶层、农民阶层、"贱民"阶层。其中每个阶层根据其不同的状况又可以分为不同的群体。这些阶层、群体的不同利益诉求和对文革的态度，而不仅仅是精英人物的态度，决定了文革的进程、走向与结局。

---

① 傅高义著、高申鹏译：《共产主义下的广州：一个省会的规划与政治（1949-1968）》，第321页。

第三章

干部阶层与文革

文革被看作是全民族的灾难,中国当时所有的社会阶层都不同程度地卷入了这场旷日持久的运动。在所有社会阶层中,处于社会主导地位的干部阶层在这场运动中始终处于主角的地位。文革因干部阶层特别是最高领导层的分歧而起,也对干部阶层各个群体的命运产生了深远影响。文革是整个干部阶层的灾难,没有哪一次运动像文革那样,对整个干部阶层造成了深深的伤害。在受到伤害的同时,干部阶层作为主导阶层,其声望也因文革而降到最低点。1967年5月美国情报机构就预言了文革的结局和对干部阶层的难以修复的伤害。"中国的政治危机持续,还看不到结束的迹象。在几种可能的结果中,没有一种是最突出的。但无论它最终如何解决,伟大的无产阶级文化大革命已经对最高领导层及党造成了巨大损害,已经深刻地改变了中国内部的权力结构,已经极大地扰乱了中国社会各阶层人们的生活,已经释放出新的不稳定的力量,已经促使中国在世界上更加孤立。"[①]

一组数据从一个侧面反映了文革对干部阶层的伤害。据统计,文革十年中,全国被立案审查的干部高达230万人,占文革前夕全国1200万干部的19.2%。中央和国家机关各部委被审查的干部有29885人,占干部总数的16.7%。其中,中央副部级和地方副省级以上的高级干部被立案审查的达75%。据最高人民法院1980年9月统计,仅

[①] 《中情局关于中国"文革"的国家情报评估》,1967年5月25日,载沈志华、杨奎松主编:《美国对华情报解密档案(1948—1976)》第五册,第91页。

因刘少奇问题而受株连的案件就有 2.6 万多件,被判刑的达 2.8 万多人。党和政府的各级机构、各级人民代表大会和政协组织,长期陷于瘫痪和不正常状态。公安、检察、司法等专政机关和维护社会秩序的机关都被搞乱了。①

一、干部阶层及其群体划分

干部阶层是中国社会中一个稳定的社会群体,也是一种身份。包括党政机关的官员以及由国家委派的企事业单位的领导人。他们掌握着社会资源的实际支配权,具有其他社会成员所没有的特殊权力。他们的身份基本上是固定的,是由国家的一系列制度固定下来的。其他社会成员很难进入干部的行列,一旦进入就获得固定不变的干部身份。进入干部行列主要有三种途径:首先,教育是最主要的途径。凡是由国家正式全日制中等专业技术学校、高等学校毕业的具有中专、大专、本科等以上学历的学生,在按国家计划分配到工作单位后,就可获得干部身份。其次,是根据国家人事部门分配的干部指标而被聘用到干部岗位上的人,可以是干部编制。三是由部队连以上干部转到地方的转业人员。军队中排以上的人员也属于干部阶层。这部分人在文革中发挥了特殊的作用。其属性也决定了他们在文革中的思想、行动与地方干部基本是一致的。

在官本位制的社会里,以干部或官员级别垂直分层的干部分层为基础和主线,由此派生出全社会的分层体系。这一制度是在 1955 年 7 月建立国家机关工作人员统一级别、建立统一工资标准和 1956 年对全国国有企业、事业和国家机关工资制度进行改革的基础上形成的。按照这些规定,干部群体被分为 30 个级别,并配以具体的工资标准。从实际情况看,非农业的人口也可分为干部和干部以外人员两种社会身份。两种身份在工资级别、工作待遇、出差补助、住房条

---

① 曹普:《中国改革开放的历史由来》,《学习时报》2009 年 9 月 29 日第 3 版。

件、医疗、退休等等福利上均有很大差异。一般说来,干部编制的待遇要大大优于工人。在干部阶层中,工资级别即公开的收入差别不大。但与干部的工资级别相配套的还有一系列福利、待遇、服务等制度。如中央财政部对国家机关、企业、事业单位不同级别干部的住房、差旅标准、外出车辆、随行人员、秘书服务、医疗、市平定点供应、家具、生活用品、房租水电、文化娱乐等都有具体规定。这种与干部身份相配套的一整套体系就是文革前社会分层的主线。

另外,干部阶层还是当时社会中唯一具有整体组织的社会结构因子,这一群体构成一个严密的自上而下的组织系统,对外独立,内部结构等级森严。其他的社会成员也有组织,但不够独立,也不能形成整体性系统,只是作为国家机关的附属物而存在。有的学者将干部阶层称作社会精英阶层。泽林尼认为,精英阶层指的是从事国家和经济部门管理工作的革命官僚,寓意在社会主义条件下,政治忠诚和管理权力代替了经济所有权,成为人们步入社会上层的重要通道。国家社会主义再分配经济体系,是建立在大规模生产资料公有制基础上的。在这个体系下形成了一个社会精英阶层。这一阶层控制着生产活动,并分配公共财产的所得。他进一步指出,这个阶层代替了资本主义社会中的资产阶级,但区别于资产阶级的一个显著特征是,他们名义上并不拥有任何生产资料,然而这种不拥有并没有削弱这些社会精英的经济地位,而通过政党国家来发挥管理职能反倒增强了他们的地位。在资本主义制度下,资产阶级作为投资者,其权力只局限于他们的货币资本。而社会主义国家中的社会精英的权力,来自于管理广大民众的政党和国家,其权力的覆盖面十分宏大。事实上,资本主义制度的企业主和股票拥有者只有控制他们资本投入的权力,但社会主义国家中的党政机关和企事业领导人却拥有控制国家财产和劳动力的双重权力,同时又有分配由民众创造的劳动成果的权力。[1]

---

[1] 边燕杰、卢汉龙:《改革与社会经济不平等:上海市民地位观》,载边燕杰主编《市场转型与社会分层——美国社会学者分析中国》,第511页。

干部阶层的优势地位基本上不体现在工资等经济收入中，而是体现在所享有的社会福利和社会保障等非货币化的隐性收入中。魏昂德认为："在中国，住房是特权的一个特别准确的指标"，"工作单位是中国城市中住房的最重要提供者，而住房很可能是提供给职工的代价最高，又最有价值的福利"。[①] 有的学者将干部阶层称为国家与社会管理者阶层。吴汉全认为："所谓国家与社会管理者阶层，指的是一个具有特殊社会地位、具有控制社会资源、行使国家和社会公众所赋予的权力的阶层。就 1956—1966 年间的中国社会而言，该阶层是指在党政、事业单位和社会团体机关单位中行使实际管理职权的领导干部。具体包括：中央政府各部委和直辖市中具有实际行政管理职权的处级及以上行政级别的干部；各省、市、地区中具有实际行政管理职权的科级及以上行政级别的干部。中国当时的社会政治体制，决定了这一阶层在等级化的社会阶层结构中居于最高或较高的政治地位和优越的等级，是整个社会阶层结构中的主导性阶层，亦是当时社会政治秩序、经济发展、文化建设的主要推动者和组织者。这一阶层的社会态度、利益及行动取向和品质特性，对于经济社会结构的形成和变迁，对于社会阶层结构主要特征的凸显，具有决定性的影响力。"[②]

一般说来，干部阶层具有以下三个特点：第一，代表国家掌控几乎所有资源，集权力、声望、收入（财产）资源于一身，处于社会的最上层。"它作为一个自主的社会行动主体，具有自己特定的目标和利益。"[③] 第二，是唯一有严密组织系统的阶层。第三，利用社会封闭或社会屏蔽手段对其他阶层进行排斥，拥有诸多特权，以各种名义或规则维护自身的利益。当财产所有权不再成为社会屏蔽的条件后，

---

① 魏昂德：《再分配经济中的产权与社会分层》，载边燕杰主编：《市场转型与社会分层—美国社会学者分析中国》第 132 页。
② 吴汉全著：《中国当代社会史》第二卷，第 262 页。
③ 孔令栋：《权威与依附——传统社会主义模式下的国家与社会关系》，《文史哲》2001 年第 6 期。

立刻出现其他条件取而代之,如户口、家庭出身、参加工作时间、级别、工作单位所有制等等。"在一个国家早已形成的社会结构中,一党专政只是增加了一个阶级,即官僚阶级,根据社会主义的革命批评家的说法,这个阶级'将国家当作私有财产来占有'。"①

干部阶层作为社会的控制阶层,始终是历次政治运动,也是文革的主体阶层。干部阶层又分为党政系统干部和军队系统干部两个不同的群体。党政干部群体和军队干部群体是两个既相互联系,又有明显区分的群体,两者在文革中的作用和遭遇也完全不同。党政干部群体在文革中的角色在不同的阶段变化很大,文革之初被当作走资本主义道路的当权派成为被打倒的对象,之后其地位和处境随着形势的变化而逐渐好转,在文革后期则恢复了文革爆发之前的地位和权力。而军队干部群体则更是毛泽东发动和实施文革的最重要依靠力量,在整个文革中发挥着至关重要的作用。

二、干部阶层中政治派别的出现与文革的实质

毫无疑问,文革是中共高层党内权力斗争的产物,权力斗争说也是许多学者研究文革所依据的解释路径。不可否认,文革有权力斗争的因素在内,但最根本的还是在于党内长期存在的路线、政策分歧的结果。对中国要实现的目标和达到最终目标的途径和策略的根本分歧,在党内高层一直存在。从50年代初的山西农业合作化的争论到新民主主义的存废,从来没有在真正意义上达成共识。在决策者们中出现了两个不同的取向:平均主义和精英统治,前者强调红而后者强调专。但这并不像有些人所假定的那样,在中国领导层中有两个截然分明的红派和专派。最高领导层内部的分歧只是程度上而非原则性的问题。在这里,重要的是,至少到60年代中期,整个中国领导层已经充分表现出他们无法同时推动平均主义和经济发展。中国的发

---

① 汉娜·阿伦特著、林骧华译:《极权主义的起源》,第415页。

展任务之间内在的矛盾一直在彼此冲突着，同时又受环境的支配带来了政策上的矛盾。在某些时期，强调精英统治原则，同时却维持甚至强化了社会不平等；而在另外的时期，则把平均主义原则放在优先地位，未能使个人和社会团体充分发挥其主动性。在同一时期内执行互相矛盾的政策也并不罕见。在其他社会主义国家里都可以看到政策的转变和不兼容，但是在中国，似乎从一个主张到另一个主张的摇摆出现得更为频繁，政策上的不一致往往更普遍。"他们认为，对社会主义中国的目标和达到最终目标的途径和策略的根本分歧，是毛与刘不和的主要原因。只是到后来这种分歧才与权力斗争纠缠在一起，以致权力斗争最终反倒使政策上的冲突看不清楚了。"①

党内长期存在的发展目标和实现途径的分歧，由于大跃进造成的全局性灾难不断加剧而日益阵线分明。毛泽东和刘少奇这两个中共最高领导人之间的分歧就是集中体现。"当群众满耳充斥对社会主义更加忠诚的号召时，国家的领导人卷入了严重的内部纷争。只有最敏锐的、有政治头脑的老百姓才意识到这场最终引发文化大革命的领导人内部分歧的严重性。对于一个西方学者来说，不可能探清每个领导人的不同观点，许多有分歧的观点的提出都是有资格限制的。但有可能出现两大主要分歧的倾向，这就是当时的报纸经常重申的两条路线之间的斗争。要根据当时的证据来划定所有的领导人在哪一边比较困难，但到1966年以前，一般的干部并没有意识到他们上面的斗争的本质与深度。"② 对于两派的共同点和不同之处，傅高义的分析应当说也是颇有见地的，"两大倾向的本质分歧不是产生于共产党与外人之间。它是以毛泽东及其他党和军队内部的革命激进派为一边，与另一边的党内当权派之间的斗争，其中心在北京，但它深深影响到广东所发生的一切。争论发生在一定限度的范围之内，双方都

---

① 王绍光著：《理性与疯狂——文化大革命中的群众》，第5页。
② 傅高义著、高申鹏译：《共产主义下的广州：一个省会的规划与政治（1949—1968）》，第279—280页。

接受社会主义政治、经济组织的本质,都认为在 1962 年有必要加强国家及合作社经济组织的纪律。双方都承认,为了扩大对工业和建设的投资,有必要优先考虑农业、限制消费;双方都认为干部有必要去生产前线帮助重建地方组织,青年知识分子要帮助提高农村的科学技术水平。团结在毛主席周围的革命造反派是意识形态纯洁主义者。许多人从事宣传工作,而不在管理岗位上。他们为干部道德的腐化、群众支持的削弱以及摧毁中国以前政府的种种弱点所困扰。为了恢复干部的道德奉献和群众的普遍支持,他们号召抨击日益增长的自私自利的趋势与官僚高人一等的优越感。党内当权派则是负责组织管理的讲究实际的政治家。他们为混乱无序和生产下降所困扰,大跃进所造成的这一后果已把中国带到了崩溃的边缘。为了维持有序的管理,适应于经济发展的客观规律,他们认为,有必要强调能力素质,即使这会有损于意识形态的纯洁性。总之,革命激进派是在迎合群众的情绪,呼吁民族主义,反对官僚主义,反对精英主义;而党内当权派则精力集中于建立有效的组织、提高产量。"① 这种分歧是干部阶层内实际上形成了两大派别:以毛泽东为首的一派可称之为意识形态纯洁主义者、革命激进派、继续革命派,以刘少奇为首的一派可称之为温和派、党内当权派、秩序维持派。

1958 年大跃进和人民公社化运动的灾难性后果,反映了执政者与普通民众所追求的价值目标的差异,也造成了执政者与民众的心理疏离。"直到 1958 年,北京政权一直得到多数中国民众的普遍赞同。自大跃进的失败与 1959—1961 年的经济灾难以来,领导层的革命目标与人民目标间的分歧已经扩大,后者的目标是个人的、实物主义的。政权能够得到顺从和服从,但它不能将群众从政治冷漠中唤醒。领导层意欲重新采用一些措施来恢复以前的革命锐气,并为此一直在开展持续与强烈的政治灌输计划,目前这些计划似乎在很大程

---

① 傅高义著、高申鹏译:《共产主义下的广州:一个省会的规划与政治(1949—1968)》,第 280—281 页。

度上是无效的。"[①]

（一）毛泽东的理想社会模式与继续革命派的形成

以党的最高领袖毛泽东为代表，在他的周围逐渐聚集起一批以追求意识形态纯洁性为目标的，以从事意识形态和宣传工作为主体的拥护文革的群体，我们可以称其为继续革命派或文革派。

在文革爆发之初，毛泽东虽在名义上是党和国家的最高领导者，但在实际工作中却属于非当权派的代表人物。此时，他对官僚组织系统的实际控制力和内部影响力远远弱于比较务实的处于工作一线的刘少奇。从大量历史资料中可以看到，文革前及其文革初期，毛对这种状况的抱怨可谓比比皆是，重新夺回对党政系统的实际控制权是毛泽东的第一个目标。1966年7月28日在北京文化大革命积极分子大会上，毛泽东突然走向前台的亮相具有重要的象征意义。处于二线的毛泽东重新返回一线，实际上是表明他从刘少奇手中夺回现实控制权力。毛泽东是制造轰动效应的大师，他总是在看似不起眼的事情中证明自己的藏在内心深处的意图，其在文革前一些似是而非的言论、观点和举动，从表面看来对整个干部阶层的利益毫无损害，反而被干部阶层用来强化自己的优势地位和特殊利益。只是在1966年8月中共八届十一中全会，甚至在之后的10月开展批判资产阶级反动路线时才显现出来，被干部阶层的大多数人所认清。

继续革命派以毛泽东心目中所追求的理想社会为最高追求，是一群乌托邦理想主义者。毛泽东的理想社会模式早在年轻时代就已形成。1918年，毛泽东和蔡和森、张昆弟等计划在岳麓山下设立工读同志会，从事半工半读，建立一个人人平等互爱的幸福新村。由于种种原因"事无成效"。1919年春天，他又重新拟定了一个在岳麓山附近建立幸福新村的计划书，并将其部分内容公开发表在《湖南教育

[①] 沈志华、杨奎松主编：《美国对华情报解密档案贰（1948—1976）》，第152页。

月刊》第1卷第2号上,以实现"数年来梦想新社会生活"。计划书描绘出一幅财产和所有享乐设施为全体民众共有、平等和睦生活的美妙蓝图,新社会之种类不可尽举,举其著者:公共育儿院、公共蒙养院、公共学校、公共图书馆、公共银行、公共农场、公共工作场、公共消费社、公共剧院、公共病院、公园、博物馆、自治会,和此等之新学校、新社会而为一"新村"。他晚年倡导的政社合一的人民公社制度,五七指示关于新社会的构想与幸福新村是一脉相承的。1958年,毛泽东在不同场合多次表达了对于衣食住行、生老病死、学、育、婚全由人民公社包干供应、统一管理做法的赞同和欣赏。"乡社合一,将来就是共产主义的雏形,工农商学兵什么都管"。[①]

毛泽东关于理想社会的构想,比较完整地体现在1966年提出的所谓五七指示中。这一理想社会符合马克思主义的观点和认识,"用整个社会的力量来共同经营生产和由此而引起的生产的新发展,也需要一种全新的人,并将创造出这种新人来","教育可使年轻人很快就能够熟悉整个生产系统,它可使他们根据社会的需要和他们自己的爱好,轮流从一个生产部门转到另一个部门","从事农业和工业劳动的将是同样的一些人,而再不是两个不同的阶级。"[②] 这一理想社会构想也来自于两千多年来中国农民阶级的理想追求,如毛泽东所崇尚的东汉末年的张角的五斗米教的做法和对太平天国天朝田亩制度的评价,认为实现生产资料的公有制,就是实现了共产主义或它的初级阶段社会主义。这是对马列主义的误解。公有制并不是马克思、恩格斯提出来的,它的提出者是空想社会主义者。马、恩所独创的内容是剩余价值理论和消灭社会分工。恩格斯认为,只要存在社会分工,社会的领导者就不可避免地把对群众的领导变为对人民的剥削。这时出现私有制是一种限制剥削的进步。未来社会由于生产的发展,社会分工不再必要,这是实现公有的基础和条件。五七指示勾画了一

---

① 贺文贞:《对"三面红旗"的再认识》,《党史研究》1986年第2期。
② 《马克思恩格斯选集》第一卷,第212页。

幅新的社会蓝图,军队要成为亦工亦农亦学亦民的大学校,工、农、学、商和党政机关也要以本业为主,兼学别样。研究毛泽东的社会理想,不能回避五七指示。五七指示提出的建立革命化的大学校,实质上体现的是要消灭社会分工、消灭商品经济的思想。消灭商品经济和货币交换,建立产品经济体系,造就人们生产、消费、精神生活统一管理、自给自足、和谐相处的社会联合体,是毛泽东始终不渝的追求目标。

当时的社会状况和干部阶层的一些做法不符合毛泽东的预想,使他产生深深的忧虑,对干部阶层存在着纠缠不清而又相互矛盾的看法,甚至一度把干部阶层看作是与工人农民对立的官僚主义者阶级。一方面,干部阶层无疑是进行管理、控制社会的政权的依靠者,同时对一些干部的革命意志衰退、过分关注自身利益、追求特权享受不满。毛泽东认为民众对党的不满,与党的疏离主要在于干部阶层中一些人的蜕变。早在1960年,毛泽东就看到干部当中存在着两种现象:一方面,他们依恋按劳分配原则,即资产阶级法权观念所带来的特权;另一方面,他们的行动又像封建君主一样。他把这种现象归咎于中国干部中被这种毒素感染的人。而在此后的岁月中,这两种现象一直留存在毛泽东的思想深处。他认为在社会主义社会中,"还会产生新的资产阶级分子","人这种动物很有趣,稍有一点优越条件,他就飘飘然。"1965年1月29日,毛泽东在《对陈正人同志蹲点报告的批示》中说:"官僚主义者阶级与工人阶级和贫下中农是两个尖锐对立的阶级。这些人是已经变成或者正在变成吸工人血的资产阶级分子。这些人是斗争的对象、革命对象,社教运动不能依靠他们。我们能依靠的,只有那些同工人没有仇恨的又有革命精神的干部。"1965年8月。毛泽东在与来访的法国总统戴高乐特使、文化事务国务部长、中国通马尔罗谈话中,当谈到苏联时,毛泽东说:"它是代表一个阶层的利益,不是代表广大人民的利益","党是可以变化的"。毛泽东认为十月革命后苏联没有彻底解决好"资产阶级权利"的问题,结果出现了对沙皇时代等级制度的怀恋,多数党员是干部子弟,普通工人农民没有提升的机会，中国也有重蹈这一覆辙的可能。

毛泽东认为：我们不能把人民的权利问题理解为人民只能在某些人的管理下享受劳动、教育、社会保险等等权利，而应当是劳动者管理国家，管理军队，管理各种企业，管理文化教育的权利。实际上，这是社会主义制度中劳动者最大的权利，最根本的权利，"没有这种权利，劳动者的工作权、休息权、受教育权等等权利，就没有保证。"只有劳动者的管理权利得到保证，即能够以各种有效途径和方式参与国家事务的管理和监督，才能有效防止和制止特权思想的滋生。毛泽东敏锐地意识到，党内的官僚主义倾向不仅仅是工作作风中的缺点造成的，而是反映了共产党及其干部中阶级、阶层属性的最初变化，干部阶层不是工人阶级的一部分，有自己的阶层利益，是一个特殊的阶层，存在沦为"既得利益集团"的危险。遏制这种危险的办法就是坚持无产阶级专政下的继续革命，开展文化大革命，把全国建成毛泽东思想大学校，共产主义大学校，七亿人成为旧世界的批判者，新世界的建设者和保卫者，"他们拿起锤子就能做工，拿起锄头犁耙就能耕田，拿起枪杆子就能打敌人，拿起笔杆子就能写文章。"①

毛泽东关于特权阶层存在的观点与一些社会学家的观点相一致，虽然对这一阶层所包括的人员数量多少的认识有所不同。毛泽东认为，特权阶层只是干部阶层中的一部分人，而不是整个干部阶层。社会学家泽林尼则把整个社会精英阶层，即干部阶层看作特权阶层。国家社会主义的再分配经济体系是建立在大规模生产资料公有制基础上的，在这个体系下形成了一个社会精英阶层，控制着生产活动并分配公共财产的所得。他进一步指出，这个阶级代替了资本主义社会中的资产阶级，但区别于资产阶级的一个显著特征是，他们名义上并不拥有任何生产资料，然而这种不拥有并没有削弱他们的经济地位，通过政党国家来发挥管理职能反倒增强了他们的地位。在资本主义

---

① 《全国都应该成为毛泽东思想的大学校——纪念中国人民解放军建军三十九周年》，《人民日报》1966年8月1日。

制度条件下,资产阶级作为投资者,其权力只局限于他们的货币资本。而社会主义国家中的社会精英的权力,来自于管理广大群众的政党和国家,其权力的覆盖面十分宏大。事实上,资本主义制度的企业主和股票拥有者只有控制他们资本投入的权力,但社会主义国家中的党政机关和企事业领导人却拥有控制国家财产和劳动力的双重权力,同时又有分配由人民群众创造的劳动成果的权力。[①]

历经近十年的所谓轰轰烈烈的无产阶级文化大革命,毛泽东在 1976 年初不得不痛苦地承认,文革并没有达到其预想的目标,决定开展反击右倾翻案风。毛泽东仍然认为,当时的中国还是类似于列宁所说的"没有资本家的资产阶级国家"。他把"分等级、有八级工资、按劳分配、等价交换、要拿钱来买米、买煤、买油、买菜等现象归结为还存在资产阶级法权。对干部阶层由于既得利益受到侵害而抵制文革的行为,毛泽东虽不否认存在思想、意识等诸多因素,同时也清醒意识到维护阶层利益,才是广大干部抵制文革的关键所在。"民主革命后,工人、贫下中农没有停止,他们要革命。而一部分党员却不想前进了,有些人后退了,反对革命了。为什么呢?做了大官了,要保护大官的利益。他们有了好房子,有汽车,薪水高,还有服务员,比资本家还厉害。"接受文革伊始全面内战、打倒一切的危害和教训以及自己即将走向生命终点的事实,毛泽东不得不放弃"天下大乱达到天下大治"的观点,不再采取文革初期鼓动造反有理,抛开党的领导和组织系统,放手发动群众的做法,也不再主张把辩论、斗争扩大到全社会去了。对干部不再是成批打倒、批判,而是采取打招呼的方式,只求党政干部能够同意他打倒邓小平的想法,不再敢层层揪什么代理人了。"当前大辩论主要限于学校及部分机关,不要搞武斗队,主要是党的领导。不要冲击工业、农业、商业、军队。"[②]

[①] 边燕杰、卢汉龙:《改革与社会经济不平等:上海市民地位观》,载边燕杰主编:《市场转型与社会分层》,第 511 页。

[②] 《毛主席重要指示》,中共中央 1976 年 3 月 12 日 4 号文件。

(二) 文革是一场对干部阶层的批判运动

四清运动与文革可谓一脉相承，斗争矛头就是指向所谓走资本主义道路的当权派。毛泽东在发动文革之时，对干部阶层的不同群体采取了不同的态度，就如林彪在文革之初多次强调的那样，文化大革命主要靠两支力量：毛泽东思想和解放军。地方党政领导干部群体早在文革之前的四清运动时，就被毛泽东认为是需要清洗的一部分。因此，绝大多数党政干部对待文革的态度也就可想而知，所谓的很不理解、执行很不得力也是情理之中的事情。早在1964年12月20日召开的中央工作会议小型座谈会上，毛泽东就说："地富反坏是后台老板，四不清干部是当权派。农村的中心问题是这一批干部，主要是大队和生产队干部，骑在农民头上，农民不好混，穷得要死。地主、富农那些人已经搞臭过一次了，至于这些当权派从来没有搞臭过，他又是共产党，上面又听他的。就是要发动群众来整我们这个党，整那个支部，整那个公社党委，中心问题是整党，不整党没有希望。"[①] 毛泽东还把统一战线策略用于社教整党，提出斗争目标不要提阶层，就提党委，斗争目标确定了，"要集中精力整部、整厂、整党。例如一个部先整党组成员，一个厂先整党委书记、厂长等。要明确规定这一条，否则当权的干部会滑掉。""先搞豺狼，后搞狐狸，这就找到了问题。不从当权派着手不行。"李先念说："不整当权派，最后就整到贫下中农的头上了。"毛泽东说："根本问题就在这里。"薄一波说："先搞豺狼，后抓狐狸，不讲阶层。不然你强调整资产阶级工程技术人员，或强调小面的小偷小摸，或强调不当权的资本家家庭出身的学生，那干部们精神就很大，斗呀！后果干部很容易滑掉，就搞不成干部了。例如，白银厂的根子就在省委、冶金部，不把根子搞清，白银厂好不了的。"毛泽东认为，整的重点在党。冶金部是党委，白银厂是党委，省委也是党委，地委、县委、公社党委、支委。抓住这些

---

① 中共中央文献研究室编：《毛泽东年谱》（1949—1976）第5卷，第452页。

就有办法。

毛泽东在1967年8月一次座谈会上的讲话,反映了他当时对文革的设想。"无产阶级文化大革命第一年是布局,第二年是争取胜利,把临时权力机构建立起来,搞思想革命化,第三年是收尾。当前主要是搞大批判,实行大联合、三结合。"后来毛泽东再次谈到:"文化大革命在策略问题上讲,可分为四个阶段","由姚文元同志文章发表到八届十一中全会,这是文化大革命的第一阶段。"关于这一阶段的情况,毛泽东的谈话反映了当时的实际情况,即绝大多数省、部级官员并不赞同毛的认识、看法和做法,尽管在当时的政治体制和政治生态下,没有人对他的行为提出不同看法,并不是彭真等少数人不同意。"姚文元文章的发表,这是个讯号,这个讯号一出来后遇到彭真等人的坚决反对,连我提议印小册子的意见也完全否决了。所以我只好主持起草五一六通知,在这个通知中已明显的提出路线的问题,也提出两条道路的问题。当时大部分认为我的认识过时了,有时只有我自己同意我的意见。后来将此精神带到八届十一中全会上去,我得到半数多一点的支持,但许多同志是不通的,李井泉不通,刘澜涛也不通,那只好走着看吧。"[①]

干部阶层是文革的斗争目标,从林彪、康生等一些积极投入毛泽东开展文革的中共高层领导人在文革初期的言论中也得到证实。

林彪认为文化大革命就是一场批判干部的运动。他在文革初期的一系列讲话体现了对毛泽东意图的理解和认识:这次文化大革命触及每个人的灵魂,党政军,工农商学兵,三里五界都是我们斗争的领域,十六条是我们具体的行动纲领。所以我们对干部,要来个全面考察,全面排队,全面调整。这次要罢一批人的官,升一批人的官,保一批人的官。组织上要有个全面调整。在干部问题上,只搞思想革命化,不搞组织革命化不行。该升的升,该降的降,该留的留,特别是关键的岗位上,不能埋下颠覆的种子。不然,在组织上就要犯机会

---

① 原载《韶山》编辑部,转载自《四大广场》。

主义错误。① 思想，社会意识，世界观，风俗习惯，政治观点，法律观点，艺术观点，艺术中的电影、戏剧、造型艺术、文学，以及教育制度等等，概括起来叫作文化。我们为什么要搞这个文化革命呢？要搞这个社会意识形态的革命呢？决定的因素，就是因为我们社会的经济基础发生了根本变化。现在我们在政治上取得统治地位，在经济上取得统治地位，但是在思想上还没有完全取得统治地位。我们在经济上推翻了旧的阶级，在政治上推翻了旧的阶级，可是在思想的领域，旧阶级的东西还是很占优势的。所以，我们有必要在这条路线上坚持不懈地、进行到底地来开展这个斗争。概括来说，就在一个"私"字上。那个东西、新思想，又新在哪一点上？概括来说，新在一个"公"字上。② 这次运动是大批判、大审查、大教育运动，也就是一个批判干部的运动。既批判走资本主义道路的当权派，也批判走社会主义道路的当权派，不过性质不同，开始也很难分清楚。如何安排自己。革命革到自己头上来了，如何对待，现在干部距离很大。有四种情绪：第一种抱怨情绪；第二种抱对立情绪；第三种抱抵触情绪；第四种抱无可奈何情绪。只有一条，紧跟主席思想，否则就抛开。③ 林彪认为：这次大革命是个大批判运动，对全国、全党是个大批判、大审查、大教育，文化大革命在某种意义上说，是对干部大批判，就是批判干部的运动。我们是当权的党，有伟大的成绩，但是也有不好的一面，破了这一面，对斗争就有发展，克服了这一面才能立。④ 林彪对清华大学井冈山兵团对文革的认识赞同，认为文化大革命从某种意义上说，是对干部的大批判，就是批判干部运动，只有大规模的批

---

① 林彪：《在中央工作会议上的讲话》，1966年8月13日，载宋永毅主编：《文化大革命文库》（光盘）。
② 林彪：《在中央工作会议上的讲话》，1966年10月26日，载宋永毅主编：《文化大革命文库》（光盘）。
③ 林彪：《在一次干部会上的讲话》，1966年12月，载宋永毅主编：《文化大革命文库》（光盘）。
④ 林彪：《在中央政治局常委会议上的讲话》，1966年12月3日，载宋永毅主编：《文化大革命文库》（光盘）。

判干部运动,才能揪出坏人,才能冲击广大干部,使之出一身大汗,犯错误的得到教育,走到危险边缘的得到改造,才能达到文革的目的,而"否定批干运动就是否定文化大革命""今后的文化大革命,大约都会伴随一场群众批干运动。"①

康生也认为文革就是整干运动。在1967年接见青岛赴北京造反组织成员时,康生说:文化大革命主要是斗走资本主义道路的当权派,批判反动的资产阶级学术权威,但是不晓得文化大革命就一定意义上讲是整干运动,每个干部都要整整,倒不是说都是走资本主义道路的当权派,不是说要触及灵魂吗?触及你的灵魂就不行吗?你没有灵魂吗?你就那么干净!?接管有各种方式方法,有的完全接管,因为那些家伙全是黑帮。(我们插话说:青岛市委是不是全部接管?)那要看你们的具体情况,青岛有个好条件,还有个王效禹。第二个是革命造反派接管文化大革命领导权,但对某些人还要撤职留用,因为还有些具体事情,我们不熟,今天一个条子,明天一个条子,闹得你头昏眼花,不能抓文化大革命了。第三种轻一点的可以停职留用。第四种更轻一点的可以监督使用,你听我的!这里有的全部接管,有的撤职留用,有的停职留用,有的监督使用,这要看具体人、具体时间,还要看自己的力量怎么样?可能还有反复,还有个王效禹。谭启龙让王效禹当市长,可能是想拴住他,搞不好再把他轰下去。所以要有革命性,又要有科学性,要注意不要陷入被动状态。②

文革把矛头对准整个干部阶层,理所当然受到干部阶层绝大多数成员的抵制和反抗,但也不可否认,也有一部分人出于政治观点和自身处境,对文革派予以积极支持,期望从运动中获得利益和声望。这部分人对最初的文革起到了推波助澜的作用。从历史事实看,在干

---

① 印红标:《失踪者的踪迹——文化大革命期间的青年思潮》,第82页。
② 《康生同志谈两条路线的斗争及其他》,1967年1月19日,青岛市革命造反联合行动小组部分成员张汉祥(青医东方红公社行动小组)、王世岐)、张子石(联合行动小组)、孙枫丹(联合行动小组)1967年1月23日整理,外地赴青学生革命造反团印,1967年1月25日,作者自存。

部阶层中支持文革的主要是在建国后各种政治运动中，因各种原因受到组织处理、打击排挤，受到过不公平待遇，企图借文革运动翻案或从内心赞同文革理论，或两者兼而有之的少数干部。山东的王效禹、山西的刘格平、黑龙江的潘复生、四川的刘结挺、张西挺均属于此类人物。贵州的李再含则是对当时贵州的主要负责人对文革的态度不满的人。这些人在文革初期被当作原有地方党政负责人的主要替代品，成为新成立的革委会的革命干部的代表。但他们也无一例外的在1969年、1970年被打倒或靠边站。他们已经完成了毛需要他们完成的使命，被打倒的所谓走资派、当权派纷纷回到原岗位。这批人成为毛发动文革所利用的一种力量，在文革政坛昙花一现，掌权也就两三年的时间。

三、党政干部群体的命运起伏

在十年文革中，几乎所有的党政干部群体中的成员及其家属都遭到不同程度的冲击，受到各种各样的株连、歧视、迫害、羞辱、批斗、殴打、囚禁，有的甚至被迫害致死。但不同区域、级别、职能等机构部门的干部遭遇各不相同。一般说来，最早受到冲击的是干部阶层中具有知识分子属性，所从事工作属于意识形态范畴和领域的干部。

文革伊始，北京的吴晗、邓拓、廖沫沙"三家村"受到批判后，各地在宣传界、教育界、新闻界、出版界、文化界等所谓五界的干部被仍掌握有实权的各级党、政主要负责人，即所谓一二把手当作迎合中央决策部署、稳定所辖地域、系统的替罪羊被抛出，成为文革首先打击的对象而成为第一批牺牲品。这批人在中央以中共中央宣传部长陆定一和文化部部长周扬为代表，在地方则是负责宣传、文化、教育等意识形态工作的干部阶层群体。从1966年7月6日起的十几天时间里，中共中央先后批转了北京市委和各个中央局贯彻中央五一六通知而提出的包括点名定性批判一些人的关于文化大革命的报告。如中共中央中南局6月28日在《关于文化大革命的情况和意见的报告》中谈到：目前各地已经揪出了一批反党反社会主义的头面人物，例如广东省作协副主席、羊城晚报副总编辑秦牧，中山医学院党委书记兼院长柯麟、副书记兼副院长刘志明，武汉大学校长李达（林彪在五一八讲话中点名指责了李达，中共中央印发的林彪五一八讲话中删去了李达）、副校长何定华、前党委书记朱邵天，武汉市文化局党委书记程云、文联副主席武克仁，湖南市文联副主席康濯，河南省郑州大学副校长、省社联主席郭晓棠，广西区委宣传部副部长陆地，等等。各地的运动正迅速地广泛深入地向前发展。华东局6月21日在《关于文化大革命情况的报告》中，把周谷城（上海复旦大学教授）、李平心（上海师范大学教授）、周予同（上海历史研究所副所长）、谷霁光（江西大学副校长）、孙叔平（江苏哲学社会科学研究所所长）、罗尔纲（南京大学教授）定为"资产阶级学者、专家"，把瞿白音（上海电影局副局长）、贺绿汀（上海音乐学院院长）、石凌鹤（江西原文化局局长）定为30年代文艺的权威、名人，并点名批判周信芳（上海京剧院院长）、李俊民（中华书局上海编辑所总编辑）。又把夏征农（华东局前宣传部长）、李凡夫（安徽省委常委、副省长）、余修（山东省委委员、副省长）、陶白（江苏省委候补委员、前宣传部长）、匡亚明（南京大学第一党委书记兼校长）定为资产阶级代表人物。① 在全国范围内对吴晗、邓拓、廖沫沙所组成的三家村的批判，引起了连锁反应。各省市、各部门在批判北京三家村的同时，查找本地区、本部门的大大小小的三家村。

五一六通知发出后的文革发动最初阶段，全国各地各系统从事意识形态领域工作的干部被纷纷抛出批判，这与毛泽东预想的通过文革批判整个干部阶层的初衷大相径庭。为扭转这一局面，接着在8月召开的中共八届十一中全会，通过中共中央决定开展无产阶级文化大革命的决定，公开提出文革的主要对象就是走资本主义道路的

---

① 王年一：《大动乱的年代》，第44—45页。

当权派，并向全社会公开。之后，紧接着召开中央工作会议，发动中央委员等各级干部积极响应文化大革命。10月，又召开重要中央工作会议，提出批判资产阶级反动路线，整个干部阶层成为文革批判打击的对象，毛泽东也尝试抛开党的组织系统，利用个人威望和军队的支持推动运动的进展。这时，整个党政干部阶层几乎都沦为被批判的对象，各个社会阶层乘机建立起各种各样的社会组织，表达自己的利益诉求，争取自身的权益。到1966年12月底，各地党政组织纷纷陷入瘫痪半瘫痪状态，整个党政干部阶层分崩离析，失去了过去的权力，失去了对社会、经济的控制。

在不断扩大打击干部阶层的过程中，毛泽东的一些做法受到中央高层的一些抵制。如在文革由文化领域扩展到整个社会时，实际负责中央日常工作的中央政治局常委陶铸力图控制运动的范围，与毛泽东的意图发生冲突而被打倒。毛泽东认为：斗、批、改，改什么？光在文化部门、机关、学校改，改些什么？整个国家文化大革命改些什么？作为社会经济基础的工矿农村还是老一套，那还改什么呢，那就没有目标了。

毛泽东把干部阶层当作打击的目标，而同时干部阶层又是他和党最基本的依靠力量，这种矛盾状态是文革的悖论之一。此时，一些在过去政治运动受到冲击、被打倒的干部，在运动初期就成为文革派所依靠的一支重要力量。山西、黑龙江、山东、贵州等省能够成为局势较早稳定和建立革命委员会的省份，在于有此类干部积极支持文革的做法。在四川等地，此类的干部也发挥了重要作用。这些人物包括山西的刘格平、黑龙江的潘复生、山东的王效禹、四川的张结挺、刘西挺等。随着运动的进展和深入，面对干部阶层绝大部分成员或软或硬、或明或暗各种形式的抵抗，毛泽东不得不改变文革最初的斗争目标，改变对干部阶层的政策，解放所谓老干部，重新回到依靠干部阶层上来。

文革中的历次政治运动，特别是1971年九一三事件以前的政治运动，对党政干部来说无疑是一场场噩梦，其中尤以清理阶级队伍为甚。据中共中央组织部资料记载，文革前全国党政干部1200多万，清理阶级队伍中被无辜审查的230多万人，占总人数的19.2%，中央、省、市、县领导干部占75%。部级一律送秦城监狱。秦城监狱容纳不下又临时把政法干校、交通干校作为临时审查室，设施简陋。省、地、市、县的被审查对象也分级关押在招待所、庙寺、看守所等处。据浙江省公安厅邹景玉、陈明反映，被关押时每天两餐，每餐一只窝窝头加盐菜用手捧着吃。中央直接专案审查近600多个案件，每案涉及人数不一，少者一人，多者数十人不等。浙江省建设厅一位姓秦的高级工程师莫名其妙地被中央专案组二办一个电话通知给抓了起来，理由是"涉及某个案件"，寄押在公安厅看守所后四年无人过问。在发出"要把无产阶级专政的任务落实在工厂、学校、农村"的号召之后，清理阶级队伍在全国范围内展开，被审查人更是无法统计，《公安六条》所列21种对象几乎无一幸免，有的资料估计清理阶级队伍涉及到3000多万人。于是，群众专政名义的组织纷纷登场，土牢遍设，刑讯逼供无所不用其极。浙江省湖州发生对被审查的人用火烧阴毛，东阳县用公猴逼供女被审查人员，永康县审查中用毒蛇威胁，绍兴一酒厂干部在审查中被饿饭两天，夜间去食堂偷饭时遭到看管人员阻止而发生斗殴，忍无可忍下将看管人员打死，结果以阶级报复罪判处死刑。如果说关在秦城监狱每天两杯开水和30分钟放风是"法西斯式的审查方式"，数以千万计的人受到群众专政的人身摧残，有的地方甚至出现民办枪毙，集体棒杀的惨案，更是从汉语中找不到准确的词语表达。①

1968年的清理阶级队伍对干部阶层也是一次重大打击，很多人被当作阶级敌人清理出来。1968年4月28日，《陕西日报》在头版头条位置，以特大黑体字为题发表《彻底砸烂我省反动的公检法》的社论，称陕西各级公检法机关"多年来为一小撮走资派所把持"，干警是"国民党反动派的残渣余孽"，宣称要"以最大的决心，最集中

---

① 杨宪澄：《砸烂公检法和清理阶级队伍》，载《华夏文摘增刊》第890期。

的火力,最强烈的阶级仇恨"把"旧省公检法彻底砸烂,连根拔除"。仅仅几个月时间,全省先后有281个公安机关、111个检察院、61个法院和法庭被砸;被抢走档案141250卷,枪支5800多支,子弹5万多发,有11个法院的财产被抢劫一空,许多公安干警成了有问题的人,有的被关进牛棚,有的进了学习班,清查、深挖在各地紧张进行。①

清理阶级队伍实际上是毛泽东转移斗争目标的一个重要步骤,原来矛头对准的是干部阶层,即走资本主义道路的当权派。所有干部几乎都被批判、靠边站、挂起来或打倒,有的还被立案审查、投入监狱。走资派等同于牛鬼蛇神、黑五类。1968年12月28日,中共中央、中央文革关于对敌斗争中应注意掌握政策的通知指出:"在提到敌人的名称时,应遵照中央、中央文革历来文件中所明确规定的用语,如叛徒、特务、死不改悔的走资派,没有改造好的地富反坏右分子、现行反革命分子等等,不要采用含糊不清的容易混淆两类矛盾、扩大打击面的词汇。在犯过走资派错误的人们中,死不改悔的是少数,可以接受教育改正错误的是多数,不要一提起走资派,就认为都是坏人。"毛泽东开始为走资派正名。毛还说:"对反革命分子和犯错误的人,必须注意政策。"

1968年,毛泽东对文革性质的定性调子发生了变化,由所谓两个阶级的大搏斗,转为整党、整军、整团,解决脱离群众的问题。这种看法发生变化反映了毛泽东在遭到干部阶层持续抵抗后,不得不进行退却。走资本主义道路的当权派这一干部阶层的代名词不再是打击的目标,传统的阶级敌人地富反坏右等再次成为打击的目标。解放干部、让干部重新回到领导岗位的工作陆续开展,绝大部分党政干部回到了权力的中枢。毛泽东着重采取让干部参加劳动等方式解决干部当中普遍存在的令他不满意的问题。

---

① 陕西省劳改局通讯组:《马应海冤狱记》,《春风化雨集》上册,第180-189页。

九一三事件之后毛泽东对干部阶层的看法和态度的转变，与其说是思想的转变，不如说是现实的需要。打倒干部只是毛泽东整顿干部阶层，使干部阶层成员归顺自己的一种手段。在文革初期打倒当权派时，毛泽东多次说过，自己并不是打倒他们，而是把他们放在火上烤一烤，同时还列出需要保护的干部名单予以保护。对待干部的根本态度不同，也是文革派与其他阶层激进造反派的一个重要区别。社会上的激进造反派是要把整个干部阶层作为敌人打倒的。毛泽东把批判干部作为一种手段，而激进造反派则把打倒干部当作目的。这可能也是毛泽东最终抛弃激进造反派的一个重要原因。1971年10月，周恩来指示公安部对监狱情况进行一次全面调查，并严肃批评看管人员中宁左勿右等错误认识，使许多一时不能解放仍被监禁的老干部受虐待的情况有所改善。1972年3月18日，周恩来又要求有关部门全面检查一次被拘留、关押、监护、隔离人员的身体情况，并且指出中央精神要落实，有病的治病，病重的住院，身体不好的加点营养，全面检查一下，不要等病人病危再送医院治疗。1972年4月22日，《人民日报》发表经周恩来审查批准的社论《惩前毖后，治病救人》，强调经过长期革命斗争锻炼的老干部是党的宝贵财富，要求排除干扰，积极落实中央关于干部工作的指示。随后，全国其他报刊相继发表文章，论述落实党的干部政策，为解放和启用领导干部制造舆论氛围。根据周恩来的意见，1972年两报一刊国庆社论强调："继续全面地落实毛主席的干部政策、知识分子政策、经济政策等各项无产阶级政策。对于当时有些地区和部门不敢使用老干部，提出严厉批评，认为"这是政治性错误"。[①]

文革期间，干部被正式立案审查的情况：截至1972年8月，受审查未解放的中央国家机关副部长有230人，受审查未解放的党中央直属单位副部长干部有61人。据四川、吉林、湖北、陕西四省统计，属中央和省委管理的干部被立案审查的共有5557人。据河南、

[①] 《人民日报》，1972年10月1日。

甘肃、吉林三省统计,被立案审查的干部共有 171742 人。根据中央指示,解放干部的工作由党、政、军三个系统分工进行,中组部负责党的系统,国务院业务组负责政府系统,总政治部负责军队系统。中组部、国务院业务组、总政治部各自成立专门机构——落实干部政策小组(亦称审干小组),在其主要负责人具体领导下承办这项任务。落实干部政策的任务归纳起来主要有四个方面:一是审核研究各单位上报的党政副部长级和军队正军级以上领导干部的审查材料和结论,逐一填表或写出专门报告;二是研究中央批办的专案审查对象的审查材料,向中央写出报告或代中央起草有关文件;三是研究党政军三个系统上报中央的干部审查材料和结论;四是参加释放安置中央专案审查对象工作和进行处理干部政治历史问题的试点等。

　　文革后期,解放干部、落实干部政策,中央没有正式发布有关文件,主要是贯彻执行毛泽东的有关讲话、批示和中央的指示精神。1973 年 1 月毛泽东讲的"各得其所,以礼相待、刀下留情"三句话,成为解放干部的指导思想。之后中央陆续提出:犯走资派错误,属于好人犯错误,解放使用老干部按"先易后难"的方案,成熟一批解决一批,成熟一个解决一个,解放使用干部按"结束审查、恢复党的组织生活、原工资照发、分配工作"四条原则办。1973 年 7 月,周恩来主持政治局会议,连续几天讨论党政军三家上报的 300 多人的名单。8 月 2 日,党政军负责人开会听取汇报,对提出的问题进行认真研究,对有些名单的内容作了修改后上报中央。1974 年底,周恩来去长沙见过毛泽东后,回来向政治局传达了毛泽东的指示:四届人大之后要准备很快解决文化大革命以来关押和受监护的干部的问题,不要原来管专案的人员参与这件事,要让过去未管过的人去办。专案工作曾经由三个办公室管理。此项工作 1975 年 7 月基本结束,绝大多数被关押的审查对象被释放出来。这次共放出干部 350 多人,其中属于专案组一办审查的有 69 人,专案组二办审查的有 100 余人;加上牵连专案的干部,获得解放的有 700 多人。据《中国共产党历史》第二卷所载:在福建省,到 1972 年 5 月中旬,3060 名省管干部中，已解放的为2710人，占88.6%；其中结合到领导班子中的为2044人，占已解放干部的75.4%。1972年，湖南省下放农村、厂矿和五七干校的近8万名干部有90%分配了工作；原省管干部解放了91.8%，结合到各级领导班子的为83.8%。在山西省，到1973年上半年，省、地两级管理的干部已解放97%，其中已安排工作的占98%。①

在文革后期的反击右倾翻案风中，中共中央接受文革初期的教训，特别提出实际上是对干部阶层的态度和策略，防止干部阶层受到新的冲击。中共中央1976年3月12日4号文件《毛主席重要指示》中说："文化大革命初，河南给地委、县委书记打了招呼，要正确对待，结果百分之八十的地委、县委书记没有被打倒。我看还要打招呼，做工作。"中共中央1976年3月12日5号文件《华国锋同志1976年2月25日的讲话》中说，反击右倾翻案风要"注意不要层层揪邓小平在各地的代理人。""对邓小平的问题，可以点名批判，但点名的大字报不要上街，不要广播、登报。""整个运动要根据毛主席的指示，在党的一元化领导下进行。不准串连，不搞战斗队。"②

四、干部阶层对文革的抵抗

既然干部阶层是文革斗争的目标，干部阶层对文革的抵抗也就不难理解。这种抵抗形式多样，或明或暗，都是为了捍卫、维护干部阶层的权利和利益。抵抗最终迫使毛泽东逐渐退却，干部阶层的整体利益和权力在文革结束时得以恢复。

（一）最初的博弈

干部阶层对文革的抵抗在文革伊始主要体现在中共高层一部分人力图控制运动的范围和烈度和干部阶层子弟的行动中。文革初期

---

① 王永华：《文革后期是如何解放老干部的》，《历史学家茶座》，2012年第2辑，总第28辑，第133—146页。
② 中共中央文献研究室编：《毛泽东传1949--1976》下册，第1772页。

在大中学校都存在着多数派和少数派。干部阶层子弟绝大多数属于多数派，但也有一些对学校党委、工作组不满，属于少数派。但这部分人在1966年10月之后也大多归于捍卫整个干部阶层利益的行列。多数派曾经是工作组依靠和信赖的骨干，他们在斗争黑帮、牛鬼蛇神上很积极，对批判工作组却比较消极，也不赞成全盘否定工作组；他们赞成批判党政领导中的个别干部，而反对普遍冲击各级领导；他们坚决拥护左的阶级路线，对各种人都能造反十分反感，认为是阶级敌人乘机实行阶级报复。多数派红卫兵组织中党团员、积极分子居多，总人数占优势。少数派一般在运动初期受到不同程度的压制和打击，反对血统论，仇视特权思想和特权阶层，没有冲击高级干部的思想感情障碍，斗争走资派更为坚决，造反行动也更激烈。多数派和少数派的矛盾不断扩大，冲突愈来愈激烈。多数派指责少数派成分复杂，是右派翻天，经常恫吓要秋后算账。少数派则背靠中央文革小组，有恃无恐，骂多数派是走资派的御林军、保皇派，执行了没有工作组的工作组路线。少数派在中央文革小组的明确支持下，迅速发展壮大，逐渐取得了在红卫兵运动中的主角地位。多数派、少数派的力量对比在1966年10月之后有所变化，但其核心成员构成并没有变化，阶层分野仍很明显，只是出于中间地带的人员由原来的多数派阵营转向原来的少数派阵营，使两者相互易位。在后来的冲突中，阶层冲突的痕迹仍很明显。

1966年5—8月份，一批具有知识分子身份的干部遭到清洗。1966年8月中共八届十一中全会和10月批判资产阶级反动路线之后，干部成为文革运动斗争的主要目标，各地党政主要负责人、中央部长级以上干部遭到冲击，引起了干部阶层的不满，特别是军队干部的不满。干部子弟如梦初醒，公开表达对文革的不满，并成立"联动"等组织进行抗争，矛头直指中央文革，甚至毛泽东。1966年11月13日和11月29日，在北京工人体育场召开的两次大会上，周恩来和几位元帅接见军队院校来京师生。在11月13日的大会上，陈毅公开声称："在斗争中，我不赞成现在的逐步升级，搞校党委不过瘾，还要搞部长,现在还要搞副总理。"① 叶剑英在这次会上说:"走资本主义道路的当权派只是一小撮,只占百分之一、二、三。过去镇压学生运动是错误的,但再转过来不准人家承认错误也不对。在无产阶级文化大革命中,形成一种新风气,开会之前先读毛主席语录,促进了我们老家伙。毛主席说,过去旧戏是《三娘教子》,文化大革命是子教三娘。"这次大会引起了很大反响,几位元帅的讲话在干部阶层和偏于保守的群众中得到了极大共鸣。在11月29日的第二次大会上,陈毅则明确表达了对文革做法的不满。他公开表示对文化大革命能否搞好持怀疑态度。陈毅、叶剑英的讲话是对文化大革命开展以来人们所能听到的对文革最系统、最尖锐的公开批评。被江青指责为"军队这些接见,是镇压群众。"②

1966年破四旧狂飙能够从北京迅速蔓延到全国的一个关键因素,是得到了当时干部阶层从中央高层到各级干部出于不同目的的普遍支持。第一,毛泽东对红卫兵冲出校园杀向社会,因符合其变革政权组织系统,冲击走资派的大形势而持支持态度;第二,各级干部借破四旧转移文革批判干部阶层,即走资派的大方向,以达到自保的目的;第三,破四旧的矛头指向在社会上处于下层的所谓剥削阶级、黑五类、知识分子,有利于干部阶层垄断、把持社会资源,排斥其他阶层,以达到独享各种资源,巩固统治地位的目的。所以,所有干部阶层,不管是文革派还是保守派,都对破四旧予以推波助澜。等到毛泽东和中央文革小组发现苗头不对时,才采取批判资产阶级反动路线的形式重新拨回文革主航道。干部阶层内部矛盾激化,组织系统瘫痪,破四旧也就寿终正寝。1966年8月下旬,在文革的烈火正熊熊燃烧的时刻,一大批党和国家的高级干部突然被打倒,许多干部对突然变化的形势不理解,对自身处境感到担忧。在这样的情况下,对红

---

① 国防大学党史党建政工教研室编:《文化大革命研究资料》上册,第155—156页。
② 刘志坚:《动乱之初的经历和遭遇》,《中共党史资料》,第74辑,第50页。

卫兵高喊革命口号进行的破四旧活动跟着表态支持成了他们自我保护的一种方式。

中共借红卫兵的破四旧对其他社会阶层的权益进行了再次剥夺。红卫兵在运动中提出的将公私合营企业全部改为国营企业、取消资本家定息等得到官方的支持。1966年9月24日，中共中央转发国务院财贸办公室、国家经济委员会关于财政贸易和手工业方面若干政策问题的报告，肯定了红卫兵在破四旧中提出的一些要求，决定将公私合营企业改为国营企业，将资本家的定息一律取消，将合作商店有条件有步骤地转为国营商店，口红、脂粉、香水等高级化妆品禁止在国内销售。①

批判资产阶级反动路线是对文革的再次发动。文革遭到干部阶层秩序维持派的强烈抵制。主持行政工作的党政干部，如周恩来等力图控制文革的范围、强度，在八九月份对学生运动提供了支持、帮助，但对教育、科技等之外的系统、部门搞文革持谨慎态度，力图通过制定系列规定将其控制在一定范围之内。1966年8月23日，周恩来审定国务院八个口（外交、文教、科学三个口除外）机关文化大革命的十条意见，在8月29日中央政治局会议上遭到毛泽东的否决。毛说：一条也不要，何必十条？来一个放任自流，有《十六条》嘛，都不听，让它去搞，"全国的省委、大市委、中等市委，要跨一批。垮就垮，要准备个别中央局、一部分省委、一部分市委垮台。"② 8月31日，周恩来审阅中共中央、国务院关于文化大革命中一些具体问题的通知稿，毛泽东9月1日批示：此件不发。9月2日，周恩来起草《有关红卫兵的几点意见》（未定稿），9月3日开会讨论，康生等人持否定态度，结果，意见没有发出。③ 在1967年2月16日召开

---

① 国防大学党史党建政工教研室编：《文化大革命研究资料》，上册，第126—127页。
② 《建国以来毛泽东文稿》第12册，第112页；《毛泽东传（1949—1976）》下册，第1440页。
③ 《周恩来年谱》（1949—1976），下卷，第57页。

的中南海怀仁堂碰头会上，当李先念提到打倒大批老干部是从《红旗》杂志1966年第13期社论开始时，周恩来当场责问康生、陈伯达："这么大的事情，为什么不叫我们看看？"①《关于军队院校无产阶级文化大革命的紧急指示》加进了取消军队院校党委领导的条文。在中央文革讨论这个文件时，发生了激烈争吵。刘志坚说："文件中首次取消党委领导，这在我军是史无前例的。"张春桥说："党的领导就是毛主席的领导，就是毛泽东思想领导。"《紧急指示》作出了军队不介入地方的文化大革命的规定：除有组织地到地方上参观、学习和看大字报以外，不要干涉、介入地方的文化大革命；有一些学校，如护士学校等，主要进行正面教育；院校文化大革命运动的时间，大体上可搞到明年1月份；军级和省军区机关的运动，暂不进行等等。1966年10月5日，中共中央转发中央军委的紧急指示。取消党委领导是10月批判资反路线本质所在，也是干部阶层整体被打倒的开始。党政机关、党政干部因此失去了在整个社会的权威，其控制权实际上被废弃了。1966年10月19日，中共上海市委作出《关于大专院校和中等学校各级党组织中断对无产阶级文化大革命领导的决定》，此后，上海市大中学校各级党组织完全瘫痪。②

干部阶层中的军队干部群体的绝大多数成员对文革的做法也表达了强烈不满。1966年11月13日、29日，全军文革小组两次在北京工人体育场召开军事院校师生大会。陈毅、贺龙、叶剑英等讲话都对文革的做法、提法进行批评，可以看作干部阶层军人群体对文革的抵制。陈毅、叶剑英的讲话是文化大革命开展以来，人们所能听到的对文化大革命中的左倾方针最系统、最尖锐的公开批评。江青、关锋等予以指责。江青说："军队这些接见是镇压群众。"极左学生指责军队"执行了一条自上而下的又粗又长又黑的资产阶级反动路线。""陈

---

① 《周恩来传（1949—1976）》下卷，第957页。
② 《中共上海市教育卫生体育系统党史大事记》，上海交大出版社，1993年版，第221—222页。

毅、叶剑英讲话不符合毛泽东思想，必须批判。"陈毅、叶剑英的讲话，联动的成立和反文革大字报的出现，是干部阶层对文革的反抗，也是干部阶层中秩序维持派对文革派的回击，被称为十一月黑风。一般说来，如皇帝是指最高领袖的话，中央文革小组才是名副其实的保皇派。造反派、保皇派并不是文革中存在的两个对立的派别，而是双方相互攻击对手，争夺正统地位的口号和策略。

1967年初，各地党政机关瘫痪后形成的权力真空由军队来填补，干部阶层中的军队干部群体的地位变得越来越重要，其地位之上升也很迅速。1967年2月23日，周恩来与各大军区负责人谈话，要求各省、地、县各级都要以军事部门为主，立即行动起来，组织各级生产办公室，领导春耕生产。①3月13日，周恩来在中共中央、中央军委召开的全军军以上干部会议上呼吁：无论如何要在3月份解决省、市、自治区的领导机构问题，以便抓革命、促生产，各级领导机构成员要以解放军为主，光靠群众组织不行。如果没有领导机构，可以先成立生产指挥部。现在就抓，不能再晚了。第二天，周恩来为中共中央、国务院、中央军委起草给各省市自治区、各大军区党委的电报，指出："北京怀柔县成立抓革命、促生产第一线指挥部的经验很好"，"中央认为，怀柔县的经验应在全国推广。全国各省市、专区、县各级革命群众组织、革命领导干部和人民解放军当地领导机关或驻军，都要立即行动起来，以军事代表为主，建立一个抓革命、促生产第一指挥部。尤其要迅速建立县一级的抓革命、促生产第一线指挥部。要拿文化大革命为中心，动员一切力量，狠抓农业及其增产措施，狠抓工业、交通、财贸、卫生、教育等方面工作及其对春耕生产的支援工作。"起草后，周恩来将电报稿送毛泽东批准，并注明："成立抓革命、促生产第一线指挥部，接近于三结合的筹备小组，但以抓生产为重点，或者就是军管会下抓生产的班子。如能组成，不论何属，都是好

---

① 《周恩来年谱1949—1976》，下卷，第131—132页。

事。"① 于是,各省、市、自治区大都成立了以军人为首的抓革命促生产领导小组。各地名称各异,有的叫指挥部,有的叫办公室。1967年2月下旬至3月下旬,全军支农部队达到73.9万人,第二季度每天支农人员达50万以上。到1968年,全军共抽出116个团、119个营、2666个连、125个排、861个宣传队,到1236个县(市)的社、队,进驻定点支农。仅1968年第二季度支农就动用汽车二万多辆、各种机械八百多台、马车三千多辆,劳动日达三千多万个。②

1967年3月19日,中央军委发出《关于集中力量执行支左、支农、支工、军管、军训任务的决定》。4月3日,中央军委常委开会讨论加强三支两军办事机构问题,决定在中央军委设立三个办公室,即支左办公室、支工支农办公室、军管办公室,军训工作由总参、总政分管,不另设办公室。并决定支左办公室由肖华直接与中央文革联系;支工支农办公室,由杨成武、邱会作等组成;军管办公室,由叶剑英主持,吸收总参、总政及军委办公厅的负责干部参加。各办公室的任务是:了解情况,研究问题,并负责向中央、中央文革、军委反映情况,提出建议,办理中央、中央文革、军委交办的事项。按照中央军委的规定,人民解放军师以上机关都设立了三支两军指挥部(或办公室)三支两军工作从1967年1月下旬开始,人民解放军各部队陆续派出了大批干部、战士执行这项任务。从1967年2月到1969年4月中共九大期间,每月投入三支两军的部队人员,均在90万人左右。当中最多时为1968年上半年,全军参加三支两军的人数达到95万多人。③ 1969年中共九大召开之后,随着各级革委会的成立。形势逐渐稳定,三支两军的人数逐渐减少。

文化大革命兴起之初,愈来愈混乱的局面严重危及边防沿海、专政机关、机要档案、国防工厂、重要仓库等要害部门的安全和正常工

---

① 《周恩来年谱1949—1976》,下卷,第136页。
② 邓礼峰:《三支两军述论》,《当代中国史研究》2001年第6期。
③ 邓礼峰:《三支两军述论》,《当代中国史研究》2001年第6期。

作。从1967年1月至4月,中共中央、国务院、中央军委陆续作出对一系列单位实行军事管制的决定和指示。全国实行军事管制的省、自治区有9个,即江苏、浙江、安徽、广东、云南、青海、福建、西藏、河北。全国实行军管的大城市有25个,如南京、广州、旅大、汕头、阜新、镇江、无锡、常州、扬州、温州、淮南、湛江、个旧等;全国实行军管的专区(包括自治州和特区)有19个,如大庆特区、伊春特区、延边、南通、舟山、铜陵特区、惠阳、佛山、海南岛、丽江、临沧、保山、思茅、红河、文山、阿里、玉树等;全国实行军管的县有176个。中央各部除国防科委和国防工办系统外,预订实行军管的有37个部委,国防科委向所属的58个院、所、厂,派出了军管会或军管小组;国防工办所属二、三、四、五、六、七机部均实行军管,同时也对各机部所属的61个院、所、厂派出了军管会(组)。

根据中共中央的指示,全国大部分地专以上所属的银行和仓库均实行了军管,共有1219个银行实行了军管和军事保护,占全国实有数2876个的42%。全国实行军管的广播电台(站)547个,占全部电台2295个的24%。全国实行军管的报社111个,占全国210个报社的53%。省以上的公安部门,除辽宁、黑龙江、河北、山东、上海、湖南、贵州、河南、湖北外,其余20个省市自治区的公安部门实行了军管。全国18个铁路局中有齐齐哈尔、吉林、锦州、北京、呼和浩特、柳州、成都、西安、乌鲁木齐、昆明等10个铁路局实行了军管。沿海中央直属的15个港口,军管了9个,即上海、大连、秦皇岛、天津、青岛、黄埔、连云港、湛江和海口。全国实行军管的厂矿共有1041个,另军事保护的厂矿153个,其中煤矿、国防工厂占较大的比重。对部分军队单位也实行了军管,如北京地区的总后301、302、309医院、北京军区总医院、京西宾馆、高等军事院校、军事博物馆、总政1201印刷厂,总后装备技术研究院和军事医学科学院。①

---

① 邓礼峰:《三支两军述论》,《当代中国式研究》2001年第6期。

毛泽东决定派军队支左，其根本目的是支持造反派的全面夺权。但在文化大革命混乱复杂的局面下，军队很难分辨谁是造反派，谁是保守派。而且由于各种原因，军队大多对造反派不抱好感，反而与保守派在许多问题上有共鸣。结果军队开始支左后，大多数大军区和省军区、武装部都在支左问题上犯了所谓错误。其实这是社会阶层、群体利益不同的必然结果。

（二）干部阶层子弟对文革的反抗

干部阶层作为文革初期被确定的斗争批判对象，其对文革的不满与抵抗最早由干部阶层子弟表达出来，他们对文革派的反抗，随着运动的开展越来越公开，越来越强烈，最后遭到无情镇压。

1966年8月24日，北京航空学院的老红卫兵赖锐锐、李明清等人就贴出矛头直指文革发动者和领导者的大字报，认为其对文化大革命的领导不力、不全、有偏心。大字报认为："毛主席是我们的伟大领袖，既然运动是他老人家亲自发动的，而且北大的第一张革命的大字报又是经过了长期的筹备，首先又经过他老人家亲自审阅过，对于派工作组的问题难道他老人家会不知道吗？如果真是这样的话，那么我们不禁要问，当时在北京的党中央常委究竟听谁的？又是怎样研究决定的，刘主席、周总理、邓小平书记等同志又做出了检查，可是把责任承担下来了后，工作组应该担负什么责任呢？没有明确的指示，所以造成了同学们对工作组的问题意见分歧很大。我们认为这是某些同志应该负责任的。"① 11月25日至12月2日，北航红卫兵八一纵队连续贴出《一问中央文革小组》《二问中央文革小组》《三问中央文革小组》的大字报，质问中央文革小组。北航红卫兵八一野战兵团贴出《也问中央文革小组》的大字报，批评中央文革小组"纵容少数派镇压多数派"，提出反对"中央文革小组中某些同志的违反

---

① 北京航空学院红卫兵李明清、赖锐锐、王晓东、李洪瑞、刘福曾：《炮轰……》1966年8月24日，载宋永毅主编《中国文化大革命文库》（光盘）

毛泽东思想的错误领导"①11月30日，北京林业学院红卫战斗兵团的李洪山等贴出"踢开中央文革，自己起来闹革命"的大标语。12月1日，李洪山在林院辩论会上说："中央文革产生不符合十六条，'钦差大臣满天飞''把谭立夫打成右派'。"12月2日，林院红卫战斗兵团及'一二九''永向党'等组织贴出《看中央文革小组在无产阶级文化大革命中执行了一条什么路线？》《踢开中央文革小组，紧跟毛主席闹革命》两张大字报，提出中央文革小组执行了一条左倾路线。大字报说：'像这样的中央文革小组，不踢开哪行呢？不解散哪行呢？'林院还在天安门两侧观礼台上刷出大标语：'中央文革小组执行了资产阶级反动路线'。以上现象被文革中央小组称为"十一月黑风"。12月4日，清华大学红卫兵红雷战斗队贴出题为《中央文革小组的路线性错误必须批判》的大字报。同日，在清华园内和北京市内都出现了大标语"誓死揪出毛主席身边的资产阶级阴谋分子！"12月5日，林院、清华、人大等23个学校的学生140多人集会，李洪山在这个集会上宣读了反对中央文革小组的文章《一篇很好的反面教材，扼杀无产阶级文化大革命的一棵大毒草——评陈伯达同志的两个月来运动的总结》。他的文章从四个方面批判陈伯达：一、错误地估计了形势；二、把矛头指向群众，转移目标，是方向路线错误；三、以坚持毛主席的革命路线为名，行大骂群众运动之实；四、给运动画框框，定调子。清华大学学生易振亚在会上发言说："说党的领导就是毛主席的领导是错误的；林彪也可以怀疑，林彪的经验没有刘少奇丰富，刘少奇都会犯错误，林彪就肯定不犯错误吗？文化大革命以来是一片黑暗；尽管江青的话见报了，我们还是要批判。"

12月7日，地院斗批改兵团的穷棒子造反兵团发表第一号公告，公开指责中央文革小组形左实右。12月9日，清华大学红卫兵颜晓东贴出《给毛主席的一封公开信》的大字报，指出"10月3日之后，

---

① 北京航空学院红卫兵八一野战兵团：《也问中央文革小组》，1966年12月2日，载宋永毅主编《中国文化大革命文库》（光盘）

北京的运动犯了方向、路线的错误","关锋把全国说成漆黑一团,把无产阶级专政说得摇摇欲坠,散布流言蜚语,企图镇压革命左派,还自以为得意。其实,关锋等人犯了严重的错误,是挑动全国性群众斗群众的祸首,他们企图挑动三司革命师生来保他们。关锋、戚本禹很可能是野心家、阴谋家。"① 12月10日,北京大学"虎山行"贴出大字报《毛主席的大民主万岁》,文中说:"运动阴暗面很大,许多人厌战情绪上升","群众中对立情绪日趋严重","又出现了大规模的群众斗群众事件","炮轰中央文革小组,是运动发展到今天的必然,是运动发展的关键的关键。"大字报质问:"为什么中央文革小组就批不得?老虎屁股摸不得?一摸就砸狗头!"12月11日,清华"雪莲"印发传单《用毛泽东思想检验一切》,批判陈伯达、江青的讲话。李洪山贴出大字报《江青同志的讲话把运动引向何处——评江青同志11月28日在首都文艺界无产阶级文化大革命大会的讲话》。②

干部阶层对于文革的不满和抵制主要体现在以干部阶层子弟为主组成的红卫兵组织首都红卫兵西城纠察队(简称西纠)和首都红卫兵联合行动委员会(简称联动)的思想和行动上。西纠成立之后,周恩来、叶剑英等都予以支持。西纠的领导成员多为各级党政干部的子女,有较强的血统论思想和特权思想。只是后来因其保护干部阶层而与毛泽东发动文革的初衷相抵触才被取缔。联动于1966年12月5日成立的当晚,在几十米高的西直门城楼,用几十张大字报纸刷下了一条巨幅标语:"中央文革把我们逼上梁山,我们不得不反!"12月6日,北大附中"红旗"的牛皖平等10余人到文革派支持的首都大专院校红卫兵革命造反总司令部(简称首都三司)所属的一个组织,辩论揪斗老干部问题,反对揪斗老干部。在12月16日北京工人体育场召开的北京市中学批判资产阶级反动路线大会上,江青提出要

---

① 清华大学红卫兵战士颜晓东:《给毛主席的一封公开信》,1966年12月9日,载宋永毅主编《中国文化大革命文库》(光盘)。
② 毛泽东对江青的这个讲话稿有过多次批语和修改,参见《建国以来毛泽东文稿》第12册第165页。

对西纠毫不留情地坚决镇压。并当场点了国务院秘书长周荣鑫、副秘书长雍文涛和不在场的中央文革小组副组长王任重和孔原、许明5个人的名字，指责他们是指使西纠干坏事的后台。联动的成员主要是干部阶层子弟的事实，通过江青12月23日在一次接见北京大中学校红卫兵代表时的讲话体现得很充分。她说："对极少数小家伙专政，是一种教育，有的通过他们的家长，让他们的子女自己去投案，这些人之中，可能有将军之子、元帅之子，国家主席、副主席之子，总理副总理之子，部长、副部长之子。这些都不在话下。谁要那样干！就得坐社会主义国家的牢。"① 之后，西纠的一些负责人董良翮、粟寒生、孔丹等陆续被投入监狱。12月26日，联动在北京展览馆召开的第一次大会上，提出"中央文革某些人不要太狂了"，"坚决批判中央文革某些人近几天发表的反毛泽东思想的讲话"，"坚决批判中央文革某些人为首的新的资产阶级反动路线"，"反对乱揪革命老前辈"，"反对纵容、支持、鼓励反革军、革干子弟的行为"。会后，联动散发传单，张贴标语，提出要"打一打关锋、戚本禹，吓一吓陈伯达"，"踢开中央文革"。为了反对公安部随意抓人，联动于12月16日、28日、31日三次冲击公安部，在公安部墙上刷上了"公安部执行一条形左实右的资产阶级反动路线！""火烧谢富治"等大标语。1967年1月1日，联动部分成员在一个通告中提出：忠于马列主义和1960年以前的毛泽东思想。联动的思想是捍卫干部阶层的既得利益，由最初造反迫害黑五类到反对文革和毛泽东，都是这种思想指导下的必然产物。杨曦光《牛鬼蛇神录》记载湖南省长沙第一中学学生程德明，因为认识一个北京的女联动成员而参加过联动的几次集会的观感。程德明认为："他们最仇恨造反派，认为造反派是一群对共产党不满的地主资本家的狗崽子。他们认为造反派都是右派、反革命。他们另一个著名口号是：只准左派造反，不准右派翻天！红鹰的一次发

---

① 《中央首长接见首都红卫兵代表的讲话》，1966年12月23日，载宋永毅主编《文化大革命文库》（光盘）

言最令我感动,她说:'文化革命继续下去将会有二十年政治后遗症,经济文化的发展会受到不可挽回的影响,我们父辈流血牺牲打下的江山,不能就这样让江青、蒯大富这些家伙断送掉!'""在他们这个圈子里,对毛泽东已很不尊敬,称老毛为老头子,而不称毛主席。他们对江青更是恨之入骨,联动一成立就上天安门贴大字报,炮轰江青和陈伯达。有人在贴大字报时被公安部拘留。"①

  联动的做法实在让中央文革小组难以容忍,联动的成员遭到了疯狂的迫害,许多人被捕入狱。1967年1月17日,公安部长谢富治在讲话中公开宣布"联合行动委员会、西安红色恐怖队,这些组织是反动的,头头是反革命。"2月3日出版的《红旗》杂志,发表了题为《论无产阶级革命派的夺权斗争》的社论,明确宣布联动是反动组织。从1966年12月下旬到1967年清明节,共有139人被以联动头目的罪名逮捕,关押在北京半步桥第一监狱。由于联动成员大多属于干部阶层,所以对这些人的处理毛泽东还是相对慎重。1967年4月21日,毛泽东指示,要把所有联动分子放出来。4月22日晚,周恩来、江青等人在人民大会堂接见被关押的联动成员。周恩来、江青等讲话后,139名联动成员获释。在此之前,彭小蒙给毛泽东上血书,请求释放联动成员。血书是由汪东兴转达的。②

  干部阶层由于在文革中成为打击对象,引起了干部阶层的不满,其子女中也产生了对文革思想、人物的抵触、批判、抗争。除北京外,全国各地都发生了干部阶层子弟反抗文革行为的行动,运动之初积极参与的干部阶层子弟开始公开反对中央文革、江青。

  上海市副市长宋日昌及任市出版局办公室主任的妻子游云被抓走后,担任上海第六人民医院医生、团总支书记、市卫生局团委委员的儿子宋岚开始攻击江青,被扣上恶毒攻击无产阶级司令部的现行反革命帽子。1968年6月宋岚被关进牛棚隔离审查,8月5日,割

---

① 杨小凯:《牛鬼蛇神录》,第41—42页。
② 王年一:《大动乱的年代》,第167—168页。

股沟动脉自杀,作为无名尸体火化,事后作"现行反革命,被捕后坚持反动立场,畏罪自杀,销案处理。"南昌铁路局党委副书记、局长吴亚雄及其子吴晓飞亦是一例。1967年9月,南昌铁路局井冈山兵团和卫东战斗队等造反召开批斗路局头号走资派大会,吴亚雄被残酷殴打。1968年5月被迫害致死,终年48岁。吴亚雄的儿子吴晓飞1966年是19岁的中学生。1966—1967年9月先后写下了《秋平夜话》《斗争十观》等27篇诗歌、杂文,抨击文革派成员林彪。1967年11月至1968年4月,写就了两篇各长达20余万字的政论文章,对文革全面否定,为刘少奇鸣冤。他在文章中说:"文化大革命是一件反常的政治事件!""人们不管从政治上和经济上说来都得不到一丝好处",认为"林彪宣传毛泽东思想是不正常的",把毛泽东思想弄到"荒谬绝伦的地步",说江青"是文化革命中无政府主义泛滥的根源","是砸烂公检法的激倡者"。吴晓飞的文章还涉及政治、经济、军事、文化艺术和意识形态等各个领域,发表了许多评论。1968年5月6日,造反组织闯入吴家搜查吴亚雄罪证时,进入吴晓飞房间搜走全部文稿。江西省负责人认为吴晓飞是"全省特大的罕见的反革命",把吴案定为"全省特大的反革命政治案件",指令"必须迅速侦破。"铁路局组成五六专案组整理吴晓飞的所谓罪证。1968年5月7日下午派人到南昌县蒋巷公社拘捕正参加支农劳动的吴晓飞,将其投入监狱。吴晓飞被迫写了29篇交代材料,但始终没有承认自己有后台,结果被江西省公安机关军事管制委员会判处死刑,立即执行,不准上诉,不准通知家人。1970年2月17日下午,在南昌市体育场开过万人宣判大会后拉到刑场执行枪决,年仅22岁。①

1967年武汉七二〇事件和各地军队与群众组织冲突的不断发生,是干部阶层对文革不满和反抗的一个重要信号。之后,毛泽东经

---

① 《幸存者的控诉》,《春风化雨集》上册,第402—411页。1978年1月吴亚雄平反。1980年6月12日,中共江西省委为吴晓飞平反,称其为"忧党忧国、勤于思考、敢于直言、勇于探索真理的优秀青年。"

过激烈的思想斗争，对文革战略作了大调整，不得不对干部阶层作出大幅度的妥协和让步。1967年8月4日，在给江青的信中，毛泽东"认定百分之七十五以上的部队干部是支持右派的。因此当前文化大革命中的一个主要问题就是武装左派。"① 9月24日，王海容去打听消息时，毛泽东念了罗隐的诗句"时来天地皆同力，运去英雄不自由"。1967年曾任江青秘书及中央文革办事组负责人的阎长贵认为：这两句诗，确实是毛泽东经过七二〇事件后心态的写照，也是他在整个文化大革命过程中心态写照。王年一认为：1967年八九月间，毛泽东在打击对象上有重要变化，从着重打击"走资派"变为着重打击造反派中的坏人。他知道受打击的干部太多，因而对"走资派"采取逐步解放的方针；他认为造反派太不听话，其中必有坏人。② 干部阶层，特别是军队干部借用军管等名义也借机对中央文革小组和各地造反群众组织进行反击，全国发生的一系列事件就是这一表现。

毛泽东对干部阶层的做法是相互矛盾的。一方面他强调平均主义，取消军衔制，减少干部阶层工资，取消干部特权，强迫干部参加劳动，另一方面，他强调阶级斗争、阶级路线，使干部有机会借此强化自己的地位，捍卫自己的利益。毛的这种矛盾心态在文革中可以说是比比皆是。毛泽东是干部阶层的一员，干部阶层是毛最为倚重的一支力量，特别是军队干部。在文革中，毛泽东对党政干部可以痛下杀手，但对军队干部总是小心翼翼，避免引起整个军队干部群体的反感，并几次及时刹车以防止军队干部的反抗。武汉七二〇事件对毛泽东来说是一次极大的打击，同时也促使他清醒，意识到军队力量举足轻重，军队也是一个有共同特殊利益的群体，一旦侵犯其利益，后果难料。

在干部阶层中，有些人不仅仅是出于自身阶层利益反对文革，还有自己对社会、中共政策和社会发展方向的深入思考。文革时任广西

---

① 岑颖义编著：《赤字——武汉水利电力学院文革回忆》，第646页。
② 王年一：《大动乱的年代》，第278页。

一个县中学校长的刘振武，建国前参加革命，在文革中宣称成立中国共产党保党反派委员会，主张坚持八大路线，对文革及其文革小组成员持彻底否定态度，不满文革把干部当作走资派打倒，认为有人篡党，成立了派性中央。这可以看作干部阶层特别是其下层群体，即与其他阶层联系密切的群体对文革态度的典型案例。

处于干部阶层的末端农村公社干部对文革的态度、行为也值得予以特别关注。有的农村公社干部由于对农村的熟悉、了解，对文革中的政策不满，公开进行抵抗并得到农民的支持和拥护。吉林省榆树县太安公社党委委员、团委书记顾全山即是一例。1971年8月，顾全山在长春市新华路十号招待所参加五七工作经验交流会，看到原来的市地干部一个不见都被打倒，借上厕所之机，在厕所墙上壁上写了"刘少奇万岁！万岁！刘少奇是为人民谋利益的……江青是旦己，彭德怀万岁！贺龙万岁！"此一标语事件被发现后，吉林省委主要负责人严令追查，后因林彪九一三事件发生不了了之。1972年9月，顾金山又到榆树镇参加县人民武装部召开的民兵工作经验交流会时，又在会议午休时间到榆树镇第四粮店附近的一个厕所，在厕所门板上写了"刘少奇万岁！彭德怀万岁！江青是旦己……害死开国功臣。"在两次标语中，也有责怪毛泽东的地方。1972年12月1日顾金山被捕。但审讯人员一再追问："你写反标的目的是什么？"顾回答："江青欺人太甚，使人喘不过气来，我就是为了痛快痛快！"顾因此被判18年徒刑。但顾的行为得到农民的支持和同情，体现了农民的真实想法。1979年2月22日，县法院正式判决宣告顾无罪。1979年1月19日出狱。①

文革中的思想探索者较少有干部阶层子弟。这和他们所处的社会地位直接相关。运动中，他们的父母虽然一度靠边，他们自己也很快被排挤到政治舞台的边缘，但他们的阶层本能天然是与现行体制亲和的，任何可能的怀疑和反思都难以超越这个向度。特别是父母很

---

① 《旗帜鲜明的县委》，《春风化雨集》下册，第189—196页。

快就官复原职，自己又能避免上山下乡而直接当兵、参加工作、上大学，他们的怀疑和反思就更为有限了。不错，他们曾经起来最早反对文革，但反对文革并不意味着思想觉醒。关键要看反对的是什么，又是认同和参照什么来反对。他们反对的，只是毛泽东将整下层民众的阶级斗争变成整上层当权者的路线斗争的政治实践，以及由此带来的中国社会阶级关系的一时变动。他们认同并参照的，仅仅是文革前十七年的阶级关系、阶级路线、阶级政策，其中自然包含了他们铁定的特权地位和特权利益。唯有下层造反青年对文革的怀疑和反思，大多基于自身的磨难并指向整个体制，而且是以生命中仅存的人性需求和书籍里少量的民主自由思想为参照系。食指（郭路生）的《相信未来》可以看作代表干部阶层及其子弟的思想。郭路生为母亲在行军途中分娩所生，属于干部阶层。北岛的《我不相信》代表下层黑色子弟的思想。他们对当时中国社会现实状况的感受和态度截然相反，这绝非偶然。在感性层面上他们对毛泽东、共产党和社会主义制度产生巨大的怀疑和抵触，不少人甚至心怀必推翻而后快的激愤。[①] 不过文革期间下乡的干部阶层子弟在农村开展的经济体制改革的探索倒值得注意，这是干部阶层在思想上的一个重要贡献，对中国文革后的发展道路产生了重要影响。不过他们在政治领域的思想探索几乎没有，这是一个值得关注的问题。不同阶层的青年思考的问题和思考的方向有明显的区别。

---

① 周伦佐：《文革造反派真相》，第 307 页。

第四章

知识分子阶层与文革

一、知识分子阶层及其特征

知识分子是一个具有独特社会地位和作用的重要社会群体或者阶层。知识分子与属于领导者的干部阶层、与属于工农体力劳动者的工人阶层、农民阶层之间存在着差异和矛盾。知识分子在工资收入等方面虽然实行与干部阶层相同的制度和政策，但其社会地位和社会处境则与干部阶层完全不同。他们对社会资源没有支配的权力，对社会没有管理的职责，与干部有不同的属性，在现实社会生活中的境遇和权益与干部阶层大不相同，是唯一一个其文化资源还没有被国家完全控制的阶层。从广义上来说，干部阶层包括党政机关工作人员、国营企事业单位列入干部编制的人（包括1956年社会主义改造完成后原来的民族资产阶级人员）、军官、中小学教师、大学教师、科学研究人员、工程技术人员、文艺工作人员、医务人员等。虽然他们实行相同的工资制度，但在其他方面的待遇、职能却大有区别。总的来说，可以分为两类：一类是国家机关领导干部、参照机关工作人员标准制定单独工资标准的事业、企业单位的行政人员；一类是专业技术人员，即所谓知识分子。从狭义上来讲，干部阶层特指第一类人员。综合各方面情况和各方面因素来分析，知识分子都应当作为一个单独的社会阶层。

在文革时期的中国社会，第一类人员被看作是工人阶级的一部分，而第二类则被看作是属于已经被消灭的资产阶级的成员，即资产阶级知识分子。在一个高度政治化的社会，这种区别是具有决定意义的。从经济地位这一基本分层标准来看，知识分子的地位高于工人、农民。但在社会声望上，则远远低于工人和农民中的贫下中农，是被改造、批判的对象。从拥有资源的状况看，他们拥有一定的文化资源。著名社会学家古尔德纳（Alvin Gouldner）专门研究知识分子在社会结构中所占据的位置，并使用"新阶级"这一分析框架研究社会分层，在《知识分子的未来和新阶级的兴起》一书中，对这一概念作出全面论述。在这里，我们借用知识分子为"新阶级"这一概念来对文革前社会分层中的知识分子进行分析。

新阶级是一个由知识分子组成的阶级。在古尔德纳之前的理论家，往往只是将技术专家、人文知识分子或者政治官僚中的一种，当作是新阶级。古尔德纳主张，"新阶级"有技术知识分子和人文知识分子两种人构成。前者的兴趣基本是"技术性的"，后者的兴趣则基本是批判性的、解放的、阐释的，因此也经常是"政治性的"。技术知识分子和人文知识分子形成了一种"言语共同体"，共享一种"批判性话语文化"。这种话语文化拒绝以说话者的个人权威以及社会身份，来判断其言论的合理性。这样，批判性话语文化剥夺了所有以传统社会权威为基础的话语的权威（包括旧官僚和旧富豪的权威），并赋予自身以权威。与此同时，在生产这种文化所需要的技术和社会条件，成为他们的共同利益。官僚以自己的合法权威作为命令的基础，不加批判地服从组织的上层领导者，他们的文化与"新阶级"有很大不同。

在文革前的现实政治生活中，两者的处境和权利也大不相同。知识分子阶层是唯一当时还拥有自身资源——文化资源的阶层。1949年建立的国家几乎垄断社会的全部资源，唯一还未被垄断和完全控制的就是与知识分子自身不可分割的文化资源。这一客观事实使以垄断、控制社会全部资源为追求的政权一直把知识分子当作社会的异己力量而予以排斥和打击，这也是知识分子在建国之后所遭遇的各种命运的本质所在。在工资制度中同属干部阶层的知识分子在政治上被打入另类。干部属于工人阶级的一部分,而知识分子则被划作已经被消灭的、在社会上不复存在的资产阶级的行列。在文革前,党内主导的思想是认为知识分子在世界观上是资产阶级和小资产阶级的,它们中的绝大部分还不能说是工人阶级的一部分。这意味着在进行经济建设和发展科学文化方面,注意发挥知识分子的积极性,而在政治方面并未予以信任。党政领导,特别是地方和基层领导干部,通常是在强调经济建设时,注意团结知识分子;在政治运动来临的时候,着重对知识分子进行审查、批判和改造。基本的事实是,批评领导人往往要冒严重的政治风险,而批评和伤害知识分子则很少承担实际责任。就整体而言,领导层基本能够,甚至乐于接受毛泽东对知识分子问题的"左"的错误估计,在对知识分子问题的认识和做法上不存在严重的分歧。文革前针对知识分子的运动,特别是人文知识分子的运动更是接连不断。只有了解了这些,才能对历次政治运动有真正的认识。分析文革的起因、进程与结局,必须重视对这知识分子阶层态度、状况的分析研究。

在阶级路线和身份制的社会话语体系里,知识分子的声望、地位远远低于干部阶层,甚至低于工人阶层和农民阶层中的贫下中农。他们的实际生活状况也与干部阶层无法相提并论。白威廉的社会学研究证实了知识分子地位的低下。第一,领导比工人住较宽敞的房子,而高级专业人员的住房面积比工人还小。第二,家庭耐用消费品城市越大其户均拥有量就越高,哪怕中小城市与大城市的家庭收入一样也还是这样。行政干部级别越高,则拥有自行车、缝纫机的家庭的比例就高。相反,高级专业人员在任何耐用品消费的方面都和工人大致一样,没有特权。"对教育程度收入的回报,文革前是正的,文革后是负的","白威廉用许多表格、图示证明,文化革命对中国社会分层结构进行彻底的洗理。"①

---

① 边燕杰:《美国社会学界的中国社会分层研究(代序言)》,载边燕杰主编:《市场转型与社会分层—美国社会学者分析中国》,第7—9页。

第四章　知识分子阶层与文革

干部阶层与知识分子的区分是很明显的。管理者精英,即干部阶层不仅是政党国家的控制功能的代理人,也是其再分配功能的代理人,但专业化精英,即知识分子则两者都不是。因此,我们认为,管理者精英的社会地位将高于专业化精英。白威廉通过地位获得模型对知识分子等阶层的地位在文革前后的分析得出结论:"文革前职员、商人、资本家出身的青年往往比工人、农民的子女更能获得地位高的职业,而文革后这一情况颠倒了。这说明从一种阶级不平等向另一种阶级不平等的转变。最后,在文革前,教育水平高的人往往更有机会获得较高的职业地位,但是文革后这一情况不复存在了;无论你的教育水平如何,与从事什么职业都没有太大关系。这说明机会平等向机会平均的倒退。"[①] 这一现象也说明文革对知识分子的排斥、打击取得了现实的成效,知识分子的声望、地位通过文革更加降低。"毫不奇怪,知识分子和其他专家权威在1966—1976这十年里最受惊吓。由于害怕他们历史上某些已被遗忘的事情被旧话重提,或者用造反派的力量来反对他们,他们对这十年间突如其来的公正是激烈反对的。1968—1969年,有许多阶级成分不好的家庭被重新指控政治上犯有罪行,并被遣送到农村去。从来也没有接触过农村生活的整个家庭被发落到乡下,在那里他们不得不靠微薄的收入和定量勉强度日。回城后他们中的许多人被降职,或仍被笼罩在怀疑的乌云中。"[②]

知识分子可以分为科技知识分子群体和人文知识分子群体,由于这两个群体的社会功能不同,在文革中的遭遇也大相径庭。与知识分子地位、处境相似的还有其他属于小市民阶层的社会群体。当时在城市社会,除了干部阶层与工人阶层外,其他这些阶层可与知识分子一起归于小市民阶层。大致在1954—1956年间,城市中划分了革命干部、革命军人、工人、职员、自由职业者、高级职员、城市贫民、

[①] 边燕杰:《美国社会学界的中国社会分层研究(代序言)》,载边燕杰主编:《市场转型与社会分层——美国社会学者分析中国》,第7—9页。

[②] 白威廉:《中国的平均化现象》,边燕杰主编:《市场转型与社会分层——美国社会学者分析中国》,第70-71页。

店员、资产阶级、工商业者兼地主、小业主、摊贩等阶级成分。这种阶级划分（包括家庭出身）在20世纪60年代的城乡四清运动与文化大革命中被复查和再确认，并通过政审制度与人事档案制度记录在个人的档案中。

二、血统论背后的阶层利益之争

文革初期废除高考制度是由干部阶层的子弟提出来的，也是对干部阶层子弟最为有利的做法。干部阶层的学生一般赞成废除大学入学考试，因"他们的优势来源于家庭出身好，而学习和考试则非他们之所长。他们的个人利益和毛泽东激烈的反对现行教育制度，提倡搞阶级斗争一致，并且在"做革命事业接班人"这一口号下统一起来。师出有名，而且利害攸关，造起反来干劲自然非同一般。

文革初期一度盛行的"老子英雄儿好汉，老子反动儿混蛋"的血统论口号，实际上是干部阶层试图在子女升学等机会上，排斥知识分子阶层子女的一种手段。文革一度受到干部阶层的拥护，与毛泽东推行的阶级路线有利于干部阶层子女的升学机会有很大关系。教育政策名义上有利于整个红五类，但工人、贫下中农等占红五类绝大多数的阶层在教育中事实上的优先权名实不符。1957年之后对于剥削阶级子女教育权的限制或剥夺形成新的社会歧视，工人、贫下中农仅仅获得了社会优越感，血统论实际上是干部阶层通过这一手段排斥知识分子阶层子女的受教育权，特别是高等教育权，从而由其独享这一权益。社会屏蔽理论实际上揭露了这一问题的本质。韦伯认为，各个社会集团都试图将获得资源和机会的可能性归属到具有某种资格的小圈子里，社会屏蔽就是为此设定的这样一套资格的程序，符合资格者能够获得最大的收益。于是，就必须选择某种社会的或自然的属性，作为排除他人的正当理由。韦伯认为，任何一种集团性属性，比如民族、语言、社会出身、宗教等都可以作为排他的理由，这实际上也是由一部分人垄断了社会的、经济的机会。帕金认为，社会屏蔽的一个突出特征是它的合法性,本质上,它是一个社会集团采用合法手段牺牲了另一个社会集团的利益。①

文革初期血统论的盛行,与当时青年人上学的机会减少有关,使干部阶层采取这一手段排挤其他阶层,特别是知识分子阶层子女与他们的竞争。1965年12月17日美国中情局关于中国民众的态度与士气的特别报告中说:"大部分的年轻人显然不支持政权。他们在1962年5月从广东涌往香港的难民逃亡中很突出,而且1962年夏在香港度假的1.1万名大中学生中的1万名选择不返回中国。中国的青年可能是最不满意的,因为对他们而言在大陆似乎没有前途。上学的机会非常有限,例如北京的一所中学,在1965年想继续其学业的初中生只有20%能够升入高中,而在持同样想法的高中生中只有约30%能够上大学,这些升学比例在其它城市可能要低得多。北京自身就在1963年4月宣布,要求1962年的17万名大学毕业生返回农村地区就业。对那些学校教育已经终止的年轻人而言,几乎没有工作机会。政权努力提供给他们的机会是向新疆等边远地区迁移,或把他们招入半工半读学校,在那里作为一名农民或工厂工人是他们最大的期盼,目前工业活动的停滞排除了工厂的任何扩招青年计划。这种暗淡的前景使人们对政权的智慧与目标丧失了信心,同时也有个人的失望。"②

利用社会屏蔽手段排斥知识分子子女的行为,在北京等城市的干部子弟集中的重点中学在文革之前就已经开始。自1963年起在农村、城市搞社教运动,即四清时,北京某些重点中学,特别是四中、六中、八中推行社教运动,提倡贯彻阶级路线,清理所谓白专学生。当时的北京四中六六届高三学生秦晓说:"1965年,四、六、八中闹学潮,提出学校搞的是修正主义教育。当时挑头闹事的主要是高三的

---

① 李强:《社会分层十讲》,第110页。
② 《中情局关于中国民众的态度与士气的特别报告》,载沈志华、杨奎松主编:《美国对华情报解密档案(1948—1976)》第二册,第153页。

一些高干子弟,他们认为学校里有阶级斗争,有的老师出身不好,重点栽培出身不好的学生,而革命子弟被排斥,再就是鼓励走白专道路。他们由此认为,学校应该搞四清,搞阶级斗争。""当时,四中的学生,就家庭出身而言,知识分子居大多数,其次是党政军中高级干部,普通工人和农民则很少。知识分子家庭出身的学生中,大多数是直系或隔辈的'黑五类'后裔。而红色家庭出身(高干与革命军人)与黑色家庭出身(所谓杀、关、管)的学生营垒分明,旗鼓相当。"① 当时的北京四中六七届初二学生印红标也感觉到:"四中的干部子弟多,大多数低调,然而另一种评价标准在逐渐加强:家庭出身、政治表现,干部子弟越来越受重视。"② 出身干部家庭的中学生从1964年下半年开始,逐渐就开始有政治活动了。学校开始对干部子弟有一些比较特殊的教育。干部子弟的优越性、特殊性表现出来。毛泽东提出了培养接班人的思想,干部子弟认为自己是当然的接班人,开始有意识排斥非干部阶层子弟,处处显示自身的优越性。这一现象也就从一个侧面可以解释毛泽东当时提出的关于阶级斗争的理论和思想为什么能够毫无阻力地推行,因为它代表了干部阶层的利益,符合干部阶层通过一定的手段屏蔽、排斥其他阶层特别是知识分子阶层的利益,所以在执行中几乎没有遇到什么阻力,从而导致文革的发生、高考制度的废除和血统论的盛行。

1966年6月,北京女一中和北京四中学生同时提出"废除现行高考制度"的倡议书。"这一轰动全国的事件,发生在女一中和男四中并不偶然。作为两所北京著名的重点中学,共同特点就是干部子女多,包括不少高干子弟,往往了解一些最高领导层的动向。他们是在获悉中央有废除现行高考制度的意图后,才动手起草倡议书的。"③

---

① 秦晓:《走出乌托邦》,米鹤都主编:《回忆与反思——红卫兵时代风云人物口述历史之一》,第230页。
② 印红标:《读书声 风雨声》,载北岛、曹一凡、维一编:《暴风雨的记忆——1965—1970年的北京四中》,第272页。
③ 刘东:《亲历者的见证》,北岛、曹一凡、维一编:《暴风雨的记忆——1965—

文革和废除高考制度显然有利于干部阶层子女。60年代之后，干部子弟在学校里接受的是接班人教育，一些重点中学里公开宣称他们的培养目标就是未来的部长、副总理、外交官等。1965年考入北京四中的陈凯歌后来谈道："当年的四中，成绩最好的并不一定是干部子弟。他们可以骄人的，无非是常常聚集在一起议论不为外人所知的军国大事……尤其是周末的课后，班主任当众宣布：干部子弟同学留下开会。在其他同学纷纷退席时，他们会漫不经心地谈笑坐下，以后又一脸庄严地走出教室。这种在孩子中间人为地制造隔阂的等级制度，无聊可笑。"①

1966年7月24日，中共中央、国务院发出《关于改革高等学校招生工作的通知》，其中强调要"贯彻执行党的阶级路线，对于工人、贫下中农、革命干部、革命军人、革命烈士子女以及其他劳动人民的子女，凡是合乎条件的，应该优先选拔升入高等学校。至于剥削家庭出身的应届高中毕业生，一定要经过严格审查，对于那些在政治上确实表现好的，也允许挑选适当数量的人升入高等学校。"② 在血统论影响下北大、清华等高校纷纷成立或准备成立工人、贫下中农、革命干部子女协会，但很快被中央制止。

1966年8月19日，北京四中、六中、八中批斗北京市教育局长张文松及各校校长等的大会，开创了北京市武斗的恶劣先例。文革一开始，在干部阶层出身集中的中学就开始批判校领导执行修正主义教育路线，许多校领导遭到侮辱、殴打，有的甚至被活活打死。如北师大女附中的卞仲耘等。黑帮一般指被批判的校领导，牛鬼蛇神一般指被批判的老师。北京四中六七届高二学生唐晓峰后来回忆说：学生班会"出身好的讲光荣，出身不好的讲罪过，表示划清界限"，"文革一开始，从校一级到班一级，领导都换成干部子弟。工农子弟虽属

1970年的北京四中》，第180页。
① 陈凯歌：《少年凯歌》，第48页。
② 国防大学党史党建政工教研室编：《文化大革命研究资料》上册，第57—58页。

'红五类',但地位不高,他们的父辈是老干部的群众,自己则是干部子弟的群众。"[①] "革命的首要标准是揪斗领导,校长、班主任就是眼前的领导,即使今天没揪,迟早也得揪","我发现领头的干部子弟其实不读马列,而是读内部政治书,甚至是敌人写的书。我明白了,这才是真政治,而书生与政治无法同步。""从对联得到好处的人,正在社会上疯狂造势,别人没有吭声的份儿。""那几天,干部子弟纷纷换上旧军装,腰系武装带,足蹬将校靴,佩戴红袖章,显出逼人的英姿。"[②] "阵营变得泾渭分明,我从教室望着操场,感到一道深深的沟壑出现在'他们'和'我们'之间","从对联开始,我对干部子弟这个群体,原有的敬意全无(与个别人还是朋友),他们身上再无父兄折射的光芒,只剩特权带来的狂傲与利益。而在另外的群体中,却有着真正的智慧、才华、幽默与尊严。"[③]

三、知识分子阶层的遭遇与抗争

在生产资料的社会主义改造之后,拥有经济资源,即生产资料的资本家消失了,而拥有文化资源的知识分子则成为未被彻底剥夺文化所有权的一部分人,成为政权打击的主要目标。这也是知识分子在文革中悲惨命运的根本原因。知识分子阶层是所有社会阶层中在1949年建国之后社会地位和生活最为动荡的阶层,几乎所有的政治运动都在劫难逃。知识分子是中国社会中最脆弱,也是最容易被当成"资产阶级"的集团。知识分子所遭遇的命运与他们自身还拥有不可剥夺的文化资源有关。知识分子在社会中尴尬的社会定位从官方对其定性的变化和干部阶层对其社会属性、社会地位的认识的分歧中

---

① 唐晓峰:《走在大潮边上》,北岛、曹一凡、维一编:《暴风雨的记忆——1965—1970年的北京四中》,第399页。

② 唐晓峰:《走在大潮边上》,北岛、曹一凡、维一编:《暴风雨的记忆——1965—1970年的北京四中》,第397页。

③ 唐晓峰:《走在大潮边上》,北岛、曹一凡、维一编:《暴风雨的记忆——1965—1970年的北京四中》,第398页。

表现出来。中国要实现现代化，必须依靠知识分子阶层的文化资源，但建国后确立的国家和政权垄断一切资源以便推动现代化发展战略的选择和确立，使附着于知识分子身上不可分割的文化资源成为国家和政权无法从根本上对其控制的一种资源，这是对知识分子的阶级属性和政策不断摇摆的根本原因。同时，对知识分子的不同态度也成为干部阶层划分为两大派别的界限。在文革期间，毛泽东为代表的继续革命派对知识分子的态度彻底压倒当权务实派对知识分子的态度，知识分子几乎与黑五类沦为一族。在知识分子中又划分了新的类别。1953年后，在文教系统开始流行一种新的政治分类法，即人民与国民的区别。人民者，历史清白者；国民者，与旧社会联系密切，历史与社会关系复杂人群也。①

将知识分子总体归入"旧知识分子"的范畴。所谓"旧知识分子"，是指1949年前在国民党统治区域的大专学校培养出来的知识分子，他们被整体视为不纯阶层，主要依据是他们中的绝大部分都出身于剥削阶级家庭，并曾为旧社会服务。在其中，"历史不清分子"和"不纯分子"占相当的比例。历史不清分子和不纯分子都是1950年代初出现指涉特定人群的概念。历史不清分子一般指历史复杂，参加过反动组织或在旧政权重要机构服务者。由于政治分层决定个人及其家庭在社会上的政治地位，有历史问题的人都对阶级敌人的标签避之不及。在这些人中，有部分人极力想改换自己的政治面貌。

几个著名知识分子对知识分子身份的感叹，透出了知识分子的无所适从和悲凉之感。1987年4月17日，巴金在致冰心的信中说："有时忽发奇想，以为从此自己可以摘掉知识分子的帽子，空欢喜一阵子。可是想来想去，还不是一场大梦？！不管有没有'知识'，我脸上给打上了知识分子的金印，一辈子也洗刷不掉了。可悲的是一提到知识分子，我就仿佛看见了我家的小包弟。它不断地作揖摇尾，结

---

① 萧干：《标尺单一化》，萧乾著：《这十年》，重庆出版社1990年版。

果还是给送进了解剖室。"① 1995年,季羡林在论及中国知识分子的历史特征时说:"干知识分子这个行当是并不轻松的,在过去的七八十年中,我尝够了酸甜苦辣,经历够了喜怒哀乐。走过了阳关大道,也走过了独木小桥。有时候,光风霁月;有时候,阴霾满天。有时候,峰回路转;有时候,柳暗花明。金榜上也曾题过名,春风也曾得过意,说不高兴是假话。但是,一转瞬间,就交了华盖运,四处碰壁,五内俱焚。"②

毛泽东对于知识分子的怀疑和对文化单位的担忧从1962年就开始了,采取了从部队抽调干部进驻的办法保证对文化单位的控制。据梅益在其自述《八十年家园》中说:1962年10月1日,毛泽东在天安门城楼上对周总理说,你们要管广播电台,电台怎么样?不要出问题,广播电台一广播,全中国和全世界都可以听到。而我们在这里讲话没有人听得见。他还说,伊拉克政变主要是两手,一手是抓坦克兵团,一手是抓广播电台,结果就成功了。1963年,解放军总参杨成武将军从部队抽调100多人派往广播事业局,又将97军政委丁莱夫调到广播事业局任党组书记,即所谓一把手。从丁莱夫到任履新那一天起,梅益就从原广播局党组书记,即所谓一把手降为二把手,党组副书记。梅益的局长、总编辑名义还在。原先的广播局,按照行政机关以至事业单位的惯例,组成党委系统,把党务和人事、保卫以至共青团、工会等政工一摊子包下来。丁莱夫来了,仿照军队的体制,建立政治部,统帅一切。广播文工团是广播局下属的八大部口之一,在总团设政委一人,副政委一人,五个分团各设一名政委。这些政委一来,实际上把原来的团长、副团长们全都架空了,包括早年也是从部队转业来的干部在内。大概他们转业早,跟这些知识分子相处时间长,有的还合作得不错,已经受到资产阶级的腐蚀,故也不堪信任。人虽不多,威势不小。不叫军管,无异军管。来人个个是奉命加强什

---

① 巴金:《巴金书信集》,第27—28页。
② 季羡林:《季羡林修身沉思录》,第39页。

么，改造什么的，这是共性。本来是说由"政治"来挂帅，实际上挂帅的就是这些位"政治"的全权代表了。过去只有军代表一说，没有政治代表一说；现在听说来人都已办了转业，广播局也还不算军管，不好再叫他们军代表了。①

这场由文化领域肇始的所谓大革命，对教科文的摧残尤其严重。无数的中华民族优秀的文化遗产遭受浩劫，一大批学有专长的知识分子受到残酷迫害。到1968年底，中科院仅在北京的171位高级研究人员中，就有131位先后被列为打倒和审查对象。全院被迫害致死的达229名。上海科技界的一个特务案，株连了14个研究单位，1000多人。受逼供、拷打等残酷迫害的科技人员和干部达607人，活活打死2人，6人被迫自杀。②清理阶级队伍时，安徽大学原有教职工809人，受审查的有262人，其中被非法专政的有120人，很多人被戴上特务、叛徒、走资派、反革命、反动学术权威、黑手、汉奸、复旧势力等等名目繁多的帽子，并有5人被迫自杀。安徽大学政治部副主任兼统战部长李东光因在苏联军队工作过，被诬为苏修特务。③从1966年到1976年，十年没有组织过正式高考，交白卷也可以上大学。1982年人口普查统计表明，当年全国文盲半文盲多达2亿3千多万人。④

文革伊始，五一六通知就公开把知识分子当作运动打击的目标。通知提出"彻底揭露那批反党反社会主义的所谓学术权威的资产阶级反动立场，彻底批判学术界、教育界、新闻界、文艺界、出版界的资产阶级反动思想，夺取在这些文化领域中的领导权。"在1966年10月批判资产阶级反动路线运动之前的一段时间内，特别是1966年8月中共八届十一中全会通过关于文化大革命的决定，明确提出运动的重点"是整党内那些走资本主义道路的当权派"之前，知识分子一

---

① 邵燕祥：《一个戴灰帽子的人》，169—172页。
② 《科技日报》，2008年3月17日。
③ 《一张永远空白的拘留证》，《春风化雨集》上册，第469—479页。
④ 曹普：《中国改革开放的历史由来》，《学习时报》2009年9月29日第3版。

直是文革批斗的首要目标。各级党政负责人更是一度把知识分子当作主要斗争对象，以转移文革对当权派斗争的方向，达到自保的目的。南开大学可作为文革初期大学文革由掌实权者控制，斗他人保自己的典型。在文革初期之时，在一些高校是掌握实权的校党委书记为适应形势，为求自保而积极批判所谓的走资派和反动学术权威。在1966—1976年，就南开大学而言，被打成牛鬼蛇神的200多人，被抄家的186户。1969年被揪斗的有298人，占全校员工7.2%，被非法审查的共538人（内有教师干部510人）办学习班的160人，其中教授、副教授占93%，这是南开大学的文革情况。文革一开始，南开大学党委书记臧伯平组织了两个机构，一为文革办公室，设于行政楼，一为大字报整理组，共八九个人。臧伯平命令党委宣传部长邢馥德臆造一黑名单，称何（锡麟）娄（平）黑帮，把他要打倒的人列入其中，贴在校大礼堂内示众。臧伯平于1966年7月29日通过校文革委员会第三次会议决定，8月15日以前完成第一阶段战役，即完成对吴大任、郑天挺、滕维藻、李何林、李霁野、李华、邹本基、魏宏运等几位全校性重点人物的批斗。8月15日以后转入第二阶段，由全校性批斗陆续转入各大队对走资本主义道路的当权派，以及对资产阶级学术权威的批斗。魏、郑等6个人的罪状铅印成16开本的册子，到处散发。南开大学八七开花。直到1966年12月，卫东红卫兵包围行政楼，造了臧伯平的反。臧与副校长娄凝先都被放到东门内的大车房劳改烧胶，供同学贴大字报用。①

　　文革之初，知识分子被批斗、游街，受尽了各种凌辱，这方面的资料可谓汗牛充栋。许多知识分子因不堪屈辱而自杀，如老舍等。但即使自杀之后，仍要追究他们的所谓历史问题，批判他们的作品，引起在世知识分子的不满。如陈白尘在《缄口日记》1967年12月15日的日记中记载：上午北京文联来人谈老舍问题，约二小时，令写材

---

① 魏宏运：《1966年南开大学八七开花纪实》，载《历史学家茶座》总第32辑，2014年第一辑，第7—11页。

料，下周五交。晚，思考老舍问题。舒公过去的作品虽有错误，但抗战开始后总还倾向进步；解放后除《龙须沟》《茶馆》外，虽无更好作品，但总是在竭力歌颂新社会；而写作之勤，是老人中所仅有；从对外影响说，也应该是加以保护的人物。但不幸竟因一时之愤而轻生，是不幸的事！现在还要追问其历史，批判其作品，从党的知识分子政策来说，也是不智的。运动以来，有许多自杀的人其实并无多大问题，只是一时思想不通，便走上绝路，如陈笑雨等，将来又如何下结论呢？思之茫然！① 1968年5月4日日记载：文化革命原是揪走资派和反动权威的，如今则以"叛、特、顽"三者并列，而且揪叛徒成为最主要的内容，实在不解。②

1966年10月开展批判资产阶级反动路线之后，文革斗争的目标开始集中于掌握党政实权的干部阶层，对知识分子的冲击相对减轻。但在之后的清理阶级队伍、清查五一六等运动中，知识分子再次成为打击的重点目标。许志英在《东岳五七干校》谈到中国科学院的情况："所谓清查五一六反革命集团，是中国科学院在文革中斗争最酷烈、持续最久的运动。全北京传达五一六是建国以来最大的反革命集团，于是抓五一六分子的运动，便在进驻中科院哲学社会科学部的军、工宣队领导下全面展开，办了好多个学习班。""自1969年以来，学部抓五一六已死了十几个人，他们绝大多数都是三十岁左右的青年。"③ 有海外关系的知识分子更是成为打击迫害的重点目标，造成无可挽回的损失。萧光琰被称为中国石油之父，是中国科学院大连物理化学研究所第三研究室主任，三级研究员。萧光琰是福建省福州市人，出身资本家。1920年生于日本，后移居美国。1942年5月毕业于美国坡蒙那大学化学系。1945年12月毕业于美国芝加哥大学研究院，专攻物理化学，获化学博士学位。后在芝加哥大学、美孚石油公

---

① 陈白尘：《缄口日记》，第44页。
② 陈白尘：《缄口日记》，第59页。
③ 张贤亮、杨宪益等著：《亲历历史》，第259、263页。

司任职。1950年回国。在1951年知识分子思想改造运动中,其回国动机遭质疑,被列为重点批判对象。1958年大跃进运动中,对大炼钢铁的做法提出质疑和批评,被指控崇洋媚外,被污为"老白旗"遭大字报羞辱。文革中萧光琰被诬陷是"有背景的"特务,1968年12月不堪屈辱服安眠药自杀,年仅48岁。妻子和女儿也死于文革。①

1968年7月之后,对知识分子采取再教育、给出路的政策,歧视、侮辱、排挤、批斗、迫害进一步加剧。清华大学是一个典型的例子,几乎所有管理人员、教师都被当作改造批判的对象。1968年7月清华大学共有学生8166名,教职员3935人,校内工人2162人,共计14263人。全校165名处长、部长、系主任、总支书记等中层以上干部,88%是建国前培养的知识分子,87%出身于非劳动人民家庭。各个教学的基础单位、教研室几乎全部被世界观没有改造好的教授、副教授、讲师把持着。一种说是建国前资产阶级教育培养出来的,一种是建国后在修正主义路线毒害下,受资产阶级知识分子培养教育出来的知识分子。第一种人比较复杂,非劳动人民家庭出身多,有历史问题的多,有海外关系的多(因为留学的多)土建系材测教研组39人,工宣队员"觉得都不可靠,都不可信,有的甚至说:干脆一窝端到农场劳改算了!""三十成名、四十成家,五十威震天下"把当工程师当作终身奋斗的目标,不问政治,埋头搞业务被当作反面典型。"十年寒窗苦,为的把名出,早知当农民,何必来读书。"

知识分子是文革打击的对象之一。在一些县城及乡村,小学教师被打成现行反革命的原因千奇百怪。贵州省榕江县一位小学语文教师的经历颇有代表性。莫定钦是一位小学教师。他根据多年从事小学语文教育的实践,为了提高教学质量,加深对语文的了解,充分发挥自己的爱好和专长,把文学、艺术与教学有机结合起来,与社会的需求结合起来。他利用业余时间,认真阅读、抄录、剪贴了报章、杂志上发表的中、美、英、苏、法五大国首脑人物的照片、简介;中外名

---

① 《萧光琰博士的遭遇》,《春风化雨集》下册,第382—391页。

家诗人的诗词歌赋、名言警句、重要史哲资料、政治论文、各种画刊的图片、漫画等等，整理成一本集子，将其命名为《黄金难买》，成为他的反革命罪证。结果以恶毒攻击伟大领袖毛主席，攻击社会主义制度，吹捧苏修的罪名，被判刑20年。① 陆洪恩是著名音乐指挥家、作曲家。1954年任上海交响乐团指挥。1966年因"反动言论"被捕入狱。1968年4月27日被当局枪决。河北省阜城县崔庙中学语文老师靳孝先1968年10月7日被判处有期徒刑9年。宣判词称：靳犯孝先，思想极端反动，长期以来，站在反动的立场上，污蔑伟大领袖毛主席，攻击毛泽东思想，反对社会主义，为加强无产阶级专政，严厉打击反革命，故依法判处有期徒刑9年。②

对知识分子的打击迫害在清理阶级队伍时最为严重，远远超过文革初期，此时制造的冤假错案也最多。上海市1968年秋到1969年初的中国科学院上海分院系统的两线一会特务集团案即是一例。当时的中科院上海分院负责人扬言："科技界知识分子多、统战对象多、进口货多、特务多、集团案件多、现行反革命多！"，"特务不是像苹果一个一个的，而是像香蕉一串一串的"。这个案件把日伪时期的上海自然科学研究所和国民党时期中央研究院工作过的人，以及国民党溃退时，中央研究院职工为保护仪器设备、图书资料而组织起来的安全接应委员会，都打成一个特务集团，并捏造这个特务集团在解放后发展了一批新特务。这一案件波及到14个科研单位，被诬为特务的有600多人，其中被非法隔离的有230余人，2人被活活打死，10人被打成残疾，4人被逼自杀身亡，9人被逼自杀未遂。两线一会案首先从植物生理所开刀。1968年9月，该所领导人声称："植物生理所敌情严重，是一个特务窝，有中统的，有军统的，既有国外派遣的特务，也有新发展的特务，而且涉及面很广，估计百分之七十的人有

---

① 《黄金难买再生记》，《春风化雨集》上册，第48-54页。1978年10月20日，榕江县人民法院发出裁定书：莫定钦无罪，立即释放，并为其彻底平反，恢复名誉、恢复工作。
② 《运河岸边的文字狱》，《春风化雨集》上册，第434—439页。

问题,其他科研单位的特务也受这里的指挥。"1968年10月15日,为了捣毁所谓的特务集团,所里办起了抗大学习班,全所职工被非法关在大院里不准回家。仅有300多人的植物生理所竟然有70多人成了特务。①

在文革后期,知识分子与干部一样,被下放到五七干校劳动改造。知识分子聚集的文化部及其所属单位的五七干校有两处。一处是湖北咸宁向阳湖,因临近京汉铁路,又能够围湖造田而被选中;一处是天津市静海县团泊洼。至1969年9月,文化部机关及其所属单位已有近三分之二的干部被下放到五七干校接受劳动锻炼。1969年10月,第一号战备令后,文化部机关、中国革命博物馆、中国历史博物馆等单位的干部家属,于1969年底到1970年5月分别下放。这批下放的人中有十几位老弱病残的名人,五六百名家属,其中包括70岁的冰心。五七干校的人数达到6000人。干校是个小社会,食堂、幼儿园、医院、中专接待站、木工排运输队、机耕队、汽修厂、共产主义学校、各一所,俨然是一个肝胆俱全的小社会。机关分一室五组。文化部干校五七战士级别高,其中15级以上的近1800名。从1970年开始返京人数逐渐增多。能否从干校回北京,主要凭需要。如红学家周汝昌因1970年毛泽东提倡领导干部读《红楼梦》调回,刘炳森因要开放故宫而调回。五七干校学员回城模式几乎和知青一样。有先有后,五七,五七,遥遥无期。湖北军区和干校领导一直强调,这些干部是中央的人,人事权属中央,湖北省只是受命代管,无权处置。多亏这种指导思想,文化部这批文化资源才没有完全打散流失。干校挖五一六时,湖北省有个精神,叫"三个不急于",不急于定性,不急于戴帽,不急于作结论。②

1974年批右倾回潮、反复辟的时候,知识分子特别是教师再次受到冲击。河南省唐河县马振扶公社中学事件、张铁生事件、黄帅事

---

① 《活着的人要为她呐喊》,《春风化雨集》上册,第440—447页。
② 李城外编:《向阳湖纪事——咸宁"五七"干校回忆录》上册,第494页。

件影响波及全国。

历经 1950 年代的多次思想改造和政治运动,知识分子大多噤若寒蝉,不再轻易表达自己的观点和思想,但也有一些坚持"独立之精神,自由之思想"的知识分子,面对令人窒息的政治空气和险恶的环境,对遭受的不公正待遇发出微弱的抗争呐喊,进行各种形式的抗争,有的加入了激进造反组织,提出改造现有社会秩序的呼吁。文革后期,一部分知识分子也发出了对文革的不满、批判,通过各种方式表达自己的观点,提出对时局的看法和政治主张。

成都电讯工程学院原电工教研室副主任、党支部委员屠德雍,有 20 多年党龄,埋头自然科学、专攻电磁场理论,被人看作不关心政治的书呆子。屠德雍自 1973 年起,写出了《文化大革命十大罪状》等对文革进行批判,并提出自己的政策主张:"一小撮叛徒、内奸、工贼林、江、康、姚及其同伙必须交人民揭露、批判、审判;文化大革命中的一切政治迫害予以解除;一切证据确凿的反党反社会主义分子及破坏分子应予以打击;必须切实地实行按劳分配原则,消灭寄生虫,提高生产率,尽快提高人民生活水平,发展工业,解决青年就业;必须对文艺、科学真正贯彻双百方针。"1975 年 11 月 3 日屠德雍被逮捕。1976 年 5 月 23 日,屠被判处无期徒刑,1976 年 8 月送四川省第二监狱劳改。①

朱守中,1920 年出生于上海金山县,毕业于复旦大学政治经济系。1950 年入党并先后担任上海市教育局视导员、上海第一速成师范学校副校长。1958 年朱守中因在反右斗争中动摇退却、隐瞒家庭出身罪名,被开除党籍并撤销行政职务,分配到宁夏中卫第一中学工作。1961 年被作为坏人押送农场改造。1968 年初,朱守中回上海活动想纠正自己的错案。回农场后,开始公开谈论自己对文革的看法和观点,在其私下谈话和写的材料中,对时政发表了很多评论,攻击林

---

① 《英雄本色》,《春风化雨集》,下册,第 1—11 页。屠德雍 1978 年 11 月平反,12 月出狱。

彪、江青、张春桥、姚文元，为彭德怀、刘少奇鸣不平。1969年4月九大公报发表后，又谈自己的看法。1969年4月19日被捕投入看守所。写交代材料受审讯仍坚持自己的观点。"以牢为家高枕卧，美曲新歌由我谱，杀头枪毙算个啥？视死如归不在乎！"1970年2月11日判处死刑，时年50岁。① 宁夏银川共产主义自修大学案，青年人聚在一起，探求社会真理，发出自己的声音，涉案人员共13人，其中吴述森、吴述樟、鲁志立三个被判死刑，陈通明被判无期徒刑，徐兆平、张维智、张绍臣分别判处15年、8年、3年有期徒刑。②

四、知识分子阶层子女在文革中

文革中知识分子阶层子女行为的最早研究者是美国学者阿妮达·陈。她的著作《毛主席的孩子们》是研究文革期间知识分子阶层的一个典型样本，该书的中文版1988年由渤海湾出版公司出版。阿妮达·陈是通过采访文革时从大陆逃到香港的年轻人来进行研究的。她所访谈的文革参与者有两个共同特征：其一，他们中大多数都有由官方确认的相似的阶级成份。阶级成份的划分极大地影响了他们的生活。由于政治身份的确定表明了新政府对他们的看法，所以这在很大程度上也决定着他们在学校中的地位以及提高地位的机会，而且他还影响着青年人对自身的看法。他们中的绝大部分被划归到小资产阶级里，即一般成份。这包括解放前的文人、学士家庭和小商小贩家庭。访谈对象大部分属于小资产阶级中的知识分子出身。这意味着他们的父母在解放前属于像西方的'白领工人'那样的社会集团，它包括从专家到教师、职员的各类专门人才。第二个共同点就是他们在文化大革命中所充当的角色。他们中的大多数都投入到这场剧变中，而且其中两位还是广东的初中红卫兵领袖。正是他们作为红卫兵的积极性与态度，使我发现了在政治积极性与权威人格之间的关系。一

---

① 《雪化松愈直》，《春风化雨集》下册，第179—188页。
② 《追求真理的青年》，《春风化雨集》下册，第63—73页。

个成功的积极分子所获得的种种好处，对那些有野心的年轻人来说是一个极大的诱惑。"假积极""未被承认的积极分子""担任职务的积极分子"。阿妮达分别由四个人代表不同积极分子的典型：区是顺从的积极分子；白是有纯正癖的积极分子，张是反抗的积极分子，邓是讲求实用的积极分子。

阿妮达·陈通过实例研究发现了知识分子阶层子女在文革时的潜意识心态，就是当时中国教育所造成的青年心态："渴望牺牲"。"总而言之，向人们头脑中灌输这种死亡哲学的主要目的，还在于非常自然地据此推论众生之哲学：对死的恐怖轻描淡写，而对死亡的社会价值则极力夸大，那么生命对于个人来说就不再是一种私有物了。连死亡都丧失了其中的个人因素，那么生命当然也可如此。具有这种死亡观的人更容易地服从集体精神和集体意志。"①

北京市第 101 中学的文革是体现文革阶层冲突，特别是干部阶层与知识分子阶层等冲突的特征。北京 101 中学是一所以干部子弟为主的学校。这所学校的前身是建立于革命根据地的干部子弟学校。解放战争中，学校随部队步行从张家口进入北京。1958 年以前只招收干部子弟。周恩来在一次到学校视察时指示：不要把 101 中学办成贵族学校，干部子弟不要搞特殊化，不要成为八旗子弟。此后 101 中学改为面向全市所有学生招生。校长王一知是张太雷的遗孀，她办的两件事对 101 中学的文革产生了重大影响。一是举办贫下中农子弟班。每年从农村郊区贫下中农子弟中招收一个班学生进入这所被老百姓视为的"贵族"学校中学习；二是举办半工半读班。从 1965 年开始，在初中和高中各招收两个半工半读班。半工半读班的学生除与普通班学生学习同样的课程外，每周还有 5 个下午在校办工厂劳动。所以半工半读班学生录取成绩比普通班还要高。渴望成为"真正接班人"的同学，都以能够进入半工半读班为荣。文革爆发后，一部

---

① 【美】阿妮达·陈著，史继平、田晓菲、穆建新译：《毛主席的孩子们——红卫兵一代的成长与经历》，第 86 页。

分学生开始批判王一知,认为她执行了修正主义教育路线,"王一知搞半工半读是为自己脸上贴金,是为了掩盖她推行的修正主义教育路线。既然是半工半读,为什么还学普通中学的文化课?为什么还照样参加高考?"半工半读班的学生几乎成了集体的保皇派。之后,辩论骤然升温,最初多少带有一些理性色彩的辩论被更加激烈的革命行动所代替。"几乎所有的学校领导和部分老师都被当作牛鬼蛇神揪了出来,对阶级敌人的刻骨仇恨集中在这些隐藏在我们身边的阶级敌人身上。挂黑牌、游斗、剃阴阳头直至皮鞭抽打。"这所学校以干部子女占多数,阶级路线已经贯彻得很彻底了,可算作黑五类子女的只是极个别,除"革命干部"子女外,多为一般干部子女和知识分子子女。在当时的气氛下,只要未被划在红五类之中,便都被推到了黑五类一边。对学校的阶级划分虽然没有中央文件,然而有形的人群划分和无形的政治压力却自然而然地形成了。红卫兵组织只允许"红五类"子弟参加,非红五类统统被排斥在外。一些学生感到压抑、委屈、不理解。于是开始小心谨慎地提出质疑。高中某班5个非红五类出身的学生酝酿写一张大字报,内容是:一、解放已经17年,我们出身虽然不好(这是我们无法选择的),但是我们与你们一样,都是在红旗下长大,受党的教育,我们同样也热爱党、热爱毛主席、热爱社会主义,为什么把我们视为革命的对象?二、党的政策只讲过,"有成分,不唯成分,重在政治表现",并没有把出身不好的人当作革命对象。毛主席、周总理、马克思、恩格斯出身也不是红五类,但他们都成了伟大的无产阶级革命家,这怎么理解?由于101中学干部子弟居多,这些质疑者遭到了残酷的批斗。红五类们纷纷穿上了绿军装。不论男女,腰系一条军用皮带。军装是用来表明身份的,皮带是用来打黑五类的。学校的大门口有人用桌椅搭成了两个门。一个门十分宽敞,另一个门是用两张课桌压一条板凳搭成的,上面写着"狗洞"。白天有身着军装的红五类把守。出校门先报出身,出身不好的必须从狗洞中钻过去。几名出身不好的学生以"红育"署名贴出大字报反击,结果遭到更严厉的反击。"出身不好的人,不能拒绝别人说自己是狗崽子,只有承认自己是狗崽子,才能作脱胎换骨的改造,才能不是狗崽子。"①

通过对文革中反叛者的研究表明,对文革中权威人格的反叛的代表人物几乎都出身知识分子家庭,如遇罗克、刘文辉、王申酉、王蓉芬等。下面是几名文革中知识分子阶层青年的表现举例,从中亦可以探测整个知识分子阶层青年的整体轮廓。

鲁礼安,文革时为武汉华中工学院船舶系6556班学生,当时家庭出身是小职员家庭,开始属于保院党委及院党委书记朱九思的学生,因在工作组时期被划为"中间偏右"学生而对工作组不满。因其父母被对立派污称为"汪伪国民党汉奸分子"而不能参加由红五类组成的造反组织。三次被抄家,是武汉北斗星学会的组织者,入狱12年,写有在全国有影响的大字报,属于独立思考的有思想者。著有《仰天长啸——一个单监12年的红卫兵的吁天录》,其中有大量关于武汉文革及其自身经历的一些内容,具有重要的参考价值。

陈凯歌,北京第四中学1965级高中生,为这所干部子弟学校中的非干部子弟,其父母不是共产党员。文革以前多年,四中的高考升学率保持在90%以上,考上四中等于进入高校的胜券已经在握。当时在陈凯歌的班级里,政府副部长以上干部的子弟占了20%以上,不用说职位稍低的了。相当一部分是党政军高级官员的子弟,更有一些是元勋之后。作为父母为非中共党员的陈凯歌对高干子弟的作派印象深刻,"特别在掌权之后,战争的参加者大都身居高位。这使得他们的子弟在光荣与权力两方面都得到相当的满足,产生了极大的优越感。他们大多为父辈的业绩感到骄傲,以天生的革命者自居,自以为血统高贵,思想纯洁,堪当国家大任,热烈地向往辉煌的业绩。他们的性格大多傲慢、偏执、直率至咄咄逼人,有时又极天真。因为对社会所知甚少反而把生活过度理想化,终日耽于革命的梦想而并不知革命为何物,反以追求真理的热诚鼓吹无知。在生活中很难成为与人

---

① 肖文:《文革回忆》,徐友渔编:《1966,我们那一代的回忆》,第73—92页。

为善的朋友,甚至处处树敌……另一方面,在中国这样一个传统上个人自由的定义就是相当狭小的社会里,他们的荣辱得失都与他们的家庭有关,这使得他们本身的命运带有前缘已定的宿命味道,而无法逃脱。"① 陈凯歌家在文革初期被抄。陈凯歌对干部子弟学校的教育的直接的感性描述揭示了知识分子阶层与干部阶层的完全不同的境遇和社会地位。

秦晖,文革时广西南宁初中小红卫兵,其父母为民盟成员,知识分子。1966年上初中的秦晖,文革之初即遇到不准革命的烦恼。"当1966年9月前后红卫兵在南宁初兴之时,四中基本上是以革干子弟为主体的南宁市红卫兵联合司令部(俗称盾牌兵,以其徽记为一嵌有五角星的盾牌故也)的一统天下。当时这一组织奉行成分至上原则,只有红五类才可加入,不红不黑者只能经过成分高贵者挑选后吸收进附庸组织红外围,而黑五类子弟则是狗崽子,求为外围而不可得。"秦晖的父母40年代参加反蒋不被认为是革命,盟员身份反而招来麻烦,更兼身涉教育黑线,只待下放了。秦晖不但不得列入革干身份,险些连忝居不红不黑也悬乎。因此,对盾牌兵没有好感,一直倾向造反而反感保皇派。1966年11月成为毛泽东主义红卫兵四中分部的成员。秦晖在其文章《沉重的浪漫——我的红卫兵时代》一文中,对市民造反与学生造反、中学生造反和大学生造反的不同特点进行了分析。他认为中学生造反最具意识形态的色彩,其次是大学生。"我最大的感触是市民造反与我们这些学生的造反截然不同。"造反派四二二控制的地区基本上是南宁下层市民集中居住的老市区,如解放路、新华街、上国街、西关路等处。这里房屋老旧,好的是古老的骑楼,差得则为砖木结构陋房乃至棚户区,其居民原来多从事传统行业,三教九流,历来被上流社会视为情况复杂之人,造反的意识形态色彩在这里明显地淡化。他们的群体要求则多有十分明显的利益指向:临时

---

① 陈凯歌:《青春剑》,《暴风雨的记忆:1965—1970年的北京四中》,第82—83页。

工、合同工要求转正,下乡知青要求返城等等。造反派控制的这片地区,正规计划经济色彩十分淡漠,江湖经济则熙熙攘攘,十分热闹。在此地区存在的支持造反派的所谓产业工人大军工人组织航运工总,在南宁航运分局占绝对优势。则是因为南宁的航运业是自传统的个体船主群经公私合营和合作化改造而来,不像工厂工人是正牌的产业无产者。航运工人具有个体船业和疍民的色彩。对南宁市民的情绪真正有影响的是另外的事情。①

黎若,文革时为西安某中学学生,出身知识分子家庭,她在《走出藩笼》讲了文革前后学校以社会出身划线的情况。她所在的中学是一个寄宿制学校,有6个年级,大约1000名学生。在文革开始的前几年,学校里的政治气氛已经十分浓厚。黎若所在的学校本来是一个以学习成绩为指标、追求高升学率的学校,到文革前,学习气氛逐渐淡化,学习成绩退居次要位置。这种革命化的政治气氛应当说始自学雷锋运动,在以后的思想革命化、全国大学解放军的运动中进一步强化,到1965年的时候几乎达到白热化程度。"我的父母是知识分子,按阶级路线划分,属中间派,这是怎样努力都无法改变的事实。我常常为家中有保姆而惴惴不安,对父母的高收入羞于启齿,生怕被同学们看成是资产阶级小姐。"在学校里家庭出身越来越重要了。这些活动虽然发自部分学生,但显得很有来头,不久便得到了校方的认可、支持。每个班级由班主任出面召集革命出身的同学开会。所谓革命出身,是指革命干部、革命军人、工人、贫农、下中农出身。这就是后来所谓的红五类。过去受宠的班干部,这次被排除在外,这些人不免生出一些失落感。从与会者会后兴奋不已的神情和脸上的泪痕,不难推想会议的激动场面。在这样的会议召开之后,班上的气氛立即发生了变化,参加会的和没有参加会的同学之间出现了一道清楚的界限。差异一旦形成,就为以后的矛盾埋下了种子。……班干部重新作了调

---

① 秦晖:《沉重的浪漫——我的红卫兵时代》,徐友渔编:《1966,我们那一代的回忆》,第285—306页。

整,几乎全部由革命出身的同学担任,我作为唯一的例外被保留下来,这在当时成了对我最高的嘉奖,我着实为此激动了很久。新的班委会已不同于旧班委会了,班委成了班上的真正核心和有决定权的人物,老师的权威也降到次要地位。这就是文革开始前的状况。学校里纷纷攘攘,大家都在期待着新的发展,革命真如箭在弦上一般了。无论是红五类出身还是非红五类出身,在面对着迎面扑来的风暴时,都表现出跃跃欲试的姿态。批判三家村是这种气氛下经历的第一个高潮。之后,一部分革命出身的同学首先造了校长的反,大多数同学起而捍卫校长,双方对峙,工作组进校,校领导和造反的同学处在僵持之中。工作组撤走之后,学校里群龙无首。首先造反的同学自发成立校内的文革领导小组。小组成员是清一色的红五类。全校同学都倒向造反派。上级党组织系统处于瘫痪状态,校长孤立无援,成为众矢之的。文革小组成了学校的实际领导者。在抽象的大口号之下,学校里发生的实际变化就是再次强化阶级路线——根据每人的家庭出身作了阶级队伍的划分。同学分为三大等级,第一级是红五类,由他们成立红卫兵,第二级是红外围,第三级是黑五类。黑五类是指那些出身地富反坏右家庭以及资本家、反动学术权威家庭的人。黑五类更多的时候被称作狗崽子。红外围顾名思义是红卫兵的外围组织,是红五类的助手和团结对象。在黑五类内部,根据每个人家长的反动程度,又有进一步的细分,每个人都被划定在一个等级位置上。一个同学的母亲在四清中被定为地主分子,纯属敌我矛盾,被放在了最低层。依次上升的为属人民内部矛盾的历史反革命,一般国民党员,摘帽右派,反动学术权威。我的家庭属于最后一类,我也就属于这一等级了。这个排队顺序是十分重要的,每个人对比自己等级高的人应当恭顺,对比自己低的人应当严厉,这种态度是每个人革命性的表征。红外围内部也按其家长地位作了排队。红五类对黑五类开始是板起面孔训斥,后来逐渐发展到拳脚相加。1966年818之后,打人似乎成了宣泄的渠道。黑五类们集中在教室收听广播。广播结束,欢腾的气氛还没有完全褪去,红卫兵们推开了教室的门,我们都站起来。随后按红卫兵的指示,把桌椅靠到墙边,在教室中央腾出一个空场。叭!一个墨水瓶砸到地上,摔得粉碎,满地是墨水和玻璃片混成的污喷。"跪下去!"几声命令之后,动作慢的人头上已挨了闷棍。我的头被打得嗡嗡作响,几乎跌倒。接下来的几个小时里,皮带棍棒横飞、拳脚相加,有人满脸是血,有人跌倒在地,地面上已是血迹斑斑。最后的惩罚是从三楼的教室爬到一楼,鲜血在爬过的地面上留下一条条印迹。这时已过了午夜。在几个小时的挨打中,没有人起而反抗。但反抗的呼声已经积存于心底了。1966年底,黎若从北京归来,学校里已有了两大组织,基本上以家庭出身为分垒。我很自然地选择了那个翻身黑五类占多数的组织,从此就站到了批判资产阶级反动路线的旗帜之下。[①]

文革时期,知识分子几乎整体丧失了自身的使命,只有极少数具有独立思考精神的不屈探索者,仍在顽强的履行知识分子的使命担当,如顾准等。城市知识青年上山下乡形成的零散的思想部落、思想飞地,如朱学勤所在的村落,张木生所在的村落,不自觉地承担起来知识分子应发挥的作用,对中国文革后的变革发挥了重要影响。

---

① 徐友渔编:《1966,我们那一代的回忆》,第267—283页。

第五章

工人阶层与文革

一、工人阶层和不同群体派别的形成

在城市就业者中，所有不列入干部编制的可归入工人阶层。李强《社会分层十讲》认为：在文革前后时期，从人数和比例上看，在城市就业者中，具有干部身份的人大约占 1/6—1/7，其余都是工人身份。因为一个人的生活水平、生活的各个方面均与单位密切相关，甚至连一个人社会地位的高低，也与他所在单位的地位有关。单位的地位高、级别高单位人员的地位也随之提高，反之亦然。在城市就业者中就有了一种"单位身份"。不同单位之间，在资源、地位、声望等方面的差异也就被赋予到各单位工作人员身上。

由于城市单位分为集体所有制和全民所有制，两者在资源控制、权力享有方面有很大不同，每个人又归属于一个单位，这种由单位级别差别、所有制形式差别而形成的工人之间的差别，又可以把工人分为两大群体：全民所有制单位的工人和集体所有制单位的工人。文革中这两大群体的利益诉求不同也体现得非常明显。另外由于劳动制度的不同，在正式工之外，还有临时工、合同工等享有不同权益和保障的工人群体。这些群体在社会地位、工资、福利、劳动保障等方面与所谓的正式工有很大差别，处于工人阶层的末端。在文革初期这个群体为争取到平等的劳动权利进行了呼吁和抗争，成为一个独具特色的群体，其利益诉求和思想行为也反映了文革的争取、维护自身利益的本质特征。工人阶层不同群体在态度上、行动上的差异也很明显，是研究文革不可忽视的一个方面。

尽管工人之间以及工人与干部之间有差别,但与农民相比,他们还有基本的社会福利和社会保障。国家对城市居民实行 10 余项保障福利制度。市民从生到死基本由国家(单位)保障起来,尽管保障水平很低。除了保障就业外,还包括住宅、粮油、副食品、燃料供应、教育、医疗、保险、劳动保护、婚姻、征兵等制度。国家为市民提供低价定量的粮油供应,为此国家每年拿出 100 多亿元资金补贴;提供副食品价格现金补贴和凭票证供应低价副食品;投资建设并提供低房租住房;职工享受就业培训、劳动保护和退休保险;市民基本上享受公费医疗,享受国家提供的交通、教育、体育、娱乐、休闲等公共品的低价消费。80%的农民则被排除在这些保障之外。因此,工人阶层的地位是远远高于农民阶层的。

总的看来,工人阶层的社会地位仅仅次于干部阶层。虽然在工资收入等方面总体上低于知识分子阶层,但其社会地位、声望、社会福利和社会保障等,则因戴有领导阶级的桂冠而高于知识分子等阶层。"从 50 年代前期起,中国的国营工厂有一种使人感到温暖的特点。它使人想起日本的大企业。终身职业和一系列附加的福利,如医疗保健、退休金、困难补助,有时候还提供住房和假期旅游,工作单位给人强烈的安全可靠感。"据白威廉的研究显示,工人在文革中状况相对好些,工作的节奏比文化革命前慢得多,也没有这样忙乱。确实有少数人害怕政治上会受到打击,但总的来说,根据他们的报告,是有一种普遍的保障感,还有些温暖感。政治挂帅导致管理人员素质下降,"1966 年前入党的党员,都是生产的骨干,他们在工人中很有威信。工人们依靠他们解决了许多生产问题。但文化革命后入党的都是些不受欢迎的人。他们是政治暴发户,他们入党大多数靠在政治运动中打击别人。我们根本不喜欢他们","脱离了技术技能的政治技能是不被尊重的。"①

---

① 白威廉:《中国的平均化现象》,载边燕杰主编:《市场转型与社会分层—美国社会学者分析中国》,第 77、78 页。

工人阶层可以分为全民所有制企业工人群体、集体所有制企业工人群体、临时工和合同工等工人群体。官方1977年的报道给出的数据是79%的城市劳动力受雇于国有企业。白威廉的《中国的平均化现象》调查选取的样本中，76%的城市劳动力受雇于国有企业。

工人虽然政治地位较高，但在实际生活中却处于不利地位。能够升学的工农子女在高端教育资源的分享方面处于劣势。如陈晓鲁提道："1963年，我高中上了北京八中。八中学生中大约三分之一是干部子弟，三分之一知识分子子弟，三分之一是当时家庭出身不好的子弟，工农子女少。"① 当时，北京市的重点中学里多是如此，干部子弟有权力支持，知识分子家庭一般学习氛围浓，家庭出身不好的子弟多为建国前的资本家、地主等掌握文化的阶层，他们虽处于社会底层，但往往能将社会上的歧视化作学习的动力，而工农子女由于家庭收入、生活条件、文化氛围等经济和历史因素的限制，并不能够在考试上有较强的竞争力。北京市数量较多的一般中学里吸收的才多是工农子女，这些学校教学质量相对较低，高考升学率只有20%左右，学生即使有幸升学，考入的也多是一般大学如师范、农林等学校；工农子弟中很少人能够进入社会精英的圈子之内。

就工人阶层的状况而言，国有企业的工人和集体所有制企业的工人对文革的态度一般也是不同的。国有企业的工人总体上来讲趋于参加和支持所谓的保守组织，而集体所有制企业的工人则趋于参加和支持所谓的造反组织。这与他们的社会经济状况和社会地位密切相关。蔡翔，1953年12月生于上海，1970年下乡，1974年回城做工，1978年考入上海师范大学中文系。他在《七十年代：末代回忆》中谈到了国企与大集体企业工人待遇的区别。"我做工的厂子是一家铸造厂，上海人一般叫作翻砂厂。工厂很小，几百人，1958年大跃进，上海的一些三轮车工人转行，白手起家，所以厂房、设备很

---

① 陈小鲁：《己所不欲勿施于人》，米鹤都主编：《回忆与反思——红卫兵时代风云人物口述历史之二》，第18页。

简陋。在上海像这样规模的厂子很多,还有比这更小的,躲在里弄的一些民居里。在当时,这些工厂大都属于大集体,他们与全民所有制企业的区别在于:一是家属没有半劳保,而全民厂的职工的家属看病是可以在厂里报销一半费用的;二是当时全民厂的职工每月除了工资,还有五元钱的奖金,我们也没有,只有三十六元工资,那是叫赤膊工资。所以,这类工厂的青年,尤其是男的,找对象也都有点困难。当然,还有比这更差的,就是所谓的小集体了,一般也被叫作里弄生产组。"①

文化大革命开始时还严格控制在党政机关、文化教育部门等事业单位,对于在工矿企业、农村地区等是否开展文化大革命,中共中央高层领导一般还持相对谨慎的态度。1966年6月30日,在刘少奇、邓小平联名向毛泽东报送的《中共中央、国务院关于工业交通企业和基本建设单位如何开展文化大革命的通知》中,"认为在文化革命运动的部署方面,重点放在了文化教育部门、党政机关。对于工业交通、基建、商业、医院等基层单位,仍按原定的四清部署和《二十三条》结合文化大革命进行。"毛泽东7月2日批示同意,并要求迅速将此通知发下去。中共中央、国务院在7月22日通知下发的同日,又发了一个《关于工业交通企业和基本建设单位如何开展文化大革命运动的补充通知》,进一步将不同单位的情况加以区分,分别提出要求。在文革初起时,还未允许工厂、企业搞文革。1966年八九月份,青岛、西安、天津、哈尔滨、兰州、桂林等一些地方,城市的工人自发或有组织的与围攻、攻击地方党政领导的学生形成了冲突。9月11日,中共中央将毛泽东9月7日关于山东青岛市副市长王效禹电报的批语、电报转发各中央局、各省市自治区党委、中央各部委,并作出四条规定:(一)不准用任何藉口、任何方式挑动和组织工人、农民、市民反学生;(二)凡是发生挑动和组织工人、农民、市民反学生的地方,必须公开承认错误,承担责任,平息工农、市民同学生

---

① 蔡翔:《七十年代:末代回忆》,北岛、李陀主编:《七十年代》,第332页。

之间的纠纷，决不允许把责任推给群众；（三）劝说工人、农民、市民不要干预学生运动，相信学生的大多数是要革命的；（四）各级党委负责人不要怕学生，不要怕工人、怕农民、怕群众。①

文革时期的工人组织最早出现在1966年8月。一些是在地方党政领导人支持下成立的，后来被称为官办的工人组织。如重庆工人纠察队是中共西南局书记李井泉指示后，由重庆市委公交政治部、国防政治部、机械政治部三个部开了会布置，然后自上而下组织起来的，袖章也是市总工会统一印发的。② 随着红卫兵运动和全国大串联迅速开展，各地的工人造反派组织纷纷成立。1966年9月下旬，重庆无产阶级革命工人造反军成立；10月12日，西安地区工矿交通企业最大的造反组织西安地区工矿企业联合会成立；10月19日，山西革命工人造反决死纵队成立；10月下旬，成都成立工人革命造反兵团；11月，山东省工人革命造反联合会成立。11月9日，上海市工人革命造反总司令部（工总司）成立；11月26日，上海捍卫毛泽东思想工人赤卫队总部成立，其成员以劳动模范、先进工作者、老工人和党团员居多。最多时达到80万人。③

1966年11月中共中央召开的公交座谈会上，对于成立工人组织绝大多数干部是担忧、反对的。哈尔滨、上海等地的干部主张取消已经建立起来的全市性的工人组织，不同意把学校搞文革的一套搬到工厂，"不能让学生和工人结合起来造反。"④ 力图阻止文革的范围扩大到文教、党政机关之外，控制文革蔓延到工矿交通等生产建设领域，是干部阶层对文革抵抗的一种形式，这一点至关重要。因此，要在工矿企业搞文化大革命，阻力很大。这个阻力既来自于公交企业的

---

① 中共山东省委党史研究室编：《中共山东党史大事记》，第507页。
② 卜伟华：《砸烂旧世界——文化大革命的动乱与浩劫（1966-1968）》，第308页。
③ 卜伟华：《砸烂旧世界——文化大革命的动乱与浩劫（1966-1968）》，第309页。
④ 苏采青：《文革初期三个回合的斗争》，载《回首文革》下册，第750-751页。

各级领导干部，也来自于公交企业的广大职工。工人，特别是国有大中型企业的工人社会地位较高、社会福利较好、政治地位亦高，是现有秩序的得益团体，不希望社会动荡。工矿企业中一些对现状不满的工人和工厂内部的相对失意者则希望把文革推广到工矿企业。1966年11月17日，中央文革小组召开职工代表会，出现了与公交座谈会上完全不同的声音。他们支持学生到工厂串联。11月27日，陈伯达在接见北航红旗代表时，明确表示支持学生到工厂、农村、机关串联。1966年12月6日，林彪说："就是要让它席卷每一个领域，渗透每一个领域。"12月9日，《中共中央关于抓革命促生产的十条规定》，即《工业十条》下发全国试行。张春桥在处理上海问题时，公开承认上海工总司的合法地位，为工人造反组织在全国的成立打开了缺口，自此文革风暴席卷全国各个角落，实现全覆盖。

文革一旦进入工业领域，工人阶层的各个群体成员从各自利益出发，提出了各种各样的利益诉求，建立了许多工人组织，形成了尖锐的对立和冲突。于是，1958年后因大跃进造成持续三年严重经济衰退而被辞退或动员回乡的职工，要求恢复城市户口并恢复工作；支内职工和支疆下乡青年要求回城恢复城市户口；集体所有制职工要求转全民所有制，小集体所有制职工要求改为大集体所有制。体制外的临时工、外包工、合同工连工人阶级的名份都没有，于是他们先要求工人阶级的名份，希望正名后再要求享受体制内工人的工资福利待遇等等。1967年初的所谓经济主义盛行，则是抱有相对被剥夺感的人们直接、公开争取自身经济利益、社会权益，抛开政治口号和官方口号的行为。当局批判经济主义则是唯恐干部阶层之外的各阶层发现社会体制的不公和人的不平等而将矛头指向自己。

在工人阶层内部，由于社会地位、利益诉求、自身境遇、思想观念的不同，在各地基本形成了相互对立的两大派别，即所谓保守派和造反派。两派之间互相攻击，纷争不断，甚至枪炮相见，造成重大伤亡和惨重损失。两派的存在自有其深刻的社会根源。"保守派中的工人以年龄论，老工人居多；以行业论，铁道、金融、重工业、军事工业工人居多；以企业论，大型厂矿工人居多。他们安于现在的地步，对不满现状、鼓动造反的所谓无产阶级革命派打乱现有秩序的目的非常不满，认为是想复辟以前那种劳动人民陷于饥寒交迫的旧秩序，而不是争取一个更美好的新秩序。保守派组织的表征是保党内走资派，实质上，它保的不单是个别人物，更重要的是保旧秩序。文革中的工人造反派，虽然反对由掌握实权的干部划分政治名分和体制身份，但这些反对行为，始终没有跳出阶级斗争和计划经济思维模式。体制内的工人质疑自己被贴上的政治标签，但对于整个政治等级身份制度却毫不怀疑，地富反坏右始终在他们的批判和打击范围内。对于经济体制身份等级，他们更是毫不质疑。有着稳定工作和收入的体制内职工造反派，在争取自己政治权益的同时，对处于社会边缘的临时工等漠不关心，认为他们为私造反。没有人想到，他们应该享有与自己相同的一切权利。而那些体制外工人，在争取体制身份的经济主义风潮中，虽然反对体制等级身份，但却不反对政治等级身份，对政治贱民们没有丝毫同情，更不说考虑到他们的权益。而且他们反对的只是自己被判定的体制身份，而不是体制身份制度。[①]

二、最早的造反行动者——合同工、临时工及其命运

相对剥夺感主要是指人们从期望中得到的和实际得到的差距中所产生出来的或所感受到的，特别是与之相应的参照群体的比较过程中所产生出来的一种负面主观感受，一种不满和愤慨的情绪。所有这些抵制都源于没有实现的期望。抵抗者感到与相应的人比较受到了剥夺。没有长期固定工作的职工与国家体系中职工相比觉得相对受到剥夺；下放到农村的知识青年与在几年前在城市中获得提升的知识青年相比觉得相对受到剥夺；学生也觉得受到剥夺，因为他们不能像他们的学长们那样继续接受高等教育或是在城里找到满意的工

---

① 李逊著：《革命造反年代》，第22—23页。

作；那些在政治运动中受到批评的人与在政治运动中挺过来、相对没有受到伤害的人相比，也觉得受到了剥夺。

这些剥夺感背后的原因是 1960 年以后经济机会的收缩。虽然供养人口的能力与人口增长大体上保持同步，但经济机会没有与上升的期望同步。在 1950 年代初期和中期，新的、满意的机会膨胀非常迅速，对年轻人尤其如此，这让后来成长起来的年轻人产生了不合理的高度期望。大跃进运动之后，不仅年轻人没有机会，而一些国家职工也随着收缩下岗失业。国家职工几乎都是相对年轻的人，没有什么人会很快退休。因而，年轻人没有机会升迁，除非一些年纪大的人从国家机关中被排挤出去。这样的基本事实使代与代之间的冲突非同一般的激烈。工人阶层中，合同工、临时工是其阶层中的处于边缘、下层的群体，他们的权益与正式职工相比根本无法保障。他们与正式职工处于同样的工作环境、从事着同样的，甚至是劳动强度更大、工作环境更恶劣的工作，其相对剥夺感较强，是一个单位获得资源最少、对单位满意度程度最低的一个群体。因此时机来临，他们成为最早的响应造反的工人阶层中的群体。单位成员在单位中所获得的资源，以及单位成员对单位的满意度，成为影响其依赖性行为的基本决定因素。人们的行动动机或人们赋予行动的意义，是理解社会行为的基础。

文革伊始，合同工、临时工成为造反最为激烈的一个群体，也是几个为数不多的建立了全国性组织的群体。他们成立了全国性的组织——全国红色劳动者造反总团，简称全红总。可以说，全红总是具有相同境遇、利益诉求的人们组成的维护、争取自身权益的一个群众性（社会）组织的样本，反映了这一群体利益诉求，具有争权益的性质，也是最能体现文革利益冲突本质的一个组织。

大约在 1966 年秋、冬季节，全国不少地区都出现了临时工等要求承认造反组织的现象。上海市劳动局于 1966 年 12 月 2 日转发的由 11 月 22 日中共中央华东局代表黄宇齐等签字同意的文件表明，上海市的临时工等在 11 月或之前就成立了自己的组织。文件承认：

第一，上海市临时工、外包工革命造反总司令部是合法的革命组织；第二，承认他们今天的行动（召集大会）是革命的；第三，取消临时工、外包工等不合理制度，积极支持将群众意见向中央反映，请中央批示；第四，从今天起不得借任何藉口辞退临时工、外包工（黑六类除外）；第五，召集全市临时工、外包工大会，向资产阶级反动路线开火！第六，文化革命中对已辞退的临时工、外包工两星期内尽快复工，安排工作（黑六类除外）①。

全红总于 1966 年 11 月 8 日成立，成员绝大多数为临时工和合同工，实际的领导人是全红总的秘书长王振海（国家科委科技情报所的临时资料员）和副秘书长周牧（贵州的临时工）②全红总各省分部也纷纷成立，对当时实行的合同工、临时工制度进行批判，要求废除合同工、临时工制度。11 月 27 日，全红总贵州分部在贵阳成立。12 月 5 日，全红总北京分团宣告成立，并于当天在天安门广场举行了近三万人参加的游行示威。之后，全红总的湖南分团、黑龙江分团、吉林分团、广西分团、广东分团、江苏分团、上海分团、河北分团、内蒙古分团、安徽分团、江西分团相继在各地成立。12 月 8 日，全国总工会经李富春批准，同意为全红总刊刻公章，办理注册手续，表示支持合同工、临时工造反。中央文革小组成员起初也对全红总的造反表示支持。12 月 25 日下午，全红总北京分团出动数万人在天安门广场集会，然后大队人马开往劳动部，并迅速封闭了劳动部的所有办公室。12 月 26 日晚至次日凌晨，江青、陈伯达、康生等人在人民大会堂接见全红总的 15 名代表，表达对全红总的支持，说合同工制度是劳动部根据刘少奇的意见制定的。在接见中，江青当场要全红总代表拟一个中央文革名义发出的通知。

从全红总所拟通知的内容可以看出，他们造反完全是为了自己

---

① 李逊：《文革中发生在上海的"经济主义风"》，新世纪新闻网。
② 方圆（周牧）：《自由工人运动的先驱——纪念独立工会全红总成立三十周年》，连载于美国《北京之春》1997 年 3 月号，第 75—80 页；5 月号，第 60—67 页

的经济利益、政治地位，具有鲜明的争取自身权益的思想和意识。通知内容如下：第一，必须允许所有合同工、临时工等参加文化大革命，不得有所歧视。第二，在文化大革命中不得解雇合同工、临时工，从 1966 年 6 月 1 日以后解雇的工人，必须允许马上回原单位参加生产，工资补发。第三，1966 年 6 月 1 日以后被打成反革命的合同工、临时工，应宣布立即平反，赔偿损失。江青还要求全红总办三件事：第一，开一个中型的控诉大会，地点在人民大会堂。第二，拟出改革临时工、合同工制度的方案，上报中央。第三，到门头沟煤矿做一次调查，立即将材料交中央文革。第二天，全国总工会派出数辆大小汽车，把全红总的总部委员（当时全红总共有总部委员八十余人）接至全国总工会大楼。全国总工会陷入瘫痪。

12 月 29 日，劳动部向全国各省市发了一份电报，支持给合同工、临时工转正。[①] 1967 年 1 月 2 日，全红总迫使全国总工会和劳动部的负责人签发了一个《联合通告》，其主要内容为：经全国红色劳动者造反总团提议，与中华人民共和国劳动部、中华全国总工会协商，联合作出以下紧急决定：第一，为了保障合同工、临时工外包工等参加无产阶级文化大革命、参加生产的权利，一律不得解雇。第二，1966 年 6 月 1 日以后被解雇的合同工、临时工、外包工等，必须立即召回本单位，参加运动，参加生产，补发解雇期间的工资。第三，凡遭受资产阶级反动路线迫害的合同工、临时工、外包工等，必须当众恢复名誉，赔偿损失，妥善安排，认真处理。以上决定，通报全国。

劳动部、全国总工会虽然同意了全红总的三项要求，中央常委碰头会鉴于三项要求实行对运动和局势的影响不可预测，否决了三项要求。在通告印出尚未散发之时，中央文革小组曾紧急指示全红总缓发此通告。全红总则抓紧时间，大量翻印，大量散发。全红总的斗争取得了明显成效。1967 年 1 月 8 日，全红总在西苑饭店会议厅召开

---

① 杨易辰：《杨易辰回忆录》，第 227 页。

"五大洲革命左派座谈会"，一些国家的外交官、驻京记者、外国专家等出席会议。全红总一些人在会上介绍了全国各地的临时工、合同工的遭遇，并回答了外国人的提问。1月16日晚，全红总在北京工人体育馆召开万人大会。1月20日，周恩来在接见安徽造反派时明确指出：合同工、临时工制度不能取消，制度的改革放在运动的后期。他在讲话中还说：至今没有批准一个全国性的组织，我们不赞成组织全国性的群众组织。2月12日，中共中央、国务院发出通告宣布："所谓全国性组织，中央一律不予承认，所有这些组织应当立即取消。他们的成员应当从北京等地回去，到原单位参加运动。"

为了控制局势，中央决定禁止成立全国性的组织，全红总被明令取缔。2月17日，中共中央、国务院专门针对合同工、临时工及全红总问题发出通告。主要内容包括：第一，全国红色劳动者造反总团、劳动部、中华全国总工会1967年1月2日联合通告，是非法的，应予取消。各省市劳动局根据"三团体"的联合通告所决定的一切文件，一律作废。第二，临时工、合同工、转换工、外包工没有必要成立单独的组织。全国红色劳动者造反总团以及各地的分团应当取消。参加这个组织的革命群众，可以参加本企业、本单位、本地方的革命群众组织。特此通告全国，并可张贴。①

2月24日，中共中央宣布立即取缔全红总等全国性组织，同日，北京市公安局军管会和北京卫戍区逮捕了全红总等各组织的负责人。3月2日，北京几十个单位在北京钢铁学院召开斗争全红总头头王振海的大会。之后，全红总在各地的分团也被取缔，一些分团的头头被逮捕。

著名文革史研究学者何蜀文革前夕是四川石油管理局机械化筑路处的工人，实质上是修公路、平井场的临时工。也是一名临时工，其父亲是右派，属于当时的黑五类，在文革中参加群众造反组织。他

---

① 《中共中央、国务院关于临时工、合同工、外包工的通告（1967年2月17日）》，载宋永毅主编《中国文化大革命文库》（光盘）。

认为,临时工绝大多数出身社会阶层不高,因而参加激进群众造反组织。他写的一篇纪念同事蔡天一的文章侧面反映了临时工造反的原因、动机及其利益诉求。①

三、工人阶层的分化与冲突

文革之初,工厂工人也响应号召,积极参与,在1966年八九月间学生走上街头"破四旧"之时,一些工厂也借破四旧之名,对一些出身不好,有各种各样问题者进行讥笑、排挤、凌辱、打击,做出种种荒唐之事。蔡翔在《神圣回忆》中记载了当时工厂破四旧的一个样本,从中可窥见工厂破四旧之一斑。当广州掀起红卫兵运动后,纺织厂内也迅即涌起破旧立新的热潮,厂里的男女职工互相检查有没有属于四旧的东西。有一名女工因为亲友自港带回一些衣物给她,其中有一条红色的女三角裤,厂内的红卫兵和革命群众便将她的红色三角裤翻了出来,给她扣上了三项罪名:(一)将最神圣的革命色彩——红色用来穿在最肮脏和不适当的部位。红色是代表最进步的颜色,如中国被命名为红色的中国,革命的军队最初被命名为红军,以至于现在的红卫兵也冠上了红字头。因此把红色穿在不当的部位未免大大的亵渎。(二)崇尚西方国家的货物,具崇洋思想。(三)追求资产阶级的生活享受,不穿布裤喜穿丝裤。结果,这位女工结果被拉出去批评,全部洋货拿出来展览后一烧而光。②

文革中,工人阶层中的不同群体对文革的态度也有所不同。保守的群众组织大体上由共产党员、退伍转业军人、劳动模范、资深工人、管理干部组成,他们努力维护自己的地位,反对外来入侵。当红卫兵进攻、在农村地区搞串联或是流氓帮派进入工厂、农村时,当地组织就会起来进行自卫。一般说来,在大中型国有企业中,工人的地

---

① 《华夏文摘增刊》第890期。
② 蔡翔:《神圣回忆》,徐友渔编:《1966,我们那一代的回忆》,第253—265页。

位、待遇相对较好,对当时的社会政治秩序的认同感较高,因此,所谓保守的势力保皇派,即支持、拥护现有政权者占多数。如当时成都国营棉织品一厂和国防工厂一三二厂两个典型例证。在1967年5月成都造反派与保守派的武斗时,成都国营棉织品一厂是一个有数千名职工的大厂,中共西南局第一书记李井泉的妻子在那里当党委书记。因此该厂保守派力量十分强大。从5月1日下午起,该厂的造反派与保守派发生了冲突,全市的造反派赶去声援。武斗一直持续,到5月4日晨达到高潮。保守派被赶出各栋大楼,最后固守在一栋主楼上。之后,被造反派攻陷。在保守派业已失败之后大约半个小时,他们的援军到了。支援部队基本上由退伍军人组成,大约近万人。他们身着一色工作服,大头皮鞋,步伐整齐,落地铿锵有声。造反派全是游兵散勇,但人数要多几倍。支援部队列成方队在人群中穿行,如入无人之境。最后双方在河边一大块空地旁聚集起来,形成对峙局面。保守派阵营前排有一层盾牌保护,他们之中靠前的人还手持短棍。造反派一方则是一锅大杂烩,既无组织,也没有防御工具。河边地方全是鹅卵石,两边对扔石头,石块像冰雹一样落在人群里。保守派训练有素,他们把石块扔得很远,就像战士在训练中扔手榴弹一样。几乎每分钟都有人被击中,那些满面鲜血的负伤者被迅速抬下战场。相持局面维持了大约20分钟,保守派开始退却。造反派大获全胜。1967年5月6日的"五六事件"。这一事件发生在一三二厂。成都一三二厂是一个大型的军用飞机制造厂,职工上万人。国防工厂属于保密单位,职工的家庭出身和本人的政治面貌都极纯正。工厂自然是保守派的天下。厂中有少数临时工和辅助工工人是造反派。他们遭到压制,于是向外面的战友求援。在1967年5月6日的武斗中,与川棉武斗不同的是,造反组织的进攻者赤手空拳,守卫者却是全副武装。当时中央有文件明确规定,不许冲击国防工厂。像一三二厂这种高级别的保密单位,厂里当局有开枪卫厂的权利。保守派卫厂队伍由退伍军人组成,他们前不久从中印边境复员到地方,个个勇悍异常。进攻者人多势众,他们无组织,手无寸铁,但仍然勇猛地冲向对方。

防卫者且战且退，不时向进攻者开枪，射手们枪法极精，几乎每枪必中。进攻者不顾伤亡惨重，仍一波一波地进攻，最后占领了主楼。这次事件死者 50 多人，伤者大约数百。过了两天，造反派以车载尸体在全市游行，场面极为悲壮和隆重。保守派被声讨，在市内到处遭到攻击。这次事件导致成都保守派彻底覆灭。五六事件后，中央发来一电报，说要进行认真调查，追究开枪凶手。开枪者的下场完全随政治局势而变化。当造反派掌权时，他们被逮捕法办，判处徒刑。当造反派失势时，他们被宣布为护厂有功。

大多数激进造反群众组织中的工人是合同制工人、按日计酬的工人、来自农村地区的季节性雇工和手工业合作社的社员。他们不享有与国家职工同等的福利待遇。所有这些非正式的、临时性的工人比工厂工人工资低，没有工作保障和其他附加的福利待遇。虽然这些非正式的工人和合作社社员大部分成功地逃出了农村，但他们还是因为正式的工厂工人享有比自己好得多的条件而抱怨。国家的收缩政策使所有这些问题进一步加剧。那些曾经享有过国家雇用福利利益的人被剥夺的感觉尤为强烈。各种非正式职工工人的群体都乐于加入较激进的群众组织。例如，在铁路工人中，从事建筑的帮派和苦力袭击办公室工作人员、工程师和在国家系统中有正式工作的管理人员。为公共汽车服务的勤务人员袭击有正式国家工资的公共汽车驾驶人员。在码头工作的苦力劳工袭击办公室和船上的工作较稳定的人员。小合作社的工人袭击干部，因为干部限制他们的物资供应、销售和物价。

自相矛盾的是，这些非正式的工人虽然更加革命，但比正式的国家职工有更严重的经济主义思想。尽管他们不满歧视他们的党政干部的经济主义，却免不了比拿薪水的职工更加关心经济状况和他们服务的报酬。再者，像刘少奇这样的党内当权派已成为这些非正式工人问题的替罪羊，但新的革委会掌权后，虽然曾许诺要重新考虑这些问题，但也只能说目前暂时无法作根本的改变。国家缺少资金为所有这些非正式工人提供工资和保障。在文革中，也有个别工人造反组织,如重庆工人造反军坚持不参与武斗、反对武斗的观点,成为群众组织中的另类。

工厂中处于不同地位、享有不同权益的工人冲突是基本的状况,但工厂长期存在的其他各种矛盾冲突也是直接原因或导火索。总的来说,分歧、冲突和武斗的产生,造反组织和保守组织等派别的形成有以下几种类型。

第一,因工厂中普遍存在的人身依附关系造成的工厂干部之间的矛盾引发的冲突和分裂。如青岛木器厂、山西省长治县建筑公司等。山西省长治县建筑公司代理党委书记、经理张国士,就是因为与公司副书记、转业干部、革委会负责人何松林的矛盾而被迫害致死。[1] 青岛木器厂分两大派也是因为厂干部之间的矛盾引起的,原有的矛盾借文革运动开始显现。

第二,在工厂工人中搞政治排队,以便控制的具体政策引发的。重庆江陵机器厂的高德安、李木森等技术人员参加造反即是如此。文革初期,江陵机器厂在工人中搞摸底排队,一部分工人表示不满而造反。所谓排队,就是把一个单位的群众从政治上分成四类:一类是依靠对象,二类是团结对象,三类是批评教育对象,四类是打击处理对象。文革初期,各单位继续用这种方法对群众和干部进行分类。排队工作都是由党委或工作组秘密进行的,只有极少数的政治积极分子参与其中。高德安造反就是因为发现自己被排在第四类中。大中专学校毕业的技术人员一般都不会排在第一类依靠对象中。技术科的尖刀队因科党支部书记不答复分类排队的原因而成立。开始参加的只有20几个人,占全科总人数的四分之一。其他车间、科室纷纷向党支部发出战斗令,要求交出排队名单并当众销毁。高德安成为军工井冈山江陵兵团的一号勤务员,后成为1967年1月成立的重庆国防工业系统第二个造反派联合组织——军工造反兵团总部的重要领导成员。杨小凯在《牛鬼蛇神录》中谈到的两个建筑公司泥工师傅的情

---

[1] 《张国士自杀假案侦破记》,《春风化雨集》上册,第516—523页。

况、造反的原因及对军管当局的对抗,也可以作为工人造反因此造反的一个重要案例。王金国、杨自力分别是二级泥工、四级泥工。杨有丰富的独立施工经验。两人所在的建筑公司1964年成立了政治处,很多军队干部被调到地方负责掌管政治处。政治处设立后要求建筑工人每周组织政治学习,并下令取消计件工资、取消奖金,工人们的收入因此突然减少了三分之一到一半,生产率也下降。建筑公司的工人恨死了这些政治处的干部。1966年底,他们成立造反组织湘江风雷红旗战团后,第一个攻击目标就是这些政治处干部。他们把政治处干部揪出来批斗,把他们抓去游街。王金国是红旗战团的司令。1969年,军管当局宣布解散所有非官方的政治组织,红旗战团拒不服从,与军管当局发生冲突。王金国被以反革命罪判处15年徒刑。杨自力是红旗战团下面一个支队的支队长,因为在那场冲突中与军管会的代表互相拳打脚踢,被以反革命罪判处十年徒刑。1974年春夏,造反派又有了自己出版报纸的权利,那是一份名为工联的报纸,大约每月出版四期,每期都登着为被打成反革命的造反派平反的消息,特别是很多造反派工人和学生到监狱门口去迎接刚平反的战友。不久,王、杨所在的建筑公司就派人开着小汽车接他们了。他们获得平反,无罪释放。王金国一出去成了他的公司中批林批孔办公室负责人,专门负责复查和平反被打成反革命的造反派的案子。[①]

第三,工人之间所处位置的不同及固有的矛盾引发的,一些国有企业的专业技术人员一般趋向于加入造反组织。工厂中处于不同岗位的工人思想、经历、利益不同,也是工人分成派别的重要原因。如重庆军工井冈山总部和下属各兵团的勤务成员,工程技术人员多,不少是大专生中专生,正牌子的大学生,甚至还有留苏学生,文化层次高,活动能力强,这方面八一兵团就显得逊色了。1967年5月21日,军工井冈山总部正式成立。总部成立后一是健全总部的组织机构,组建了总部办公室、接待处、宣传部、后勤部等;二是成立总部战斗队,

---

① 杨小凯:《牛鬼蛇神录》,第118页。

保卫总部安全。1967年6月下旬，重庆工人革命到底总司令部正式成立。军工井冈山派的负责人大多都是专业技术人员。武汉钢铁厂也存在专业技术人员多加入造反组织的现象。彭绍鹏出身地主家庭，其父1952年因转移财产而不承认被判处8年徒刑。1960年刑满释放回家后，一遇政治运动即被批斗。彭绍鹏1955年初中毕业升学因家庭出身而未被录取，回家务农一年。1956年招工进武汉钢铁厂，表现优秀。因家庭出身问题，入党、提干均受影响。文革开始后，武钢揪出了所谓三家村在武钢的黑线人物党委宣传部部长常志、《武钢工人报》社长陈曙等人。工人红卫兵成立后，立即抄了他们的家，还在八街坊俱乐部举办了展览，在武钢四小专门设立了大字报栏，展示他们的反党罪行。工作队入厂后，不抓领导的问题，而是把一个技术员段彦彬作为重点批斗对象，成立专案组进行批斗。在讨论"炮打湖北省委对不对"时，结果被工作组记了黑名单。彭绍鹏所在的电修车间，技术要求较高，大多数职工都有一定的文化水平，是个小知识分子成堆的地方，所以对一些事物的看法也比较尖锐。1966年10月成立了7人组织的反修先锋战斗队，并发表成立公告，与工作组对着干。后又发起成立毛泽东思想武钢、一冶工人总部九一三战斗兵团，后成为二八声明的毒草派。造反派对湖北省长张体学进行了保护。①

1971年九一三事件之后，工人阶层参与文革运动的热情急剧减退，除一部分工人参加工宣队去管理学校等之外，其他工人开始尽量避开运动，经营自己的家庭生活。1973年之后，文革已成强弩之末，人们的热情日渐消褪，红卫兵上山下乡，工宣队、军宣队班师回朝，街上的打砸抢基本结束，社会上的胡闹已日益被上层间的争权夺利所取代。于是，逍遥派多了，想私事的多了，干私活的多了。方继红后来的回忆生动展现了工人的这一变化：在"工人是工厂的主人"这口号的叫喊中，国家财产被主人们大肆地侵吞和无情的占有，有些人疯狂地发财，更多的人是占便宜。记得在我的工厂里，开始时还仅仅

---

① 彭绍鹏：《时代与人生——一介草民的故事》，第65页。

是小打小闹地偷着干,比如,把车间的墩布的木把卸掉,把布拿回家扎个墩布自家用;比如当时车间里报失的工具基本是钳子、改锥和钢锯。工人们一上班边开始忙乎,有人用有机玻璃做香烟盒,有人用不锈钢做钩针讨好女人,有人做各式各样的带小孩用的自行车座,有人则为安乐小屋做台灯。后来,工人们的胆子更大了,开始做菜刀、宝剑,做木工工具,做大型角缸,做自行车、做家具,做门窗,做沙发,更有甚者,连厂里的暖气片和钢板、盘条大宗大宗地往外搬。开始还偷偷摸摸地掖着藏着,后来就顺着围墙往外扔,再后来就公开地搬运。有的单位司机、库房管理员、门卫、搬运工串通一气,明目张胆地从厂大门向外运货,成堆成包的钢板、木材、水泥流到黑市上,流到了地上,流到了自己的钱包里。那时,一般人都在厂里做木工工具,进而利用厂里的方便条件做沙发和家具……由于当时近乎全民都在做沙发,工厂里所有工序上都在忙乎,工人们互相帮忙,比如材料库、工具科、热处理间等处的工人都彼此提供方便,以至,有时热处理的淬火炉里每天淬的全是弹簧。到了1976年唐山大地震,哄抢国家财产成了公开的明目张胆和正当的事了。人们以用搭建地震棚为由,从厂里"领"取木料、塑料布、油毡、水泥、钢筋等建筑材料,厂门洞开,只要想要尽可拉走。这些情况的出现,背景很复杂,除了人们开始从政治误导中醒悟外,与经济生活单调、疲乏、艰苦有关,与人们的私心大爆发有关。而这种侵吞公物的行为却被人们用美丽动听的辞藻给敷衍了,因为工厂是工人的,工人是工厂的主人,所以,"公物还家"人们心安理得。①

在1968年7月之后,一些工人作为工人宣传队成员进入大中小学管理学校。管理学校的工宣队和军宣队一般在一起,实际的权力控制在军宣队的负责人军队干部手里,工宣队的成员只是起陪衬作用,由于文化差异等,他们貌似受人尊重,实际上却并非如此。北京第四中学的白羽在回忆中说:"我们校工宣队大都是北京汽车修理公司四

---

① 方继红:《公物还家》,《那个年代的我们》下册,第462—463页。

场的搬运工，过去拉板车、抬棺材，即所谓杠房出身，基本上文化不高。批判赵京兴可难为了工宣队的师傅们，那些哲学经济学词汇让他们如坠五里雾中，不得要领。"①

工人阶层的造反派人物即使在1969年因组织被取缔镇压，被判刑关进监狱，进入劳改农场，也与老右派，所谓真正的反革命分子保持距离，对他们予以歧视，这也在一定程度上反映了社会阶层利益的不同。他们尽量把自己的地位打扮成与官方意识形态相容，具有一定的正统性。在劳改农场，上层社会的人与下层社会的人的关系与正常社会完全颠倒，上层社会的思维方式、行为方式、习惯遭到歧视。

文革是全民族的灾难，对各个社会阶层都留下了难以忘怀的磨难和创伤。在文革中，工人阶层中一些有一定文化知识，善于读书学习、勤于思考，有独立思考和献身精神的人，对文革的做法提出质疑和批判，通过各种方式进行抗争，成为最早的觉醒者和可贵的探索者。

史云峰，吉林长春人，是长春光学仪器厂一名工人，平时勤于读书思考，尤其喜欢阅读哲学方面的书籍，对于文革中的种种逆行，感到忧心忡忡，写了很多信件和标语，表达尽快结束文革，实现依法治国的诉求。他将信件以匿名的方式寄送多家单位，并趁着夜色将标语贴在公园等显眼位置，希望引起外界的关注。1974年10月，史云峰在长春市散发传单，对文革进行批判。"七八年搞一次是亡党亡国的路线""所谓文化大革命是极左路线大泛滥！""所谓文化大革命让党组织瘫痪，全体党员靠边站，整个党的干部挨整批斗，这是严重反党事件。政变暴乱，坏人上台，好人受气，党国全变，后遗症已逐步愈演愈烈！"② 1976年12月19日史云峰被枪决，时年27岁。

新疆哈密地区哈密水电段经济计划员忻元华，1934年生于浙江，

---

① 白羽：《一个七0届眼中的四中》，北岛、曹一凡、维一编：《暴风雨的记忆——1965—1970年的北京四中》，第381页。
② 《勇士为什么在黎明后倒下》，《春风化雨集》下册，第392—406页。

16岁时在上海一家五金店当学徒。1951年考入天水西北铁路人员训练所学习。1952年毕业后在铁路工作。1963年2月任哈密水电段的经济计划员,并结婚生子。他善于思考,观察敏锐,对问题常有种种不同的见解。1963年2月至6月,他先后给毛主席和其他党和国家领导人及全国48家报刊杂志社,投寄了九封共170份陈述见解的信件和诗词,还有一部分未来及寄出的文章和信件,7月3日被捕。1965年9月15日新疆区高级法院,以反革命罪判忻元华管制三年,交群众监督改造。1967年1月24日下午,忻元华到铁路段保卫股,把一封写给毛泽东的信,让工作人员交给自治区第一书记王恩茂转交。这是他写的第十封信,对毛泽东颇有微词。保卫股的人将信交给哈密铁路公安段,第二天忻游斗后又被拘留。1967年9月13日正式被逮捕,关进哈密地区看守所。1970年5月30日判处死刑,公判大会后执行,时年37岁。1979年12月平凡昭雪。[①] 忻元华现行反革命案当时轰动全疆,涉及全国。

李传祚,1929年出生于江苏吴县一个官僚地主家庭,青少年时代在上海度过。解放时在南开大学并加入青年团,爱好阅读一些文学作品和一些理论文章。1952年派往苏联斯大林汽车工厂学习精密量具专业,1954年回国后到长春第一汽车制造厂工作。1958年调到404厂担任一个重要工号的工艺技术负责人。404厂是一个军工企业,是核工业基地,位于玉门关以西戈壁滩上,1957年开始建设,方圆二三十里无人烟、无树木,是制造原子弹的基地,地图上找不到。文革初起时,李传祚被带上反动技术权威等帽子,在中央公开提出打倒刘少奇时,他在批斗会上拒不喊打倒刘少奇的口号,不同意打倒刘少奇,1968年4月被捕,在拘留所关了近20个月,后下放五七干校监督劳动。一打三反运动开始后,1970年3月29日李被以现行反革命罪被判处有期徒刑20年。1978年12月平反。1979年11月入党。[②]

---

① 《戈壁壮歌》,《春风化雨集》下册,第27—41页。
② 《赤子之心》,《春风化雨集》下册,第74—83页。

开封开关厂工人彭成也是工人阶层反对文革的典型。彭成1959年入伍，1968年春复员到开封开关厂，对开封市机械系统召开批斗走资派大会，批斗原市委书记、副市长、工厂书记、厂长等不满。1972年底，他因公出差，听到河北、湖北、四川、山东等地的人对文革和当地形势的议论后，在新乡市一家旅店里上书党中央、毛泽东、周恩来，在信中列举当时社会秩序混乱，社会风气不正、派性严重、干部政策不落实、文化教育停滞不前，说明文化大革命的混乱局面至今没有好转，建议中央采取有效措施，及早扭转局面。"我感到中央有些同志应该重新回顾一下文化大革命中的问题，这些教训是深刻的、有益的；这样才算是自知之明啊！不能光让别人有自知之明，自己不明啊！"信件以反动匿名信批交公安部查办，一位中央负责人在批示中写着："署名一个普通的共产党员的信，搜集了许多社会阴暗面加以扩大，并造谣和攻击文化教育停滞不前、文化艺术不开展、物价上涨等，还攻击中央某些同志没有自知之明"。公安部发给河南省公安局的文件中，特别强调指出："此件是中央领导同志交办的，请抓紧处理，结果告诉我们。"开封市公安局和新乡地区公安局经过三年多的侦察，肯定是彭成所写。此时，形势已变，批斗彭成时，彭成得到很多人的公开同情和支持。①

---

① 《一颗赤诚的心》，《春风化雨集》下册，第215—223页。

第六章

农民阶层与文革

一、农民阶层的构成及其特征

文革主要是在城市的运动,作为中国社会最为庞大群体的农民阶层这一文革的非主流群体,由于人数在中国社会中占绝对优势,其文革的态度及行为对文革进程、结局的影响也不可低估。

农民阶层是指所有城镇人口之外的人。什么是城镇人口,国家分别在 1955 年、1963 年、1984 年提出过三个标准。城镇包括:国家按行政建制设立的直辖市、市、镇以及未设建制的城镇居民点(县城、工矿区、农垦场场部等),这些地方的人口才是城镇人口。1966 年,全国总人口 74542 万人,城镇人口 9965 万人,占总人口的 13.37%;1976 年,全国总人口 93717 万人,城镇人口 11342 万人,占总人口的 12.10%。[①] 户籍制度将人们分为两类:城市户口和农村户口。所有持农村户口的人均被称为农民,属于农民阶层。这部分人占总人口的 80% 以上。他们的生活条件和生活水平远远落后于城市中的工人和非农业人员。在收入、消费、社会福利、就业等方面远远低于持城市户口的人。从城乡消费水平比较看,城市居民的消费水平是农村的 2.4—3.2 倍。国家通过在全国普遍实行的按户籍定量用票证供应生活资料的制度以及计划性极强的劳动人事制度和档案制度,严格控制农村人口向城市流动,农业人口的比重保持惊人的稳定。农村人口

[①] 朱汉国、耿向东等著:《20 世纪的中国——走向现代化的历程(社会生活卷 1949—2000)》,第 69 页。

占总人口的比例 1952 年为 87.5%，1978 年为 82.1%，年平均下降仅为 0.25%，同一时期，农村劳动力占总人口之比反而由 30.1%上升为 31.4%。①

国家还通过工农业产品"剪刀差"政策，从农村汲取资源补贴城市。据统计，1978 年前农业部门为工业化提供的资金为 4881 亿元，而在 1952 年至 1978 年中国工业投资累计才只有 3679.6 亿元。农业提供的资金甚至大于同期国家固定资产投资的总额。② 除了考取国家正规大中专院校、少数应征入伍战士提拔为干部、少数农村非脱产干部转为脱产干部，以及国家因特殊建设工程需要招收少量职工以外，原则上不能转成非农业户口，从而也就没有权利进城就业。这种身份还具有世袭性和继承性。

农民阶层根据其实际生活状况和身份界定，可以分为农村干部群体和其他农民构成的纯农民群体两大类。农村干部群体不属于干部阶层，但由于其有一定的资源控制和社会管理职能而享有一定的特权，可以看作是国家和政权在农村的代理人。主要是生产大队、生产队中具有管理职能的一部分人。农村干部群体和普通农民群体的社会地位和生活状况有天壤之别。

二、农民阶层在文革中

文革历时十年之久，其影响遍及中国社会的各个角落。但从其影响程度来看，对城市的影响远远大于农村。有的学者认为：1963 年到 1966 年开展的城乡社会主义教育运动，主要在农村进行，可以看作是文革的前奏。1965 年初制定的《农村社会主义教育运动中目前提出的一些问题》，即二十三条，强调这次运动的性质是解决社会主义和资本主义的矛盾，提出这次运动的重点是整"党内那些走资本主

---

① 孔令栋:《权威与依附—传统社会主义模式下的国家与社会关系》,《文史哲》2001 年第 6 期。
② 王育琨:《中国：世纪之交的城市发展》,第 15 页。

义的当权派",与文革的目标有共同之处。农村四清是文革的前奏,是文革在农村的预演,"1962—1965年的社会主义教育运动在若干方面都是'文化大革命'的前奏曲。"① 四清运动的斗争与批判对象主要是属于农民阶层的农村基层干部,由于城乡的隔离和二元社会结构的现实,农村基层干部并不属于干部阶层,因而四清运动中对农村基层干部的打击、伤害并没有引起干部阶层的任何警惕,而干部阶层在文革之初的遭遇几乎与农村干部在四清中的遭遇相同。

文革前的中国社会是典型的城乡二元结构,城市和乡村处于相对隔离的状态,文革使城市青年开始了解农村,真正体验农民的苦难和不幸,并进而对中国社会产生了思考,对文革产生了新的思考。

中国农村难以想象的贫穷是下乡城市青年的第一印象。徐冰在《愚昧作为一种养料》一文写他所插队的北京郊区贫困地区收粮沟村的状况时写道:这地方要我看,有点像母系社会,家庭以妇女主轴,一家需要两个男人来维持,不是为别的,就是因为穷的关系。再偏僻也是共产党的天下,一夫一妻制,但实际上有些家庭是:一个女人除了一个丈夫外,还有另一个男人。女人管着两个男劳力的工本,这是公开的。如果哪位好心人要给光棍介绍对象,女主人就会在村里骂上一天:"哪个没良心的,我死了还有我女儿呐……"好心人被骂的实在冤枉,就会出来对骂一阵。② 农民阶层地位之低劣从其选择上也能看出,在1978年大批城市知青因生活困苦而要求返城,而返城之后国营农场的劳动职位由从山东、河北、河南穷乡僻壤自发过来的农民顶了知青的位子。③

贫下中农虽然被赋予貌似崇高的政治地位,位列红五类之列,其实农民的实际社会地位之低下,则是全社会的共识和社会的现实。阎连科,1958年生于河南嵩县,1978年应征入伍,1985年毕业于河南

---

① 【美】詹姆斯·汤森、布莱特利·沃马克著,顾速、董方译:《中国政治》,第190页。
② 徐冰:《愚昧作为一种养料》,北岛、李陀主编:《七十年代》,第17页。
③ 冯骥才:《一百个人的十年》,第12页。

大学政教系。文革期间曾有知青到其村里插队。他在《我的那年代》写道:"说句实在话,八十年代初,中国文坛轰然兴起的知青文学,把下乡视为下狱。把一切苦难,多都直接、简单地归为某块土地和那土地上的一些愚昧。这就让我常想,知青下乡,确实是一代人和一个民族的灾难。可在知青下乡之前,包括其间,那些土地上的人们,他们的生活、生存,他们数千年的命运,那又算不算是一种灾难?说心里话,和农民永远无法理解城市、无法理解知青下乡是一代人和一个民族的灾难一样,知青们和曾经是知青的作家们、诗人们、教授们,其实也都根本无法真正理解他们曾经在那土地上生活了几年、或更长一些时间的那土地上活过来的千百年的人们。"① 当时一个男农民强奸一个女知青未遂而被判死刑。而一个男知青强奸一个十六七岁的村里女孩并导致其投河自杀,结果只是政府的干部陪着男的父母,从城里来到乡下,作赔了一些钱物了事。"直到今天,对于知青我都没有如许多的人们说的那样,感到是因为他们,把文明带进了乡村。是因为他们在乡村的出现,才使农村感受到了城市的文明和文化。于我最为突出的感受,就是城乡的不平等差距,因为他们的出现,证明了远远大于原有人们以为的存在,远远不只是一般的乡村对都市的向往与羡慕,还有他们来自娘胎里的对农民和乡村的一种鄙视。"②

文革在农村并不像城市那样轰轰烈烈,中央高层对农村文革曾也有部署安排,但文革的阶段性特征在农村并不明显。由于刚刚进行了四清运动,原来的许多农村干部被打倒,农村的文革开始的也较晚。文革初期,一些城市的近郊农民被干部动员进入城市参与城市文革,被中央及时发现并明确予以制止。1966年12月15日,经毛泽东批准,中共中央发出《关于农村无产阶级文化大革命的指示(草案)》,对农村文革作出了明确规定:农村文革按照《十六条》和社会主义教育运动的《前十条》《二十三条》的原则进行。一般不派工作

---

① 阎连科:《我的那年代》,北岛、李陀主编:《七十年代》第397—398页。
② 阎连科:《我的那年代》,北岛、李陀主编:《七十年代》,第400页。

队；重点是整党内一小撮走资本主义道路的当权派和没有改造好的地富反坏右分子。把四清运动纳入文化大革命中去；领导农村文化大革命的权力机构是贫下中农农村革命委员会，由贫下中农选举产生；建立和发展以贫下中农青少年为骨干的红卫兵；农村文化大革命也要采取大鸣、大放、大字报、大辩论，实行大民主。社、队之间可以利用生产空闲时间进行串连。还可以组织一批学生下乡串连，要坚持文斗，不要武斗。防止坏人挑起宗派斗争；对向领导提意见、贴大字报的群众，不许打击报复，不许扣工分。因为提意见被打成反革命、破坏分子等的群众，应当平反。地富反坏右是专政的对象，不允许他们造无产阶级的反。

在许多农村，文革期间并不像城里那样对所谓黑五类和受批判者给予歧视和羞辱。夏青是1940年代在东北红极一时、最有影响的青年演员，毅然加入中共领导的哈尔滨剧院，成为党在东北文艺战线的骨干。建国后随其夫到北京工作，在中国评剧院二团担任主演。1956年因其丈夫被中国作家协会划为反党分子而要求限期离京，夏青随丈夫下放到辽宁省本溪市。其丈夫被安排在当地一家工厂，夏青被安置在本溪评剧团。1966年文革爆发，他们是第一个被造反派抓出来接受批判的。每天由各种各样的组织轮番批斗，一天下来十几个钟头。家里也被查抄，窗口被大字报盖得不见光线，孩子中断学业，一天到晚呆在家里。著名电影演员夏青及全家，文革期间先后被下放到辽宁省桓仁县接受贫下中农再教育。夏青的工作是给生产小队拾捡散落在街道和各家厕所的人畜粪便。她学会了养猪，学会了做饭，学会了一个农村妇女所应会的一切。据夏青之子李宵明在《记我的母亲夏青》一文说：在当时，我们家所在的小队的队长和老乡们也给予了我们极大地爱护和帮助，是他们的淳朴、善良使父母暂时淡忘了我们所面临的困难。在那高压的政治环境下，农村也不例外。但农民却不太在乎，他们对当时所发生的一切事情和像我们家这种突然地到来所表现出来的勇气和热情就说明了一切。队里上至老人下至孩子们对我们一家，特别是对母亲这样一位他们眼里的知名演员，能下放到这里与他们同住同吃同劳动,都感到特别高兴。人们常常说这是他们的缘分,对上级告诫他们不要与我们往来的禁令不予理睬。反而给予父母和我们家人更多的方便和照顾。当时这对我们家庭来讲,是多么宝贵的馈赠。①

农村与城市的运动完全不同,文革使已经受到大跃进运动和三年大饥荒影响的党的组织和干部的权威和威信再度下降,并使农民产生了更多困惑,许多农民对文革的态度是漠然的,有种置身度外的感觉。"即使在文化大革命以前,中国人民也对群众运动及无休止的意识形态教育带来的一再重复的负担表现出越来越不以为然了。现在毛及其思想的极端化是对人们信仰的嘲弄,使用恐怖手段对付令人尊敬的老干部,使大多数人感到震惊和厌恶。知识分子首先受到红卫兵的冲击,政府官员之后也被拉了进来,大部分的城市人口都以不同方式卷入其中。而住在中国农村的六亿人,相对来说没有怎么受到革命行动的影响,因为这一运动主要是在城市。但是在中国几乎没有人不知道毛对他长期信任的领导人发难;至少在某种程度上农民对于领导层的智慧和效率的信心一定会受损。"②

农民对于自身在中国所处的社会地位有着清醒的认识,运动的结局似乎早在他们的意料之中,农民阶层的文革有他自身的逻辑,喊得震天响的文革话语在农民那里具有与官方宣传完全不同的含义,与主流文革话语体系风马牛不相及。文革期间,一个政治运动连着一个政治运动,最高层的文革部署貌似传到社会的每一个角落,但常年处于半饥饿状态,食不果腹、衣不蔽体的农民对运动并不真正关心,他们的关注点还是在最直接最基本的生存问题上。农村对所谓阶级敌人的认识和态度与上面的要求并不一致,有些冲突和斗争则是表面性的,甚至带有娱乐化的成分。叶维丽、马笑冬在回忆插队时农民

---

① 李霄明:《记我的母亲夏青》,者永平主编:《那个年代中的我们》上册,第60—65页。
② 《中情局关于中国"文革"的国家情报评估(1967年5月25日)》,载沈志华、杨奎松主编:《美国对华情报解密档案》,伍,第八编,第97页。

状况时说:"老乡们关心的是最直接最基本的生存问题,怎么能吃饱过好,他们看不出上层斗争对他们有什么影响。如果不是那时候已经在农村生活了几年,我会觉得他们的说法愚昧无知、荒唐可笑。可几年下来,我明白他们为什么会觉得如果一家有两个双职工,那就跟天上差不多了。天上的人还有什么不知足的?城乡生活的距离之大,使一些农民完全没法想象双职工们也有他们的喜怒哀乐。文革中的政治,如果不是直接涉及农村的,又有多少农民觉得和他们有关系呢?有的老乡说话非常随便,对很多事情不满,说起来骂骂咧咧,要在城里肯定能打成反动言论,抓能抓一把'现行反革命'。他们却不怕,说:我们已经蹲底了(在社会底层),把我送进监狱我还能不干活白吃饭呢。老乡知道他们作为农民是在社会的最底层,没有什么可失去的。因此他们比城里人有更多的言论自由。"叶维丽认为:有意思的是,老乡好像不把我们女知青当作有性别的人。有时当着我们的面,他们就议论女知青怎么就不像女人,形体不像,穿着打扮也不像。老乡们在地里干活时经常讲些男女之间的事情……他们从来不避我。作为一个群体,我们和老乡之间存在着一道无形的墙。去山阴县插队的学生是女附中和男四中的——当年北京两所最好的中学。我们村的知青里不但干部子弟集中,而且高干子弟集中。有人开玩笑说在我们同学的家长中,能找到中共从一大到八大的中央委员,就是没有九大的。下乡的高干子弟都是家里有问题的,没问题的很多都当兵去了……第一年年底我们村知青中就有人走了,是去当兵,这是当时家里问题解决了的干部子弟通常的出路。这么一来,大家明白早晚有一天都能走,在农村插队无非是权宜之计。冬天地冻得硬邦邦,营生很少,很多人就回北京,一住几个月,春耕了再回来,像候鸟一样。①

唐晓峰,1948年生,文革时是北京四中学生,辽宁海城人。1968年到内蒙古插队。1972—1975在北京大学历史系考古专业学习。他在《难忘的1971》写道"在农村读书,没那么紧张,对于知识青年

---

① 叶维丽、马笑冬:《动荡的青春——红色大院的女儿们》,第177、190页。

来说，到了农村，其实是处于城乡两不管的状况。城市的紧张在农村不存在，城里的出身问题，在农村对不上号，也没有人认真追究。在老乡看来，城里人同属于一个阶级。从县里到村里，没有人认为知青真的是新农民。在城乡制度均管不着的情形下，知青是暂时轻松自在的。只要不把插队看作扎根，不把苦累当作苦命，知青的日子并不难过，甚至还有苦中乐。"①"农村里头，无人没有阶级标签，比城里人清楚得多。有些面上的事，是按照标签做的，比如一开大会，就叫四类分子在台下站成一排，村干部先对他们训上几句报纸话，然后开会。可是，一到节骨眼上，到了关键的活儿，就不按标签办了。村里有两个地主最有名，大地主、二地主。春天扶耧，种子入土深浅至关重要，二地主是好手，每年都让他干。盖房子，地基最重要，要坚固而均衡，大地主是好手，叫他干放心。……我的基本看法是：知青与老乡比较起来，老乡分量重，知青分量轻。知青其实是个肤浅的群体，在他们身上做不出什么大文章。许多知青只会为自己诉苦，却不知为农民诉苦，自己受苦是冤枉，农民受苦是该着。当然，知青中也有对农村的事真有领悟的人（像张木生那样的）。这样的人或能将农村基层生活转化为一种思想资源，认识中国社会。②

农村文革期间的冲突大多并不具有所谓阶级斗争的意义，而只是农村固有的各种矛盾的反映，虽然他们有时也使用官方的语言来争取话语权，但其实质丝毫没有改变，许多地方的所谓阶级斗争是农村长期存在的宗族、家族之间的争斗，从本质上讲仍然是利益之争。

高默波出生在江西省一个小村庄的贫苦家庭，1966年文革爆发时正上初中二年级。一个地理老师因为有所谓资产阶级思想而被学生贴大字报。他认为，对我们农村人来说，学校里有好多新鲜事，让我们好奇。比如教师独身就使我们觉得奇怪，我们数学老师个子高挑，虽说没多漂亮，但找个对象应该易如反掌；另一个女老师也是独

---

① 唐晓峰：《难忘的1971》，北岛、李陀主编：《七十年代》，第259页。
② 唐晓峰：《难忘的1971》，北岛、李陀主编：《七十年代》，第263页。

身，还总是穿高跟鞋。这对我们农村人来说感觉挺怪的。还有教导主任黄某，胖得出奇，腆着个大肚子，跟我们这些皮包骨头的乡下人相比，好像来自另一个星球。我们对老师很尊重，没人打老师，甚至也没人给他们戴高帽子。文革初期我目睹了唯一一次打人事件，是学生们殴打学校食堂兼仓库的管理员。村里的年轻人最向往的就是离开农村，比如入伍和招工。高默波回到农村成为返乡知青。1970年的一打三反运动中成为打击对象。原因是因为读《水浒传》和偷家谱私藏有封建意识。1973年国家招收工农兵大学生，没有任何家庭背景的他被推荐到厦门大学读英语。当时村里高徐两大家族明争暗斗，四清、文革等政治运动成为农村宗族争斗的一个借口。高默波被推荐上大学也是当时社会真实状况的反映。当时公社文教组负责推荐大学生的人名叫高常艳。巧的是，他名字的前两个字，恰恰跟我的本名高常范前面两个字一样。所以，当高常艳把他推荐到县教育组时，负责人竟然误以为他是高常艳的弟弟，而这位在选拔上掌有生杀大权的负责人，又正巧是高常艳在上饶师专的好同学。高默波认为从自己被打成一打三反分子和上大学两件事上，可以看出不少当代中国政治、社会运行和发展的道理。首先，政策和指示从最高层下达，到地方上执行时，可能已经跟原来的意愿和内容完全不一样了。一打三反的内容是：打击反革命活动、反投机倒把、反贪污、反铺张浪费。但高当时受的指控，和这些内容完全沾不上边。再者，再像高家村那样的农村小圈子里，宗族、族系的传统和意识，总在或明或暗地左右着政策执行和政府运作。从四清到文革，高家村的不同宗族，以及高姓和徐姓两家，一直在你争我斗。现在回过头来看，在同一件事情上，不同的人大多有不同的感受和经历。我们谴责毛泽东时代用阶级斗争的教条来解释和指导一切，但不同地域、不同社会和经济条件的人有不同的利益和需求，这是不可否认的。[①]

---

① 高默波：《启程——一个农村孩子关于七十年代的记忆》，北岛、李陀主编：《七十年代》，第96—97页。

文革中农村的矛盾实际上是传统宗族关系错综复杂的矛盾和斗争的延续，只不过外表上披上了文革的语言。《春风化雨集》上册中的《党啊，你的忠实儿子又归来》就反映了江西省都昌县大沙区黎明村宗族之间矛盾和斗争的情况，可作为农村文革的典型。刘孔炼是1959年在全国各地先后上映过的一部纪录电影《这里没有冬天》的主角，任大沙区党委委员、和合公社副书记、黎明大队党支部书记，先后三次上北京，出席全国农业劳动模范代表大会，参加国庆观礼，受到毛刘周朱的接见并合影。1965年11月刘孔炼被开除党籍、开除公职，作为漏网富农押送回家，原因就是与同宗族大房刘锋刃之间的矛盾而引起的权力斗争，相互报复。《春风化雨集》上册载《巴林草原的血泪》（第222—229页）一文反映了内蒙古昭乌达盟北部巴林左旗乌兰套公社八一大队文革的情况。农民李树友因与他人过去有矛盾，在文革中被诬蔑为内人党黑线马队成员，一家四口被迫害致死。1968年10月，挖新内人党运动波及八一大队这个蒙汉杂居的地方。大队党支部副书记宋振廷在队部召开挖肃运动骨干会议。会上，宋首先传达了上级部署的深挖、狠挖新内人党叛国集团的指示精神，之后，发动大家继续揭摆阶级斗争新动向。群专指挥修富说李树友是黑线马队骨干分子，当即被逮捕批斗。起因则是1965年夏天，当时担任大队马官的修富盗窃集体两匹马卖掉，得款一千多元。这件事是李树友向大队党支部揭发的，使修富受到了应有的处分，两人因此结下冤仇。修富曾说："留得青山在，不怕没柴烧，君子报仇，十年不晚""我要让李树友全家斩草除根"。1968年10月到1969年5月，仅有120多户人家的八一大队，被诬蔑为新内人党的就有63人，其中14人被迫害致死。

文革期间，文革前在农村树立起的典型因批当权派受到牵连，受到迫害，对农村文革产生影响。和田县肖尔瓦克管理区就是一例。《粤北山区一宗骇人听闻的杀人案》载《春风化雨集》上册第464—468页，记载广东省连县山塘公社马占大队挟私报复杀人案反映了农村文革的实质和真相，与文革的上层斗争毫无共同之处，反映了农民阶层中争夺权力的现象,属于同一宗族的争斗。双方一方是原来的村干部,一方原不掌权,但是复员军人,曾担任大队职务。所用手段是在阶级成分上做文章,把对方打成漏网地主、阶级异己分子等等。另一方则夺权担任大队党支部书记、贫协主席,亦是利用暴力、人身伤害等手段。

家庭纠纷、邻里矛盾被看作阶级斗争的表现,无限上纲,为祸惨烈。1968年清理阶级队伍在农村也制造了种种冤案。有的农村基层干部和农民因此被逼得家破人亡,所谓的群定、群审、群判更是荒唐至极。清理阶级队伍成为村人之间私怨私仇借机报复的借口。辽宁省旅大市新金县夹河庙公社栾家大队,1968年7月许长家一家七口共同自杀的惨剧即是一例,有很强的典型和代表性。最大57岁,最小18岁。死时还写了三封遗书、辩白、抗争。农代会就可以对人判决。

由于农民是沉默的大多数,没有话语权,历史很少留下他们的声音和感受,但并不表示所有农民都会逆来顺受,缄默不语,不敢表达自己的诉求,公开追求自身的利益,发表对时局的看法与态度。在文革中,也有一些地方的农民从本阶层利益、自身经历出发,通过各种方式表达自己的观点、利益诉求。这些人虽然在农民阶层中属于极少数,但他们却呼出了绝大多数农民的共同心声。正是这种压抑已久的内心的渴望,在文革结束之后不久形成一种气势磅礴、势不可挡的力量,推动最高层抛弃文革路线,实行全方位改革开放。

福建的中国共产党幸福委员会就是一个典型的例证,是文革中农民阶层思想、行动的一个代表。福建省龙岩县适中公社农民谢洪水,1949年才12岁,初小文化,土改时家里分了一块土地,对共产党感恩戴德。1960年家家户户断粮,全公社饿死四百多人。他外出寻活路,帮人打铁,被当作盲流扣押,做苦工。家里妻子离去,孩子饿死。直到三自一包政策传下来,龙岩的农民才有了一条活路。因此,他和很多当地农民一样,热爱刘少奇。文革初,看到毛打倒刘,更对刘充满了同情。1966年10月,他成立了一个中国共产党幸福委员会,声称由刘少奇直接领导,进行秘密串联。读过中学的农民谢永祺 1960 年几乎饿死，积极响应。他们出版了两期《大众之声》小报，拟定了中央委员的名单，其中有刘少奇、彭德怀、彭真、邓小平、周恩来、朱德、宋庆龄、董必武等，还有早年在闽西领导革命、龙岩百姓熟悉的邓子恢、张鼎丞等，唯独没有毛泽东、林彪、江青，也没有他们自己。在他们编写的《军委秘件》中，强调"要跟刘少奇走"，"以人民利益为重"，"兴起学习《论共产党员的修养》高潮"……

1967 年 5 月，他们又专门印发了《口号、呼吁书》：起来争自由争幸福！坚决打消一切不合理的制度，反对统购统销！拥护交公粮，拥护三自一包、四大自由！中国共产党万岁！幸福委员会万岁！马克思列宁主义万岁！刘主席万岁、万万岁！

1967 年 6 月，他们编写党章，主要内容是：我们坚决执行三自一包、三合一少、四大自由、取消阶级、取消集体；我们的最终目的是彻底消灭毛林集团，为人民争取最大的自由和幸福。虽然政府自 1967 年 3 月就开始立案，成立侦破工作队，幸福会却几乎成了半公开组织，近三百人参加了该会，农民入会的决心书上写明："拥护刘少奇"，入会相片反面写着："为共产主义奋斗"。相邻的南靖县的农民闻讯，有的赶去要求参会。莆田、仙游等县，有农民自行搞起了幸福会。当侦破工作队宣传刘少奇的罪行材料时，绝大多数会员公开针锋相对为刘少奇辩护。谢洪水、谢永祺被捕后，仍然抗辩说："大跃进造成国家困难……那是毛主席的错，刘少奇提出三自一包才扭转了困难局面。"公安人员问谢永祺为什么顽固，谢回答：不愿做刘少奇的叛徒。结果，谢洪水、谢永祺等 19 人被判处死刑，立即执行。谢百添、谢寻兴在劳改营中继续为刘少奇辩护，被加罪而改判为死刑，立即执行。广西等省亦有此类典型。

三、文革的受益者——农村干部群体

相对于文革以前历次在农村的运动，农村干部相对来说在文革期间是一个受益群体。他们在农村有特权，也不像城市里的干部那样

受到各种各样的冲击，而且他们的子女可以通过招工、推荐上大学等方式进入城市，摆脱农民的身份，成为城里人或在城里生活、工作。

李若建在《四清运动的潜功能》（载《折射：当代中国社会变迁研究》中山大学出版社）一文中，提出了基层干部阶层这一概念。这一概念可以理解为属于农民阶层中的实际的权力控制者，也可以说是农民阶层中的干部群体。建国后，形成了空前的社会控制网络，在这个网络当中，直接面对平民百姓的是基层干部阶层。由于农村基层干部是农民阶层的一个特殊群体，因此他们对自己的角色扮演与行为缺乏规范，导致了平民对他们怨气不少。同时由于对这一群体也缺乏选拔与管制的经验，也使得一部分基层干部素质低下，上级对其行为失控，因此群众运动中对基层干部的批判成为控制基层干部的重要方式之一。1949年以后，大多数政治运动都涉及基层干部，这体现出政府一方面离不开基层干部，另一方面又依靠政治运动整肃基层干部的现实。在文化大革命中，农村整体上没有城市社会动荡严重，对农村阶层干部的斗争没有对城市基层干部的斗争那么残酷。虽在文革期间，个别地区的农村发生了骇人听闻的血腥事件，不过这些事件多是基层干部策划来对付所谓的阶级敌人，较少针对农村基层干部。出现这种情况，并非是农民比城里人意见少，而是农民的怨气刚刚在四清运动中得到发泄。

四清运动的矛头主要是针对农村干部，其潜在的作用是平息农民对大跃进和困难时期的不满。农村的四清运动主要是依靠外部力量，依靠大量工作队，利用农村对基层干部的不满，对农村利益格局进行重新分配，其做法与土改非常类似。四清运动以固定的模式进行，首先是由城镇派遣大量的工作队进入农村，实行与贫下中农同吃、同住、同劳动，访贫问苦，成立贫下中农协会。其次对干部进行政治、经济上的整顿。再次是处理一部分基层干部，同时发展一部分四清运动的积极分子入党，提拔一部分人当干部。在经济上，基层干部的贪污和侵占群众利益的事情相当普遍。大跃进和困难时期，是建国以来农村基层干部表现最恶劣的时期。1958年12月中共中央监委办公厅的一个报告中列举了少数干部的强迫命令和违法乱纪情况：一是侵犯人权，残害人身，如骂人、打人、押人、捆人、跪石子、拔头发及施用各种肉刑；二是搜查没收群众的东西；三是滥用集训，即把有问题的人集中起来监督劳动，甚至严刑拷打；四是用辩论的方法斗争干部群众，甚至侮辱拷打；五是不让吃饭；六是强迫群众扒屋沤肥；七是强迫群众掘坟挖尸，扩大耕地面积。①

农村基层干部实际上成为大跃进等后果的替罪羊。为了平息农民的不满情绪，在农村进行了几次运动，农村干部受到冲击。国外有学者认为，当时采取的策略是把灾难归咎于基层，认为是基层干部的马列主义水平低造成了灾难。刘少奇在大跃进后期对大跃进提出了一些批判性观点，在他看来，大跃进产生的问题与基层干部的问题相关，他认为三分之一以上基层政权和许多城市企业的领导权已成为反革命的两面政权。民众因为大跃进而产生的对干部的仇恨心态是相当强烈的。文革期间，在批斗原甘肃省委书记汪锋时，一位造反派指责汪锋说："1958年你不顾我们的死活，大刮浮夸风，害的好多人没有饭吃，家破人亡。"

下乡的知识青年也感觉到了农村基层干部的特殊。在当时的农村，不参加体力劳动就是在享受一种特权。叶维丽在《动荡的青春》中对其下乡的农村的干部与农民的区别有这样的记述：除了贫穷，我还感受到了干群矛盾，有时相当尖锐。我们村只要大小是个干部，就不用下地干活了。不下地是最大的好处，此外还有各种各样其他的好处，比如分东西的时候分得多一些，好一些。在我们那么穷的地方，多一点儿少一点儿就很不一样。哪怕一些为人不错的干部都这样做，好像这是当干部理所应得的。老乡们心里不满，常发些牢骚，但也无可奈何。干部很少下地干活，平时所谓上工就是拿把镰刀，到地里各处转悠，看看哪块地该锄了，过两天叫社员去锄。他转一转就回村了，不知在哪个炕头坐着抽烟聊天去了，这样就挣了一天工分，还是

---

① 魏明铎：《中国共产党纪律检查工作全书》，第985页。

最高分，老乡管这种工叫遛弯工。①

农村干部受益还表现在他们的子女能够摆脱农民身份，通过招工、推荐上大学等方式到城里工作，甚至成为城里人，实现身份的转化和社会阶层的跃升。潘鸣啸在《失落的一代》一书中，通过研究发现在文革十年间，下乡的知青与被招工进城的农民几乎一样多。"其实在十年动乱期间，被招工进城的农民数量是跟被下放农村的知青数量'一样那么多'，或者是'几乎一样那么多'，而且他们之中的大部分都成功地在城里定居下来。""根据后来比较准确的资料显示，那10年间共有1400万人招聘进城，其中600万是知青，800万是农民。""然而，这800多万来自农村的工人最后变成了'固定工'。"这些被招工进城的农民，一部分是城镇干部、军宣队的军队干部的亲属，"事实上，这类招工的发展使许多城镇干部罔顾禁止任意迁居的法例，利用他们的关系网，将他们的亲属全部从农村弄到城里来。而'解放军宣传队'的部队干部在这方面就做得更绝了，无人不知，他们从1968年起在城镇基层行政单位耀武扬威多年。"而大部分是农村基层干部的亲属、子女等。一旦被招为临时工、合同工，他们则又千方百计将其变成固定工。1971年11月30日，国务院发出《关于改革临时工、轮换工制度的通知》。根据这个文件，1971年和1972年两年间，800多万农民临时工被转了正（当时一共有900多万这类工人），其中有的根本就不是真的工人，而是他们的家属。就算后来原则上禁止这类转正，仍然有大量农村来的工人转成固定工。以1966—1976年这10年间被招工进城的农民有800万，这个数字可能还是低估了。②

招工进城的农民主要是农村干部的亲属子女及其与他们有各种关系的人。弗里曼等所著的《中国乡村——社会主义国家》一书，以

---

① 叶维丽、马笑冬：《动荡的青春——红色大院的女儿们》，第186页。
② 【法】潘鸣啸著，欧阳因译：《失落的一代——中国的上山下乡运动1968—1980》，第53—58页。

河北省饶阳县五公村为个案,研究20世纪二三十年代至六十年代中国农村的社会变迁、国家与社会的关系等,对农村干部拼命将其子女亲属通过招工等形式安排进城市的记述具有很强的典型性。耿长喜是饶阳县五公村合作社社长,被评为全国劳动模范,当选全国人大代表。他的子女则依靠其地位和特权成为干部或者工人。弗里曼等认为:"对城市工人和国家干部,国家给予养老金和福利,并提供很多的津贴,但却没有系统的福利。囊中羞涩的农民们只得自谋生路或逆来顺受。""国家职工意味着有相对优厚的报酬、免费医疗、养老金,不必在地里干危险和艰苦的活儿,人们称之为'吃皇粮的人'。大部分在外县工作的人,每年只能回家一到两次,总共三周,但农村家庭还是千方百计去谋得一个国家职工的位置。"①

在文革中,也有一些农村基层干部因从维护农民利益出发,采取了一些有利于农民而与文革政策不相符合的办法而受到批判。在文革中,有些农村干部因地制宜,发展副业,被当作走资派撤职、批斗。福建省漳州城郊公社前锋大队是紧靠漳州市区的农业大队,每人平均仅有三分七厘耕地,1964年前每人纯收入只有70元,吃国家5万斤返销粮。大队党支部发挥村里生产冰糖的优势,办起了冰糖加工厂、炉灶厂、笋菜加工厂、耕山队、果林场、养鱼场。到1968年交售国家6万多斤余粮,社员口粮达到560斤。全队工副业收入24万元,占农工副总收入的67%。1969年前锋大队被当作副业收入大于农业,破坏以粮为纲的黑典型、活靶子,强加了三条罪状:一、队办工副业是以钱为纲;二、不务正业,弃农经商是走资本主义回头路;三、支部书记颜亚洲埋头拉车,不抬头看路,是忠实执行修正主义路线的走资派。冰糖厂被诬蔑为内外勾结的黑工厂。1969年9月,一支30多人的宣传队、十多个全副武装的人员查封了冰糖加工厂。颜亚洲等被拘留审查。漳州《三代会报》以醒目的标题刊登《彻底砸烂前锋冰糖厂》的报道和《让红色风暴来得更猛烈吧》的评论员文章,

---

① 弗里曼等著:《中国乡村——社会主义国家》,第251页。

《福建日报》同时转发冰糖厂被砸的消息。颜亚洲多次申诉被说成是"颜亚洲挑动群众斗群众,反对红色政权,破坏一打三反运动。"1978年9月20日,中共漳州市委召开万人大会,为冰糖厂平反。①

四、文革的深度参与者——农民阶层的学生群体

一般来说,农民阶层的绝大部分人生活于与城市隔绝的状态,他们对城市的了解支离破碎,但对城里人的羡慕和向往却是一致的。农民阶层中的一些青年学生,特别是大中专学生,是与农民阶层之外的社会阶层接触最多的一个群体,也是对农民阶层地位低下、生活困苦最为了解的一个群体。这些人虽然自入学之日起就注定会脱离农民阶层,进入新的社会阶层。但作为农民阶层的子弟,仍然会自觉不自觉地站在农民阶层的立场看待文革,成为农民阶层不自觉的代言人,虽然他们本人并没有意识到这一点。这些人由于其所处的社会阶层在社会结构中处于不利地位,在与其他阶层相处中对农民阶层的地位有切身感受,对于号召造反,把干部阶层作为斗争对象的文革抱有些许希望,很多在文革中加入了造反的行列,并产生了改造社会结构,提升自我出身阶层地位的强烈愿望,更容易接受毛泽东的追求公平平等的思想。文革中许多学生运动的风云人物属于农民阶层中的学生群体。

在中学,城乡结合部的县城中学是城市学生和农村学生接触最多的学校,这个表现也最为明显。陈家琪在《执著与迷惘——作为一种个人思想与情感经历的文化大革命》中谈到社会不公,不仅只就黑五类及其子女而言,那些出身贫雇农的学生,解放这么多年了,依旧家徒四壁,一无所有,他们又该何以解释眼前的一切,特别是与城里孩子的巨大差异?咸林中学最先起来造工作组的反,矛头直指县委的造反派头头就是雇农成分。当我看着他们穿的衣服,吃的食物,听

---

① 《上访通讯》编辑室编:《春风化雨集》上册,第121—125页。

着他们说的话,感受到那种不计个人得失而只关心国家的气概时,真仿佛置身于解放后大量文艺作品中所告诉我们的那种贫下中农渴望跟着共产党翻身求解放的气氛之中……县城里的中学生与城里学生的不同之处此时也更明显了。与城里的同学比较起来,这里的朋友更现实,也更懂得怎样用手中的权力实事,这实事主要指的是诸如春耕、秋收、抗洪、筑坝之类的事;但于我,却也同时更多感受到了权谋、利益、私欲对人的左右。[①]

文革初期大学中农民阶层出身的大学生是一个不可忽略的群体,他们大都加入了造反的行列,特别是一些调干生。著名造反学生领袖蒯大富、王大宾都是农民阶层的子弟,各省造反学生领袖中也有许多这样的人。如山东的国恕连、王竹泉、张宗鲁等。一些造反派是关心政治、具有独立思考能力、独立见解的人。他们对问题的认识深刻,对以往的政治运动亦有自己的看法,与学校一般把听话和遵守纪律看作是最基本的革命美德截然相反。

1973年之后,所谓招收工农兵学员,只不过是原来的社会优势阶层脱离农村的一个手段。周雪光认为,1972到1976年,70%通过推荐上大学的学生是干部子女或者有政治背景。[②] 这里所说的干部应当包括属于农民阶层的农村基层干部。高默波在《启程》一文写道:虽说招的是工农兵学员,但1973年那届真正农村人就我一个。大多数是上海知青,主要是从国营农场选拔上来的,工人出身的居多。至于当兵的学员就别提了,学外语的尽是部队来的军干子弟,上山下乡时他们入伍,一转身就成了工农兵学员。他们养尊处优,学习没动力。[③]

在文革时期,农民阶层流动到其他阶层还有一个通道,就是20

[①] 陈家琪:《执著与迷惘——作为一种个人思想与情感经历的文化大革命》,徐友渔编:《1966,我们那一代的回忆》,第307—319页。
[②] 李毅:《中国社会分层的结构与演变》,第83页。
[③] 高默波:《启程——一个农村孩子关于七十年代的记忆》,北岛、李陀主编:《七十年代》,第102页。

世纪70年代初大学招收工农兵学员的时候,一些农民改变了阶层隶属,向上流动,这部分人主要是农村基层干部的子女。如叶维丽所在的北京师范学院学生就主要分为两类:一类是北京郊区的农村子弟,一类是从各地返城的北京知青。由于背景不同。所属阶层不同、文化水平差异。虽然返城知青在农村插队多年,但两者之间的鸿沟依然存在,两类人之间存在矛盾。叶维丽感叹,在我过去的经历中,是城里人歧视农村人,农民在社会的底层。我现在经历的是倒过来的歧视,这对我确实是新的体验。城乡差别和由此带来的种种问题,在中国是个沉重冷酷的基本现实。城乡之间的鸿沟,不是仅仅有善良天真的愿望就能逾越的,他有深刻的历史和制度原因。贯穿我3年大学生活的一个大痛苦,也是我最不能理解的,就是为什么到了大学还不让读书?在1975年批资产阶级教育路线回潮时,我发现一个有意思的现象,就是农村同学,特别是那些党员干部,在发言时往往理直气壮,他们是根红苗正的贫下中农后代,和资产阶级反动教育路线不共戴天,是天生的革命派。而返城知青呢,也非常聪明。他们有了农村插队的经历,成为了工农兵学员,而作为工农兵学员就意味着他们取得了改造和批判别人的资格,所以他们批判起资产阶级教育路线也同样激昂慷慨。对城市和农村同学之间的矛盾,我也感到不理解。一个和我关系不错的农村同学跟我说,这些能到城里来上学的个个都有背景。进了大学后,他们感到在学习上不如城里同学,心里非常不是滋味。当时拼命提高工农兵权威的做法使他们有政治上的优势,其中一部分人就集中使用这个优势,这也助长了他们在政治上的左。[①] 属于农民阶层的农村大学生与城市学生的冲突,在某种意义上说,也是他们对实际地位低下的社会身份的捍卫,对社会分层的不满的一种外在表现形式。

蒯大富是农民阶层子弟在文革中的典型代表。他属于在文革中受益的农村干部群体,在某种意义上可以代表绝大部分农村出身学

[①] 叶维丽、马笑冬:《动荡的青春——红色大院的女儿们》,第210—214页。

生对文革的态度，当然也有例外。蒯大富1945年9月13日生于江苏省滨海县。1963年考入清华大学工程化学系，1966年6月初因发表反对工作组的大字报被关押和批斗，后平反，成为清华井冈山兵团的负责人、首都大专院校红卫兵革命造反总司令部（简称三司）的主要负责人。1968年12月被分配到宁夏青铜峡铝厂任技术员。1970年11月，在清查五一六运动中，蒯大富被送到清华大学接受审查。1973年被安排到北京东方红炼油厂监督劳动。四人帮倒台后，被北京市公安局宣布逮捕。1983年3月10日，北京市中级人民法院以反革命宣传煽动罪、杀人罪和诬告罪判处其有期徒刑17年，剥夺政治权利4年。1987年获释。

蒯大富爷爷成分被划为贫农。其爷爷当过新四军，1950年复员。其父母分别于1944年入党，一直呆在乡下，其父当过大队长、大队会计等。实际上为农民阶层的子女，其父母的党员身份并不能改变其社会分层地位。蒯大富干过农活。家庭人口多，挣工分困难。蒯大富上的中学为几个镇的联合中学。但其老师中许多是因右派或右倾从城里下放的，水平很高。"我小时候有点好打抱不平，同情弱者。看到不平事就想说话，而且很讨厌说假话的人。我年纪很小的时候，就对政治上的事感兴趣。"①

山东大学物理系学生、造反派组织负责人张宗鲁为农民出身，可谓根正苗红，在文革后遭遇也很悲惨。张宗鲁亦属独立思考、有思想的造反派。其思想倾向属于典型的文革派思想。

张宗鲁1945年出生在一个贫苦的小农家庭里，初中时开始写日记，大学在勤工俭学试点班。张宗鲁政治热情高，大学一年级用大半年时间一字不落读毛选四卷，并逐篇作了笔记。此后，还看了《共产党宣言》《哲学的贫困》《法兰西内战》《国家与革命》《论共产主义运动中的左派幼稚病》《帝国主义是资本主义的最高阶段》《马恩列斯论

---

① 参考《华夏文摘增刊》第787期、第788期蒯大富口述、米鹤都、张琦采写《岁月流沙》上、下。

共产主义》等马列著作，曾耽误过课本的学习，受到老师和同学非议。大学一年级政治课学党史时，张宗鲁把相当长时间用在《中国社会各阶级分析》的学习和讨论上，老师曾提出，毛主席说社会主义社会是阶级社会，以前按经济地位划分阶级，现在怎样分析？长期让同学们讨论。在讨论中，张宗鲁提出了不同的见解。

文革开始后，张宗鲁积极响应毛主席号召，在防修防变防止工人农民重吃二遍苦重受二茬罪的思想指导下投身进去。1966年6月之后，张宗鲁积极看大字报，有时还做记录，并积极将自己的意见、看法，用大字报的形式公布出去。文革初起时，他就写了三篇批判保守思想体系的大字报。接着，他一个人办了油印小报《战斗》，在系内分发，其中写了《革命之研究》连载三期。此后，他经常有感而发写些杂文，用大字报张贴出去。在一个时期内，几乎每天都有他的大字报，成为写大字报很多的人。听说毛泽东支持清华附中红卫兵，他就在全校各系串联，组织红卫兵。1966年8月青岛事件发生后，张宗鲁参加了支持青岛文革的活动，返校后加入到毛泽东主义红卫兵尖刀班中去。山东大学的十几位同学成立了驻省委毛泽东思想宣传队，后来改为红色敢死队。省委为了撵走他们，不让他们去省委伙房吃饭，引发了绝食斗争。他们绝食几天后，山大、其他院校、工人、市民中的许多人都到省委看望他们，在省委大院召开了批判省委执行的资反路线大会。文革大串连时，张宗鲁步行到韶山、长沙参观毛活动旧址。张宗鲁被学校领导整了黑材料。红二三红卫兵、原毛泽东主义红卫兵改名为毛泽东思想红卫兵，绝大多数同学都参加进去，并立即占据了学校的领导地位。反逆流时，张宗鲁等人写了《必须释放某某某等革命同志》，分别贴到省革委、省军区、公安厅门口，并在马路两旁刷上平反、要人的标语，这一行动轰动了济南市。在张等贴出大字报后，有几个中学的学生找到他们，就联合创办了油印小报《革命风暴》，每期印一二百份。在上面刊载了张宗鲁写的《创刊词》《论二月失败》《知识分子的叛卖性》《工人阶级联合起来》《工人阶级的解放是工人阶级自己的事情》，还有其他人写的长文。每一期都送省革委一份，省革委也专门成立小组搜集他们的小报、传单、标语等。1967年七八月份平反运动进入高潮，王效禹通过校革委、毛泽东思想红卫兵头头压制他们，平反斗争也曾低落了一个时期。为山工联平反的张宗鲁成为学校压制的对象。829事件使山东等一些学校的学生离开学校，流落外地。张宗鲁被抓进棒子队，被打得全身浮肿，青一块紫一块，关押几天后逃出。有人提出成立毛泽东主义学习小组的倡议，张宗鲁在几个翻案兵的聚会上读了这一传单，有人不同意也就作罢。后来反对的人报告给王效禹。1968年2月到1969年1月，将他们抓到省革委直属看守所，关押近一年。

王效禹将他们监禁后，捏造了莫须有的渤海战团反康生、反中央文革等罪名，说张宗鲁是渤海战团的头头，捏造事实办了展览，组织济南市的群众轮流参观，从而将文革势力再一次镇压下去。事实上，他连渤海战团是什么都不知道。1969年1月，学校用小轿车把他们接回。释放前专案小组的领导人对他说："你的材料王效禹全看过，说你的笔杆子真硬"，还说这是群众专政，回去由学校做结论。1969年张宗鲁被开除学籍，同年12月25日被拘捕，1970年2月26日逮捕。期间张宗鲁先后书写《极左派万岁》《特权制社会的替代者》《中国共产党的分裂与解体》等五篇文章。九大后王效禹倒台，学校曾准备以张宗鲁为代表公开平反，又因反林彪而被拘禁。九大之后，他在人力邀下，写了《告全省人民书》，力主对山工联等公开平反，遭镇压离开济南去外地。1976年5月，张宗鲁被滕县人民法院判处有期徒刑10年，其罪名是"恶毒攻击我党和社会主义制度，并拉拢他人刻印散发，进行反革命活动，妄图组织反革命集团，推翻无产阶级专政。"

张宗鲁是毛泽东的继续革命论的狂热追随者，对公有制有自己的认识和理解。他认为当时的中国社会并不是真正的公有制，"将名义的公有制改造成事实的公有制，就是文化革命的任务。"他认为文革的目的是"教会民众行使公共所有权，放手让民众行使公共所有权。"张宗鲁认为毛泽东对整个社会主义阵营的历史总结概括时得出的结论"资产阶级就在共产党内"是正确的。他主张把斗争的矛头对准整个干部阶层,要求改变不合理的社会体制,争取平等地位,是处于较低社会地位的农民阶层的思想代表。

张宗鲁对何谓革命,何谓反革命有自己的认识,与主流意识形态的宣传完全相反,虽符合革命的定义,但与当时的话语体系格格不入,从根本上颠覆了主流意识形态。张宗鲁的思想属于阶级关系变动论的范畴。他对于革命的理解是根据马克思主义的含义理解的,认为干部阶层、政权机构是文革的对象,"文化大革命是社会主义制度中的革命"革命对象,是"没有资本家的资产阶级国家和法权",共产党内部产生出一个资产阶级,这个阶级是消灭公有制的幼芽,复辟资本主义制度的最主要的社会力量,因此这时共产党内部的路线斗争成了社会主要矛盾的集中表现形式。张宗鲁认为:文革的实质是用公共所有权代替国家法权管理一切公共事务。由这种实质确定了要文斗,不要武斗,并且只剥夺革命的对象们使用社会职业暴力——即国家法权管理所有人的特权,并不剥夺他们的公共所有权,不降低他们的物质生活待遇,必要时还要增加和优待,因为他们在民主革命和社会主义革命中有过功劳。

《极左派万岁》的主要理论是阶级关系变动论,"处于国家机构中,使用法权确保行使资本职能的大官们构成的社会集团。"在《极左派万岁》中使用了特权阶级这个名词,即特权阶层、走资本主义道路的当权派、官僚主义者阶级、党内资产阶级。阶级关系变动论的主张,否定了现存社会政权存在的合法性,是对整个统治阶级的否定,是毛泽东所不允许的。但这一观点确确实实又是毛泽东某些观点、思想的深化、延伸。《特权制社会的替代者》提出了"民权制社会"的概念。就是民众行使公共所有权管理一切社会活动的社会,当时的社会还是"没有资本家的资本主义"的社会权力系统。民权制社会是巴黎公社原则的具体化。《印度尼西亚军事政变的教训》《极左派小组组织法》只有一百多字。张宗鲁认为群众组织是由社会主义制度中的根本权力——公有所有权决定的民众行使主人权力的基本形式。张宗鲁提出了"毛泽东后期思想"这个概念,值得重视。

农民阶层中有一部分人也产生了强烈的反体制倾向,对当时现存的社会秩序和社会结构的合法性、合理性提出质疑,并提出自己的主张。这部分人成为毛泽东文革派的积极支持者,对当时的政权和社会持否定态度,主张彻底改造,成为当时被称为极左派的一个重要组成部分。蒯大富、张宗鲁均属于这类人物。他们有的有独立思想,有的是只因个人际遇,争个人权益,对社会的关注程度低。他们的思想来源较为单一,就是马克思主义的著作,但他们对社会真实状况,特别是农民阶层的生活有深的体验和了解,在一定程度上反映了农民阶层的诉求、愿望和对文革的态度。农民阶层对现存社会秩序的不满,在杨小凯《牛鬼蛇神录》中也有反映。杨小凯通过社会调查了解农民的真实状况和思想,但他的思想来源多元化,看了很多其他流派的书籍,从而走向另一条不同于蒯大富、张宗鲁等的道路。

唐少杰认为:"文革的全部问题都离不开群众问题。人民群众不仅使文革在规模、范围、意义、影响等方面成为二十世纪数一数二的群众运动,而且他们本身就是文革历史的主体。人民群众对文革历史的创造和推动包含了他们在文革中的自身演变、自身反省和自身批判。文革时期的群众思潮和派性斗争表明,群众问题从根本上使文革具有了不以任何个人意志为转移的利益驱动和利益分化的色彩,并且对文革的命运注入了难以逆转的因素。如果无视群众问题在文革中的角色和功能,文革作为一场亿万人民群众参加的活动或置身于其中的历史就无从谈起。"[①] 农民阶层虽然是文革的边缘阶层,但这一阶层的数量是如此之巨大,对任何一场政治运动和社会运动的影响都不可低估。

---

① 唐少杰:《"文化大革命"史稿刍议》,《开放时代》1998年第6期。

第七章

贱民阶层与文革

一、贱民阶层及其特征

对于中国社会阶层的划分有多种观点,有的学者认为:"在传统社会主义模式下。中国社会结构可以划分为三个层次:干部—工人—农民。其中,干部是资源配置的决定者,因而具有其他两个层次所无法企及的优势和权利;工人虽然在社会地位和生活机遇上不如干部优越,但也享有多方面的国家福利和特殊利益;农民生活在最下层,是体制中牺牲最大而所得最少的一个群体。除此之外,还有一些不太规范的群体,他们由极少部分的社会成员构成,对社会结构不发生重大影响,比如一部分具有干部身份却不在党政机关工作的知识分子、城市中的集体所有制工人以及被排除在正常社会生活之外的'与社会主义为敌'的人等等。"① 这种划分社会分层的方式充分考虑了权力、资源占有、实际生活状况等基本要素。但仅仅依据这些标准划分还不能反映中国社会结构和社会分层的真实状况。

从1957年开始,中国社会已经变成一个高度政治化的社会,社会上存在的各种现象,经济、政治、文化、社会、风俗习惯、人们的言行乃至衣食住行等都被附上浓厚的政治色彩,国家权力已经渗透到社会的各个角落,日常生活政治化遍及整个社会。以阶级斗争的观点,从政治上看问题成为执政党和整个社会的惯性思维,要么是社会

---

① 孔令栋:《权威与依附—传统社会主义模式下的国家与社会关系》,《文史哲》2001年第6期。

主义的，要么是封建主义、资本主义的，意识形态领域更是如此。考虑到文革前的社会是一个高度政治化的社会，政治声望无疑是划分阶层的一个重要标准。在实际社会生活中，在干部阶层、知识分子阶层、工人阶层、农民阶层之外，还可以依据社会地位、声望从中划分出一个阶层，即被当作阶级敌人或阶级异己分子饱受歧视、迫害的所谓的地富反坏右分子，通常被污称为"黑五类""黑四类""牛鬼蛇神"等等。用当时流行的话语来说，这些人及其子女是被排除在95%人民群众之外的人群，即所谓贱民阶层。1963年中央文件中就出现了对地主、富农子女的歧视性条文，如地主、富农的子女，一律不能担任本地的基层领导干部，一般也不宜担任会计员、保管员、出纳员、社队企业和事业的管理人员等重要职务。贱民阶层的存在对稳定当时的社会结构起了至关重要的作用。这一阶层的存在最大限度地抑制了各阶层对社会的不满和反抗。这是一个人数以千万计，实际受影响的人口超过一亿人的庞大社会群体，是一个从1949年到1984年在中国社会生活存在35年的特殊群体。①

这一阶层不是严格按照社会学意义上的社会分层理论界定的，是中国文革前后社会特有的现象。为了对此阶层有准确的把握与了解，有必要对当时中国社会流行的，对民众日常生活、行为方式、社会地位和生活境遇有至关重要影响的，诸如，本人成份、家庭出身、管制、监督劳动、帽子、戴帽和摘帽等政治词汇和概念作一简要介绍。

本人成份指本人参加工作或土地改革前的社会地位。家庭出身指本人取得独立经济地位前或参加工作前的家庭阶级成分，可以追溯到土改前家庭成份并且随着血缘而向下传递，具有世袭性和继承性。管制、监督劳动均是一种刑罚，用于处理最轻度的犯罪或者被认定有罪者。对犯罪分子不予关押，在公安机关管束和民众监督下进行

---

① 李若建：《从赎罪到替罪："四类分子"阶层初探》，《开放时代》2006年第5期。

劳动的刑罚，但在实际生活中变成对在政治上受歧视的人的一种惩罚形式。帽子是指政治上的异己者，如文革之前存在的四类分子、右倾机会主义分子、叛乱分子、右派等，在文革中又增加了资产阶级反动学术权威、走资本主道路的当权派等；戴帽就是指被贴上政治异己者的标签，摘帽就是指被解除政治异己者的标签，但摘帽本身也是一种政治标签，如所谓摘帽右派，其社会地位高于没有摘帽的右派分子，但仍是一个被政治歧视的群体。

在社会上受歧视的贱民阶层成员可以分为两类：一类是由于本人成份而被划定的，如地主分子、富农分子，这些人的后代的家庭出身是地主或者富农，并且往后传递家庭出身；另一类是由于自己的行为被划定的，属于这种情况的有反革命分子、坏分子和右派分子。这些人本人成份比较复杂，与家庭出身没有必然联系。在文革前，这个阶层被习惯上称为"黑五类"（地主分子、富农分子、反革命分子、坏分子、右派分子），在城乡均有。这个阶层实际上是处于社会底层的另类阶层，是人为建构的阶层，体现了身份制社会的特征。在文革中又加上"走资本主义道路的当权派""反动学术权威""叛徒""特务"四类，变成所谓"黑九类"。除地主、富农的界定比较明确外，其它的分子没有固定标准、明确的界定，往往随着政治形势的变化而变化。一切不被主流价值体系和标准认可的均可划归此类。如一种半官方对坏分子的定义是，除了残余反革命分子外的流氓、盗窃、纵火、凶杀、抢劫、诈骗、强奸犯以及严重违法乱纪和破坏社会秩序的罪犯，统称为坏分子。[①] 对这类人的歧视、迫害、驱逐甚至肉体上消灭的做法一直延续到文革结束。前一类是天生的贱民，后一类则是后天的，如干部阶层、知识分子阶层等成员因政治运动而被打倒的，两者在思想、行为、价值观、社会地位等方面都有区别，因此，贱民阶层成员在文革中的思想意识、行为方式多种多样，对现行体制的政治态度和价值追求也有所不同。如在文革中及其之后在社会上都有广

[①] 《社会主义革命时期党在农村中的阶级政策问答》第 26 页。

泛影响的杨曦光,"他出身于一个高干家庭,从小受过良好的教育,他周围的朋友亲戚在文革中全是保守派,因此,他对共产党保守派非常了解,特别对那些联动精英有深切的同情和了解。但同时他又是一个极端的造反派,对保守派敌视,对被迫害和被歧视的下层人物认同,甚至与扒手共伍。他坐牢时与国民党精英人物、造反派、保守派精英人物,受苏式教育的精英人物和受美式教育的精英人物以及一般下层人物都有很好地关系。"①

有的学者认为,所谓牛鬼蛇神大体可分为几种人,一种是1949年10月建国前为蒋介石政权供事的旧党政军人员;一种是资本家、地主、富农;一种是新中国成立后犯政治错误的人,譬如1957年的右派、1964年的四不清人员;一种是犯经济错误的人,譬如"三反""五反"中的对象;再一种就是坏分子,譬如服刑释放人员、神职人员、思想反动人员、生活作风不正人员、小偷小摸等。② 贱民阶层所受的社会歧视远远超过人们的想象。即使献血也被拒,被认为他们的血是牛血有毒,不够献的资格。一位右派兼现行反革命在儿子中学毕业,面临下乡时悲愤地说:"这年头,'牛鬼'是粪坑,是苍蝇,是毒蜘蛛! 谁戴上了牛鬼帽子,谁就意味着被社会抛弃,而且是毁灭性的抛弃,连你子女都不放过。你是右派、现反、牛鬼,你就死路一条。"③

贱民阶层子女在升学、参军、就业方面,受到越来越多的歧视,基本上堵死了阶层跃升的渠道。1957年反右时高等学校中出现了不少右派分子,导致过去还比较公平公正的高校招生政策受到了非难和批评,认为"以往高等学校招生工作中存在着贯彻阶级路线不够、注意新生政治条件不够的严重缺点,要求今后大力改进。"1958年国家对政治审查标准作了较大的修订,指出:"高等学校在审查录取新

---

① 杨小凯:《牛鬼蛇神录》,第4页。
② 者永平:《牛鬼蛇神》,者永平主编:《那个年代的我们》上册,第16—19页。
③ 刘文忠著:《风云人生路——一个残疾苦囚新生记》,第190页。

生时,首先要看政治条件,要注意审查考生平时的政治立场政治思想和道德品质,经过审查认为政治条件合格的,再结合学科考试成绩和健康条件,择优录取质量(特别是政治质量)较好的新生入学。"在1958年"内部掌握,不公布"的政治审查标准中明确规定:"对于地主、富农和反动官吏等剥削阶级家庭出身,政治上没有明显的进步表现的都不录取。"高等学校招生时要求高级中学在政治审查时将毕业生分为可以录取机密专业、可以录取一般专业和不宜录取三类,剥削阶级子女是不可能录入机密专业的,所以分数较高也只能降级录取,如果一旦被写上不宜录取,无论成绩如何只有落榜一途。更为不幸的是,文革之前的高考并不公布分数,政审的原则也只是内部掌握,落榜的青年不知道落榜的真正原因。大学之门对贱民阶层子女逐渐关闭。最初是地富反坏右子女,后来加上资本家子女、历史不清白分子的子女,再后来高级知识分子子女也被划入资产阶级范围之内,还有民主党派、富裕中农甚至一般职员的后代都在劫难逃。最初子女都是指直系子女,后来扩大到孙子孙女、侄儿侄女以及其他家属。在有些地区甚至凡亲属中有一人成分不好,这个青年的父母是红五类,也被视为不可靠。这种情况到文革前已愈演愈烈。在1964年《文教简讯》第67期登了一封群众来信质问高教部:"对家庭成分要求之严,简直成了唯成分论。几乎是完全不看学习成绩,光凭家庭出身和社会关系来录取!成分好就是觉悟高,成分不好就是觉悟低。""历年来,学生的学习成绩从来没有像今年这样不受重视,对社会关系要求之严,达到了不可思议的程度。"[①]

二、贱民阶层的际遇

毛泽东发动文革的目的是斗争干部阶层中所谓走资本主义道路的当权派,而在文革运动的初期,干部阶层则利用掌握的权力,把斗

---

① 隋子辉:《建国十七年北京市教育领域的阶级路线》。

争矛头对准了处于社会最底层的贱民阶层。1966年8月开始的"破四旧"运动，实际上是对贱民阶层大规模的打击迫害。他们被抄家、挂牌、批斗，遣返，甚至被殴打致死。1966年8月24日，北京第四中学的学生以"四中革命师生"名义发布了一张通令，勒令地富反坏分子"滚出北京"。这恐怕是最早驱逐四类分子的通令，得到北京市和中央的支持和配合。①

北京一些社会各阶层杂居的居住聚集区成为抄家的重灾区。者永平在《牛鬼蛇神》一文中，记述了朝阳门大街上有个叫下三条的住宅区的抄家情况：朝阳门外大街上有个叫下三条的住宅区，由于历史原因，这里社会成分很杂。居民中不仅有小商小贩、三轮车工人、医生，更多的是旧时的巫师、旧警察、喇嘛、修女、妓女、戏子等等。横扫牛鬼蛇神一开始，红卫兵便闯进下三条街道地区，不仅有女四中、八十中、六十四中、日坛等中学的红卫兵，就连东城、西城的红卫兵也赶来参战。于是，这一地区不被抄家的很少，只有那些红五类或者准红五类的，譬如城市贫民们幸免遭殃。红卫兵们把抓起来的人都关在下三条小学和东岳庙里面。所有被关押的人，不论男女老少全部被强制剃了阴阳头和十字头，并在盛夏季节强令这些人穿上过去的服装，旗袍、大褂儿、制服、喇嘛装等，在这些人脸上用红黑墨水涂上颜色。他们的打扮真像牛鬼蛇神了。② 被抄家者一旦反抗，就会惨遭殴打，甚至被活活打死。

徐友渔在文革爆发时是成都一中高三学生，属于家庭出身黑五类之列，对成都在破四旧中最令人胆战心惊的抄家记忆犹新。一个城市中成千上万的家被抄，这显然是破天荒的。抄家的名单一般是派出所或居委会提供的，他们掌握着居民的档案材料，指点红卫兵的行动。有时也有别的因素掺杂进来。比如有时某家的情况模糊不清，属

---

① 印红标：《读书声、风雨声》，北岛、曹一凡、维一编：《暴风雨的记忆》第267-283页，279页。
② 者永平：《牛鬼蛇神》，者永平主编《那个年代中的我们》上册，第16-19页。

于可抄可不抄之列，但如果一个穷苦人出身的邻居平时和你有隙，或者嫉妒你家住房宽敞，想使你倒霉之后挤占你家一两个房间，这时他就会分外积极，主动把祸水引来，甚至谎报情况。在那段时间，我曾见到红卫兵贴过一张告示，宣布被他们抄了的那家不属抄家对象。但这显然属于绝无仅有的一例，在那不讲道理的时候，根本不存在该抄谁、不该抄谁的标准。只要红卫兵愿意，哪会有抄错的。被抄家会蒙受巨大的损失和痛苦，但不仅于此，还有十分痛苦的事情等着你。这就是，你必须到学校去报告你的家被抄了。你有义务讲清楚，为什么家会被抄，你对这件事的态度和认识如何。我本来以为我的班上出身不好的同学占少数，除了出身好的和不好的，大部分家庭都没有问题。但那段时间只见一个又一个同学几天前还若无其事，突然间就哭丧着脸，躲在一边羞于见人。我马上就可以判断此人家被抄了。我很奇怪，怎么运动一来，那么多家庭都有了问题？①

据不完全统计，1966 年八九月，北京市被抄家的有 11.4 万户，在文革中被非法没收的私房达 52 万间，其中私人自住房 82230 间。上海市的抄家更甚于北京。据不完全统计，从 1966 年 8 月 23 日到 9 月 25 日，上海全市被抄家的共 15.77 万余户，占全市总户数的 6.5%。有的人还被反复抄家。全市原工商业者几乎无一幸免被抄了家。天津市被抄家的有 12000 户。1966 年 10 月的中央工作会议，印发了十几份参考资料，其中第四份是宣扬红卫兵破四旧伟大成果的《把旧世界打个落花流水》。据不完全统计，全国各大城市 8 月 23 日至 10 月 3 日，在抄家中共抄走黄金 119.8 万两，白银 1200 万两，银元 978.9 块，美元 355.8 万元，英镑和其他外币 373.9 万元，现钞、存款、公债券等 4328 万元，金银首饰等 1719 万件，绸缎和布 95 万尺，文物约 1 亿件，书刊 524 万册。②

---

① 徐友渔：《我在 1966》，载徐友渔编：《1966，我们那一代的回忆》，第 30-31 页。

② 卜伟华：《砸烂旧世界——文化大革命的动乱与浩劫（1966-1968）》，第 240 页。

把贱民阶层赶出其所居住的城市的遣返行动被当作"破四旧"的一项激进革命行动，蔓延到全国各级城镇，全国从城里赶走的所谓牛鬼蛇神有 39.74 万人。文革前，在局部地区有把四类分子及其被认为政治上不可靠的人从边境地区强迫迁移的情况。1958 年秋，为了建设红彤彤的大上海，上海把数以万计的地、富、反、坏、右及其家属赶出上海，造成不少妻离子散、家破人亡的惨剧。文革期间，普遍发生将四类分子驱逐出城市、强迫迁往农村的情况。文革初期，北京市有 8.5 万多人被扣上地、富、反、坏、右的帽子并驱逐出北京。①天津市 1969 年 7 月统计全市有 4.2 万人被遣送农村，其中，各种分子 1.6 万人，随迁家属 2.6 万人。② 估计当时全国被从城市里驱逐的四类分子及其家属超过百万人。北京文革初期遣返黑五类的景象更是触目惊心，一位目击者回忆："火车站的广场上那个乱呀，哭的，叫的，骂的，只见一堆堆的牛鬼蛇神，他们穿着各种各样的旧社会的衣服，脖子上都挂着牌子，说是遣送回乡，黑鸦鸦的足有千八百人，红卫兵手里拿着皮带、木棍，他们一队一队地走过，有人拿着小榔头，挨个儿在那些黑五类头上砸，我眼见一个红卫兵在一个戴眼镜的老头脑袋上砸，就那么一下，血就像自来水似的，从脑瓜顶窜出来，滋了那些红卫兵一身，说是做个记号，省得跑。"③

文革期间，贱民阶层毫无人格尊严，被羞辱、批斗、游街、殴打，甚至被打死或遭遇集体屠杀的现象时常发生。1966 年 8 月 28 日，北京市西城区大红罗厂南巷 20 号的李秀蓉老太太一家五口被殴打死于非命，起因是当地派出所民警招来附近学校红卫兵抄家。据茅于轼回忆："到 8 月份北京城进入横扫'地富反坏右'的疯狂阶段，我住在靠近王府井东安市场，那里天天都有被打死的小业主从东安市场用板车拉出来。北京市委后来发了通知禁止杀人，但是没用，武斗照样

---

① 《当代中国的北京》编委会：《当代中国的北京》上册，第 168 页。
② 《当代中国的天津》编委会：《当代中国的天津》上册，第 146 页。
③ 永明：《割发与割命》，者永平主编：《那个年代中的我们》下册，第 456 页。

进行着。"① 公安部长谢富治在当时召集的甘肃、陕西、湖北和北京等省市公安局长座谈会上说:"打死人的红卫兵是否蹲监?我看,打死就打死了,我们根本不管。不能按常规办事,不能按刑事案件去办。如果你把打人的人拘留起来,捕起来,你们就要犯错误。"② 不能回避的历史事实是,文革期间不少贱民阶层成员及其家属遭到杀戮。1966年8月27日至9月3日,北京市大兴县有14个公社的44个大队和县直属局的4个基层单位,先后发生了乱杀四类分子及其家属子女的事件,共杀324人。杀人事件以8月31日大辛庄公社最为严重,共杀110人。只是由于北京市委、市公安局、北京卫戍区的及时制止,才避免更多的人被屠杀。③ 据北京市公安局统计,仅1966年8月下旬到9月底的40多天里,全市被打死1772人。在如湖南、广西、广东、云南、江西、陕西等地的一些比较边远的地区,文革冲突和武斗中被杀的也主要是贱民阶层成员。湖南道县是文革中发生最血腥屠杀的地区之一。在文革期间,道县所在地零陵地区非正常死亡9093人,其中被杀7696人,被迫自杀1397人。在死亡人员中,四类分子3576人,占39.33%;四类分子子女4057人,占44.63%;贫下中农(大多数有不同程度的历史问题)1099人,占11.54%;其他成分者411人,占24.20%。其中未成年人826人。被杀者中最大年龄为78岁,最小的仅10天。④ 广西地区对贱民阶层的迫害、屠杀更是令人发指。

贱民阶层出身的学生在学校,特别是在一些重点中学所受的凌辱、迫害更甚于其他。有的出身于"黑五类"家庭的学生为了显示自己的革命性,也主动写揭发自己父母的大字报,以求自保。据鲁礼安在《仰天长啸》一书中写道:还有一个学生,记不得是哪个系的了,

---

① 茅于轼:《无悔的历程》,第34页。
② 卜伟华:《砸烂旧世界——文化大革命的动乱与浩劫(1966-1968)》,第241页。
③ 中共北京市委党史研究室编:《内乱的十年——北京区县"文化大革命"时期纪略》内部资料,第364页。
④ 李若建:《折射——当代中国社会变迁研究》,第256-257页。

只知道他是地主家庭出身。他的出身问题我是从大字报上看到的,而写这张大字报的正是他本人。大约也是因为出身不好,这个同学在班上受到了"革命群众"也就是"红五类"出身的学生的排斥或打击。他大概想党的政策是"出身不由己,道路可选择","重在表现",于是赶快表现一番——贴出一张题为"站稳立场,和反动家庭彻底决裂"的"革命大字报",用最恶毒最难听的语言,将自己所出自的家庭和自己的"地主老子"臭骂了一通。大字报的署名也很有点意思,称自己为"一个反动透顶的地主家庭出身的该千刀万剐的狗崽子"。

三、离经叛道者的最初呐喊

贱民阶层对文革的态度从摘帽右派邵燕祥的心态可窥一斑。文革初起时,到处流通一些毛泽东不曾公开发表的文字和讲话记录之类,多半是从走资派家里抄家流出,或是干部子弟出于不同的目的而有意识地透露出来的。记得其中有提到死官僚和特权的地方,在给陈正人的一封信里,并提出官僚主义者阶级之说。这使我回顾1956年我和一些友人反对官僚主义的时候,还没提到这个高度,我连官僚主义者所涉特权都没提到,当时心中的官僚主义也还只是局限于他们的工作作风、生活作风,脱离群众或强迫命令,压制群众,严重的则从革命意志衰退退向非革命化蜕化变质而已。正是基于这样的认知,我在文革开始时,一方面受到以革命的名义的冲击,一方面我的私心是肯定文革甚至欢迎文革的,这里有从少年时青春叛逆心理带来的基因,也有50年代初期积累起来的虽然概念不清却是拂之不去的反官僚主义情愫,还有表现为完美主义的理想主义憧憬,很容易煽动起来的小资产阶级要求纯粹、彻底的绝对化狂热性。我的肉身在城里机关中经受着批判斗争,我的魂灵却飞到城外校园里跟揭竿造反反工作组的学生站在一起,工作组的口号和行为跟反右派时的做法雷同,这时毛泽东对造反的支持,使我看到了希望。对毛泽东战略部署的误

第七章 贱民阶层与文革

读持续了很久。①

文革是最初之目的和斗争目标对准实际掌握统治权力的干部阶层，势必会对原有的政治社会秩序有所改变，为不同阶层的人们提供难得的争取自身权益，改变自身社会地位和生活境遇的提供了难得的机遇。随着文革运动的继续深入，党政干部纷纷被打倒，党政机关陷于瘫痪半瘫痪状态，原有的政治控制和社会控制有所减弱，社会秩序似乎地覆天翻，越来越多的贱民阶层的年轻人趁机加入对现有秩序和官僚干部阶层不满的激进群众组织，有的成为群众组织的骨干和负责人。企图通过运动摆脱长期以来受歧视、排挤的状况，改变自身的命运，有的还根据自己的思考，探索新的社会发展道路，提出自己的政治主张。和其他社会阶层成员加入激进群众造反组织不同，在贱民阶层的年轻人参加造反的动机，除了青春期的自我表现冲动，无疑还具有反抗等级歧视和政治迫害的性质。周伦佐在《文革造反派真相》中记述了一个文革前便下乡的黑五类子弟文革造反的心路历程，有重要参考价值。这些人步入造反派行列的动机，主要是对等级歧视和政治迫害的反抗，以及青春期自我表现和自我肯定的冲动。他们之所以要誓死忠于毛泽东，除了多年所形成对毛泽东绝对权威的个人迷信外，更因为毛泽东将他们从人生绝境中解放出来，令他们感激不尽，而毛泽东此时决定打倒刘少奇为首各级当权派的政治意图，又正好与他们打破等级秩序改变自身处境的政治意向不谋而合。一些有独立思考能力的贱民阶层成员造反的主攻对象，始终是代表旧的社会等级秩序的当权派和维护旧的社会等级秩序的保守派。

尽管各类贱民阶层成员之间没有太多的共性，但是在约三十年的受歧视境遇中，极少数人萌发了一些群体意识。文革中有一位中学生给毛泽东的信中说："现在对待地富分子，不管他改造的好不好，抓来就斗，拳打脚踢，戴高帽子游团。我们认为，有些地富分子的反抗正是由于我们这样长期严酷的专政压出来的。这样搞，他们谁不盼

---

① 邵燕祥：《一个戴灰帽子的人》，第 314—315 页。

望蒋介石来。"① 有研究者指出，20世纪50年代初期的镇反运动之所以能够赢得社会认同，一个重要的原因是运动成功地把社会上的恶霸、流氓与"反革命分子"联系在一起，给妖魔化了。有学者认为，改革开放前社会层次结构的显著特点是乡村等级内部呈现准均质化。昔日的地主、富农和贫雇农之间的层次消失，这种观点忽视了客观存在着的四类分子阶层。②

在文革中，一些出身贱民阶层的青年人根据自己的切身感受和对理论问题的思考，提出了与官方意识形态完全不同的理论观点和政治主张。这些观点、思想因为与毛泽东的思想有一定的相通之处，在文革期间一度广为流传。有的青年提出了"革新社会主义制度，改善无产阶级专政"的主张。遇罗克是贱民阶层对文革态度及其反映贱民阶层主张的一个典型代表。

遇罗克，1942年5月出生，中国北京人。遇罗克为资本家出身，其父是水电部高级工程师，从小学到高三毕业遇罗克的学习成绩和品行一直优异，1957年父母均被打成右派，成为黑五类分子，遇罗克升学、就业遭到许多不公正的歧视。遇罗克1959年从北京市第六十五中学高中毕业后，三次参加高考，虽成绩优异，却不被准许进入大学。父母右派的身份使他没有报考大学文科，而选择了地质学院，1960年根据高教部的存档成绩单证明（文革时档案被发现），他高考成绩优异，却连大学的最后一个志愿也未被录取，原因是政审不合格。在高考落榜后，遇罗克曾在北京人民机器厂当学徒工，之后又担任过代课教师等多种临时工。

1966年2月13日，遇罗克在《文汇报》上发表文章《和机械唯物论进行斗争的时候到了》，反对姚文元批判新编历史剧《海瑞罢官》。文革爆发后，他以"家庭出身问题研究小组"为笔名，写了六期《中学文革报》的头版文章及其他文章。最著名的是第一期的《出

---

① 《位卑未敢忘忧国——文化大革命上书集》，第8页。
② 李若建：《折射——当代中国社会变迁研究》，第266页。

身论》,批判当时被干部阶层子女倍加推崇的"老子英雄儿好汉,老子反动儿混蛋"的血统论,列举事实反驳"有成份论,不唯成份论,重在政治表现"的政策,提倡平等、民主和人权。该文被广为传播,影响巨大。遇罗克清醒地看到,竭力宣扬并从那个"血统论"或曰"阶级路线"中实际受益的主要是领导干部子女,从而尖锐地提出反对特权的命题,并以此作为反对"资本主义复辟"的核心内容。为反驳清华附中红卫兵,遇罗克撰写《联动的骚乱说明了什么?》,在文中尖锐地提出了特权的问题。他说:联动的主要成分是"没有改造好的高级干部子女","反革命修正主义分子统治着教育部门的时候,给高干子女安排了养尊处优的社会地位,造成了一个新型的少爷阶层。""在反革命修正主义分子控制宣传和文化部门的时候,也拼命造就这些青年的贵族心理。"遇罗克的结论是:"联动的骚乱告诉我们:没有改造好的高干子女是资产阶级复辟力量的最理想的继承人。"遇罗克所说的"复辟"主要是指以革命名义出现的特权阶层掌握政权,这是文化大革命中普遍议论的话题,也是国际共产主义运动中屡遭诟病的问题。在文化大革命主要矛盾的问题上,遇罗克说:"文化大革命阶段,激化了的主要矛盾是什么呢?是像解放战争时期,国民党反动派和广大人民之间的矛盾吗?是像土改时期,地主阶级和无产阶级的矛盾吗?是像反右斗争时期资产阶级右派分子和广大革命群众之间的矛盾吗?是像国民经济恢复时期,民族资产阶级和工人阶级之间的矛盾吗?不是,都不是。固然他们人还在,心不死,但是文化大革命这个历史发展的新阶段,自有它特定的主要矛盾。"根据十六条,"在目前主要矛盾是百分之九十五以上的革命群众和党内走资本主义当权派之间的矛盾。"遇罗克猛烈抨击干部子女特权的观点具有深刻的洞察力。

遇罗克的观点在贱民阶层中引起了共鸣。一般所谓出身不好的学生等对遇罗克的《出身论》表示赞同。特别是遇罗克的"一切革命青年,不管是什么出身,都应受到同等待遇"的观点,得到了所谓黑五类青年的热烈响应。文革期间热心理论探索的成都高中学生解全是其中的一位典型代表。解全自称出身不好，喜欢读书、思考，读书颇多，在读了《马克思传》《恩格斯传》《回忆马克思恩格斯》《马克思恩格斯论文艺》等书后，把马、恩当作崇拜的英雄。崇拜马克思、恩格斯追求真理、献身真理的精神，以及博览群书、高瞻远瞩的胸怀。李锐所著的《毛泽东青年时期的革命活动》一书也对解全有很大影响。他后来回忆到：大概在 1966 年夏天，北京红卫兵的对联"老子英雄儿好汉，老子反动儿混蛋，基本如此"传到成都。成都的中学也刮起了血统论之风，在同学中也划起了红五类与黑五类。由于我出身不好，一时感到有很大的压力。终于，一次班上开批判会，要出身不好的同学都交代家庭的历史和自己的剥削阶级、资产阶级思想。我在会上否认自己出身红五类，并说自己崇拜的是马克思、恩格斯，没有什么好交代的。后来，我索性不去学校了，整天在外面看大字报或者到四川省博物馆。一次在人民电影院门口看到有关八二六事件的传单，感到很新奇。1966 年 9 月，北京赴川的学生来了，在大街上经常看见他们的游行队伍。他们一边高呼毛主席万岁！一边高呼"炮轰西南局，火烧省市委！"北京学生的到来，使人们的注意中心都转移了。1966 年 11 月 25 日，解全参加了毛泽东的第八次接见，之后留在北京看大字报，首次知道了遇罗克的《出身论》。他谈道：关于遇罗克的《出身论》，最初是在批判《出身论》的大字报中知道的，后来才读到全文。在文化大革命中，第一次感到思想解放，就是遇罗克的《出身论》。解全 1966 年底回到成都后，参加了造反组织八二六一派在学校的组织新锦中公社。此时，参加属于造反派的红卫兵，一般不需要任何手续，只需领一只袖套而已，一般已不过问家庭出身。但出身不好者，也很少有人进入勤务组（即领导机构）的。解全便办起了一份小报《新锦中报》，并自任主编。大概 1967 年 1 月，解全看到成都第十九中红卫兵主办的一份小报全文转载了《出身论》，就找到主办人。他们一致觉得有相同观点的人应串连起来。他把这份小报推荐给一些同学、老师以及一中的徐友渔等人看，大家都觉得十分兴奋。1967 年 4 月，解全到北京，去北京四中寻找《中学文革报》

的主办人,才知道作者是遇罗克。解全说:"遇罗克文章的解放作用,其具体观点当然是一方面,但实际上更重要还在于他的思想方法,在于他敢于独立思考,敢于冲破思想禁锢的精神。《出身论》的锋芒所指,不仅仅是当初联动提出的血统论,而且是建国以来一直存在的一种极左倾向。"①

出身论实际上是对当时奉行的阶级路线的否定,对现行政治秩序和社会秩序的挑战,是贱民阶层发出的要求公平正义的呐喊,很快遭到文革派和干部阶层的镇压。1967年4月14日,张春桥、谢富治、戚本禹接见红卫兵代表时,戚本禹在讲话中说:"它(指出身论)的错误就是否定阶级观点,否定阶级分析,否定阶级出身对人的影响。他是用客观主义伪装的资产阶级观点来反对血统论,结果同血统论走到一起,攻击社会主义制度,说在我国产生了种姓制度。否定阶级分析,抹杀阶级观点,企图从根本上抹杀阶级出身。它煽动不要做外围,实际上用资产阶级观点来反对血统论,煽动部分青年对党不满,向党进攻。这是大毒草,我希望同志们不要上当!"② 在戚本禹代表中央文革对《出身论》表态后,北京大中学校各派红卫兵组织都开始批判出身论,不论是过去宣扬过血统论的老红卫兵,还是猛烈批判血统论的造反派,都异口同声地对出身论进行口诛笔伐。许多响当当的造反派,在批判血统论的同时,对外标榜自己组织的纯洁性,如北航红旗战斗队发表声明说:"在北京所有学生老左派队伍中,工人、贫下中农子弟比例最大的是北航红旗战斗队。这一点保证了北航红旗比其他左派队伍在阶级意识上要纯洁得多,使得北航红旗战斗队的小资产阶级成分比其他战斗队都少得多。"③ 1968年1月5日,遇罗克被捕,被扣上"大造反革命舆论""思想反动透顶""阴谋进行暗杀活动""组织反革命小集团"等罪名。1970年3月5日和另19位

---

① 解全:《我在文化大革命中的经历》,徐友渔编:《1966 我们那一代的回忆》,第145-169页。
② 卜伟华:《砸烂旧世界——文化大革命的动乱与浩劫(1966-1968)》,第217页。
③ 卜伟华:《砸烂旧世界——文化大革命的动乱与浩劫(1966-1968)》,第217页。

政治死刑犯在北京工人体育场的十万人大会上，被宣判死刑并被执行枪决。

像遇罗克这样，在思想相对自由的文革动荡岁月，许多贱民阶层成员冲破思想禁锢，开始以更开阔的视野观察和思考政治问题和社会问题，对文革甚至社会制度提出了质疑和批判。解全、许成钢、刘龙江等都是其中的典型代表。

对遇罗克《出身论》颇为推崇的解全，逐渐看清了成都地区两派相斗的本质，对当时的时局和许多问题提出了独立的见解。1967年6月，《中共中央关于处理四川问题》的所谓"红十条"公布，成都地区造反派之间的派性斗争开始逐渐升级。原来保守派和造反派的矛盾逐渐淡漠。红十条对原来同是造反派的八二六和红卫兵成都部队有不同的肯定。而红成反对刘结挺、张西挺进入四川省革委会，矛盾就这样展开了。从1967年7月开始，两派冲突越来越激烈，从辩论开始发展到武斗。武斗越来越厉害。这段时间，解全成了逍遥派，开始读书。1967年解全开始提出所谓第三条道路，即既不同意红卫兵成都部队打倒刘张谈大联合，也不同意八二六要红成拥护刘张谈大联合，而是主张保留刘张问题谈大联合。此时成都地区出现了一种普遍地厌倦派性斗争、反感武斗、希望社会秩序恢复正常的情绪。正当成都地区两派的斗争陷入僵局，大联合的呼声逐渐有所加强之时，1968年3月15日，以康生、江青为首的中央文革在接见四川省代表时讲话。这次讲话的精神是肯定十条，肯定刘张是革命干部，公开表态说红卫兵成都部队是右倾翻案风。这样一来，四川两派矛盾又激化了，武斗又重新激烈。315讲话后，解全对文革失去兴趣，但对文革的思索一直没有停止。他和萧昌建、徐友渔等人经常讨论对文革的看法。到了1968年底，他们对文革的怀疑更加坚定。1969年12月解全下乡到四川省邛崃县山区。下乡之前，他认识了一批1964、1965年下乡的老知青。老知青有一种观点，认为知识青年上山下乡，其实质并不是接受什么再教育，而是社会处理剩余劳动力，把农村当作劳动力的仓库。

第七章 贱民阶层与文革

　　许成刚,文革时在清华附中念初二,1967年到北大荒至1976年。1979年考入清华大学机械系研究生。他在《探讨、整肃与命运》中说:他不到20岁时,因写作《试论社会主义时期的政治经济学研究》,在北大荒建设兵团被打成反革命集团的头目。许成刚的父母曾是中共地下党员,其父1957年被打成右派,罪行见诸《人民日报》《光明日报》等主要媒体,后被迫离职到农村当农民,其母亲受株连被开除党籍及降职处分。许成刚在文革前是清华附中少先队的大队副,在文革前是一个坚信共产主义的好学生。一时红卫兵成为文革的主力军,矛头指向学校领导、教师、学生干部和出身不好的学生。许成刚出身不好,又是学生干部,自然成了打击对象,引发了他深深的思考,对干部阶层和当时的社会制度提出了大胆质疑。"关于社会主义时期阶级斗争的性质,在清华大学的激烈辩论中有一种提法,即文化革命之所以是阶级斗争,是因为产生了新的阶级——官僚特权阶级,所谓走资本主义道路的当权派即官僚特权阶级。关于文化革命,对我影响最大的观点是,在过去十七年产生的特权阶级,与人民大众之间构成基本的阶级矛盾。文革就要发动人民大众同官僚特权阶级进行斗争。1966年下半年的大辩论对我思想的发展起了巨大影响。"①

　　1967年夏天,许成刚随清华附中一拨同学,还有几个哈军工大学生一起到江西支左。刚到江西莲花县就发生激烈武斗,造反派把他们安置在共产主义劳动大学内。由于他们是从北京来,在当地很轰动,保守派害怕北京来客产生滚雪球效应,立即调动数千武装民兵,把他们团团包围。造反派要他们撤离,以免被对手置于死地。他们狼狈不堪,半夜里翻墙逃走,昼伏夜行,从江西翻山越岭逃到湖南省。一路上不敢和当地人接触,连食物都没有。"这一戏剧性的经历,给我印象最强烈的是,不同社会阶层与社会集团的自身利益是残酷夺权的动力。我看到的残酷现实,对照毛的话,让我感到文革绝不仅仅

---

① 徐成钢:《探讨、整肃与命运》,北岛、李陀主编:《七十年代》,第413-440页。

是上层少数人的权力之争。这么多人以保卫毛主席的名义拼死而战，每一方都号称保卫毛主席，事实上是保卫自己的利益。从全国范围的夺权运动和武斗中，我感到文化大革命的基础是社会矛盾激化，是社会阶层或阶级之间的冲突。""当时另一个刺激我深入思考的问题，是基于对造反派和所谓老红卫兵或所谓联动两派斗争的观察。当时联动组成者的高干子弟中，有些代表人物扬言天下是我们的父母用鲜血打下来的，因此我们就是最终的统治者，是坐天下的。这些言论，在我看来都相当准确地落入了马克思主义的阶级观。当时我认为这些言论生动地告诉了人们，中国社会存在不同的阶级，借用法国革命时期的语言来说，他们是贵族，而中国的社会的多数人属于第三等级。当年这方面的讨论很多。……当时对我有系统影响的是马恩的历史唯物主义著作。当时，我读的马克思主义、历史唯物论，及自己的观察都告诉我，文化革命是阶级斗争，是阶级之间关系激化所致。如今我虽然已经不再是马克思主义者，也不再以阶级解释一切，更不再追随毛，但我至今仍然认为文革背后的重要原因之一是社会不同利益阶层之间矛盾的激化，而不能简单地解释成毛泽东通过群众运动整掉刘少奇的政治阴谋。持续的阅读和观察，让我觉得文革是人类历史上一个极其重要的特殊时期，是尚未认识的仍在演进的重大历史事件。当时我自以为已经捕捉到对文革及当时社会的理解线索，这让我尤其兴奋。当时毛泽东反复说文化大革命每隔七八年就会再来一次，我就想弄明白，下次文化革命要做什么？文化革命到底要解决什么问题？如果阶级与阶级之间永远在争斗，那什么时候能够过渡到共产主义？当时也读到了湖南杨曦光的大字报《中国向何处去》，并读到江青点名他为反革命的指控。我喜欢他提问题的方式，但他并没有回答他提出的问题。"[①]

刘龙江，文革爆发时是北京二中学生，出身干部家庭，因反对血统论被老红卫兵除名，遂走出学校，参与组建了"毛泽东思想红卫兵

---

① 徐成钢：《探讨、整肃与命运》，北岛、李陀主编：《七十年代》，第419页。

首都兵团",后成为四四派的首领之一,先后出任北京中学红代会核心组成员,北京市革委会委员及市中学知识青年安置办公室的学生副主任,成为当年学生运动的风云人物之一。他在《我笃信中庸之道》写到:我们批判对联时,并不否认有成分论,我们反对对联,也不是从自由、平等、博爱这个角度出发的。遇罗克他们是否定有成分论的。他的文章写的非常生动,他反对当时社会上的普遍现象,批判的是当时共产党不能改变的、并且明确在执行的现实路线。这和批判中学里的对联是两回事儿。这其实也是后来我们和四三派的主要分歧之一。四三派的核心人群,是那些出身不好的同学。对这些出身不好的同学,必须承认一个事实,他们在这个社会里地位是不平等的,是不被当作社会正面力量的,是处处被防备和压制的。当斗争矛头对准对联的时候,肯定是出身好的敢于冲在最前头,他们跟在后面;但是局面一打开,他们就有发言权了,而且反弹极大。①

一些属于贱民阶层人们,虽处境艰难,仍怀有对民族对国家的赤子之心,不顾个人安危,通过各种方式表达对时局的看法,担忧国家和民族的前途命运,对毛泽东进行规劝,提出政策建议,体现了应有的担当。

江西省南丰县宝丰寺法师释演成,俗名周晏清,对文革破四旧捣毁寺院不满,在1966年到1967年间,接二连三实名向毛泽东、党中央写信,规劝毛泽东,建议中央终止文化大革命。1968年6月29日被捕,1968年8月16日被判处无期徒刑,罪名是恶毒攻击和咒骂我们伟大领袖毛主席和林副主席,为大叛徒、大内奸、大工贼刘少奇翻案。②

尹志铿,四川广安县人,陕西省重型机器厂技术员。1957年整风期间,尹志铿对干部提意见,并发表对一些问题的看法,1958年

---

① 刘龙江:《我笃信中庸之道》,《米鹤都主编:《回忆与反思——红卫兵时代风云人物口述历史之二》,第92—139页。
② 《佛徒一杰》,《春风化雨集》下册,第53—26页。

5月定为右派分子并撤销技术员职务,从保密单位西北光学仪器厂调到省重型机械厂,先在厂里的农场劳动,后到金工车间消除铁屑,文革初起时被当作牛鬼蛇神横扫。1967年9月2日,尹志铿以群魔为笔名给周恩来写信,要周恩来想办法除掉林彪。1969年清理阶级队伍队时被定为现行反革命分子,多受折磨。1972年10月9日,尹志铿给中央领导写第二封信,希望把信转给毛泽东。1973年五六月,他又向毛连写了两封信,建议毛泽东大赦天下、与民休息,后三封信署名雪崩,邮至北京。1973年7月20日尹志铿被捕,以现行反革命罪逮捕入狱。1974年1月被判处20年徒刑。判决书如下:罪犯尹志铿于1967年至1873年6月先后向党中央投寄反革命匿名信四封。借古讽今,恶毒攻击无产阶级司令部,攻击党的基本路线和政策,诽谤无产阶级专政,污蔑大好形势,叫嚣要大赦天下、与民休息,妄图颠覆无产阶级专政,内容极为反动。被关押后,仍不低头认罪。①

刘家瑞,1935年生,重庆人。1958年23岁时已经是重庆三钢的技术员,1958年,任重庆第三钢铁厂技术员的刘家瑞被打成右派,开除公职。文革爆发时,刘家瑞与父亲、妹妹住在一起,在重庆南岸区街道建筑业做临时工。1967年秋末,重庆两派群众组织大规模武斗暂告停火后,刘家瑞与几个常在一起聚谈的青年(多是因家庭出身不好而失学的临时工)谈论时政,对文革动乱带给民众的苦难痛心疾首。1968年初,刘家瑞提议,由因家庭出身不好失去升学机会的街道修缮队青年张庆豹执笔,用一个虚拟的署名"中华革命造反联盟西南指挥部",撰写《中国向何处去》,揭露文革对人民造成的灾难,不点名批判毛泽东,并把文章刻写成油印传单于1968年五一前在闹市区散发。1969年中共九大召开后,刘家瑞提议由张庆豹执笔写了第二篇讨伐文革的文章《打倒六十年代的袁世凯》。全文分三部分。第一部分是分析1969年九大之后的形势,第二部分是分析毛泽东发动文革的动机及其国际政治考量,第三部分是分析推断时局的变化。

---

① 《直言忠谏的战士》,《春风化雨集》下册,第160—169页。

1969年中秋节时,刘家瑞、张庆豹等在私下交流传播时被举报,均被逮捕。1970年一打三反运动中,此案被重庆市公检法军事管制委员会定为现行反革命集团案。刘家瑞被定为首犯,于12月5日判处死刑。1981年7月宣告无罪。①

在个别地区和特定环境下,文革时期贱民阶层成员开展了秘密结社和组建政党活动。当然,在当时的形势下,这些政党的活动只能处于思想、舆论方面,极少有所实行行动的,当时也没有任何采取行动的条件。这些政党对共产党持反对态度,有的秘密,有的公开,大多数遭到残酷镇压。

杨曦光的《牛鬼蛇神录》中的粟异邦就属于这一类的典型人物。粟异邦的父亲在1949年镇反运动中被杀,属于四类分子的子女,不能进入大学,初中毕业后进工厂当学徒工。1957年整风运动时,他提了一条意见,认为学徒期限应当灵活规定,只要达到出师的条件,应当允许不到三年就出师。反右开始后这条意见成了对社会主义制度不满的罪名,被打成坏分子,送农场劳动教养。在劳改农场,粟异邦经常与几位朋友秘密集会,成立了一个小组织,叫民主党。这个组织在文革前夕被破获,粟异邦和他的三个朋友被关进左家塘看守所。文革时期,对粟异邦进行判决时,七八名公安局军管会的军人和荷枪的士兵负责执行。一个穿军官服的人拿出文件,大声道:"反革命分子粟异邦,我今天代表长沙市公检法军管会宣布对你的判决:反革命组织首犯粟异邦,其父被我人民政府镇压,本人1957年因攻击社会主义制度被劳动教养。粟异邦对我党和人民刻骨仇恨,在劳教期间,组织反革命组织民主党,自任首领,妄图颠覆无产阶级专政,复辟资本主义。根据中共中央国务院公安六条,对反革命组织首犯判处死刑,立即执行。"稍停,他厉声道:"粟异邦,你还有什么话要说的?"粟异邦的回答使所有人都大吃一惊:"我反共产党,却不反人民,反

---

① 何蜀:《因主持起草讨毛檄文而被处决的刘家瑞》,载《昨天》第82期,2016年12月30日。

共产党是为了人民，人民反对你们！"粟异邦没有立即执行死刑，而是被转到省公安厅模范监狱关押。在狱中粟异邦仍不改悔，每天要演说几个小时，不停地骂共产党。在执行死刑那天，还不等宣判完毕，就在东风广场十几万人面前突然大呼"打倒共产党！打倒毛泽东！"被用刺刀扎入口中，还不等宣判大会结束，已死在血泊中。

参加文革造反组织的贱民阶层成员中，有的虽然积极参加造反活动，但对文革则持彻底否定的态度。《牛鬼蛇神录》中的人物刘凤祥，1950年20多岁时就当上了浏阳县长、当地建设报的总编辑，1957年任湖南日报主编时被打成右派。下放到工厂劳动改造时，他的右手在一次事故中被机器切断。号称"我们可是最早的造反派，早在1957年我们就批判旧省委的走资派，这就是我被打成右派的原因。"刘凤祥曾对杨曦光说："文化革命是一种真正的罪恶，这在历史上一定会成为公认的定论。这是客观真理，不是随意性的主观判断所能改变的。"① 刘凤祥是一个思想家，认为"中国现代时尚的很多悲剧起源于1957年中国所发生的事情。"毛泽东1957年发动整风运动时错误地估计了1949年以后的形势和民心。刘凤祥思考的深度为他人所未及。在一打三反运动中，刘凤祥等人被以组织反革命组织劳动党的罪名被执行死刑。布告上说雷特超、刘凤祥为首组织反革命组织中国劳动党，煽动上山为匪，妄图颠覆无产阶级专政。在杨曦光所在的劳改建新农场，有一些所谓真正的反革命犯人，"这些犯人都是因为主张以地下政党活动方式发动新的革命推翻共产党而被判刑的。我认识的这类犯人有的属于劳动党，有的属于民主党，有的属于反共救国军。反革命集团案与反革命组织的区别是：前者不是正式的政党，而只是沙龙；而后者是正式的政党组织。

---

① 杨小凯：《牛鬼蛇神录》，第51页。

四、呼吁制度变革的"新思潮"

处于社会底层的群体反对血统论,提出了出身论,表达了对社会制度、经济社会结构和阶级路线的强烈不满。但由于他们的社会处境和社会地位,要求平等、公正的权利的意图往往表达的比较含蓄,以免遭到更惨的厄运。而一些思想活跃、敏感的贱民阶层成员,则从自己的切身体会出发,认识到社会存在的问题的根源在于社会结构的现实状况和整个制度政策设计的结果,大胆提出了种种具有革命性的变革社会制度的理论主张,即所谓"新思潮"。

"新思潮"用来指称青年学生中出现的一种自主地依据马克思主义或者毛泽东的论述,对文化大革命进行解释和理论性探讨的激进思想倾向。这些人的思想来源除了马克思主义著作之外,还深受文革前翻译、出版的西方政治理论等著作,即所谓灰皮书的影响。据魏光奇回忆,他和一些同学阅读了南斯拉夫共产主义联盟领导人的著作《新阶级》,开始反复思考和讨论社会主义国家社会分层问题,有了一个自己当时觉得能够信服的答案。吉拉斯这本书著于1958年,文革前作为灰皮书之一有中译本。1968年前后,这本书在思想活跃的北京中学生中流传甚广。这本书的中心观点,是认为苏联和二战后在一些国家中出现的社会主义,与马克思、恩格斯所预言的、建立在生产力高度发展基础上的共产主义风马牛不相及,只具有使得西方落后国家以集权方式完成工业化的工具价值;这种社会主义同样也是一个阶级社会,"官僚阶级"是这个社会中的统治阶级、压迫阶级、剥削阶级,同工人阶级、人民群众处于对立地位;一旦这些国家的工业化完成,这种制度将因阻碍生产力发展、集权统治的腐朽和阶级矛盾的激化而被改变、被推翻。吉拉斯这种观点同毛泽东的继续革命理论有某些合拍之处,对于文革中受到血统论排斥和迫害的非红五类学生来说,以及对于感受到了与干部子弟之间存在巨大社会经济地位差异的工农子弟来说,有着极大的吸引力。当时,我和我周围的同学都因接触到这种理论而感到十分兴奋,觉得顿开茅塞,觉得自己一年多来反复思考的文革起源问题似乎得到了解决。当时在北京中学生中流传的与《新阶级》观点相通的书,还有托洛斯基的《被背叛了的革命》《斯大林评传》等。此外,《赫鲁晓夫主义》《震撼世界的十天》《震撼克里姆林宫的十三天》等有关国际工运的某些著作流传也比较广泛。

灰皮书、黄皮书对青年思想的影响固然巨大,但只局限于北京、上海等地的青年,其他人是非常难有机会接触的,很多思想型的青年未曾读过,甚至未曾听说过。例如1972年几位青年在思想探索中提出"干部是一个阶级"被说成是吉拉斯的反动观点,实际上他们当中谁也没有读过吉拉斯的书,只是在被批判时才听说这个对中国人来说很拗口的外国人名。他们最早读到这本书是在文革结束后的1980年。因此,灰皮书对这一代人的影响,不可估计过大。此外,内部读物往往不成系统,青年人多是碰到什么就读什么,对于他们的思想探索来说,更基本的影响因素是马克思主义理论和严酷的现实。

这种新的思想潮流有这样一些特点:第一,着重对制度而不是对个别领导人的优劣进行分析;第二,更多引用马克思主义经典论述而不是中央文件和报刊社论;第三,有明显的理论兴趣,而不是着眼于紧跟中央对政治运动的具体部署;第四,独立地从民间而不是追随当政者的立场提出和思考问题,更多地伸张民众对领导的监督等政治权利,而不是声称"紧跟"领袖的领导权威和指挥。这种挑战领导体制权威性的倾向在文革前通常被列为"右"或者"极右"。而在文革期间,由于运动的重点是由领导整群众,变为群众整领导,政治坐标的转换使冲击领导从右变成了左,并且因其发展超越了文革核心领导容忍的界限,而被当作"极左"思潮。[①] 当时"新思潮"的观点和主张,可以概括为阶级关系变动论、财产权力再分配论,变革政治制度建立巴黎公社式新社会等,大多反映了处于社会较低层的贱民阶层和农民阶层的利益和追求,强烈要求变革政治制度的愿望,具有颠

---

① 印红标:《失踪者的足迹——文化大革命期间的青年思潮》,第236页。

覆现有社会政治秩序，中国社会结构的性质。

（一）阶级关系变动论

1966年10月17日，北京师范大学物理系学生李文博的大字报《公社早已不是原来意义上的国家了》，提出的"革新社会主义制度，改善无产阶级专政"，实际上代表处于社会最底层的贱民阶层对长期处于歧视、压迫状况强烈不满的观点和主张。在文革中，他们尽力顺从社会以求生存，不满社会现状奋力抗争，进行深度理论思考，探求变革制度、体制之道。1966年10月，在中国科技大学出现了对社会关系和制度进行批判性分析的大字报。几位科技大学学生以"红炮班"的名义贴出大字报《毛主席的无产阶级阶级斗争万岁》，阐述他们心目中的毛泽东在社会主义时期的阶级斗争理论，大意说是：根据马列主义的理论，阶级是按照人们在社会上的经济地位划分的，解放后的十七年中阶级关系发生了变动，以前的地主、资本家是剥削阶级，所以是革命的对象，现在压迫和剥削人民的是特权阶层，也就是干部阶层，所以走资派成了革命的对象。文章特别强调文化大革命同以前反对国民党的革命不同，新社会里有新的阶级关系和新的革命对象。①

哈尔滨工业大学一篇署名"卫无"的文章（或大字报）《砸烂旧中国，建设新中国》，从生产资料占有、收入差别的角度质疑中国的社会性质，被列为极左思潮，其成文时间不详。文章认为：中国从1949年建国开始就修了。"中国的经济基础是修正主义的，中国修正主义成熟程度是十七岁了。"社会主义社会同修正主义社会、资本主义社会有三个"一样"：其一，经济特点一样：生产资料在占有上的分离，劳动者没有生产资料；其二，发展史一样：生产资料在占有上分离的历史，都是劳动者的生产资料不断被剥夺；其三，基本矛盾一样：都是生产条件在生产中的结合和他们在占有上分离的矛盾。《砸

---

① 印红标：《失踪者的足迹——文化大革命期间的青年思潮》，第95页。

烂旧中国，建设新中国》一文对当时社会关系的看法是：目前中国社会有四个阶级：高薪阶层、低薪阶层、工人、学生。高薪阶层是"掌握着一切权力"的统治阶级，是喝"劳动人民血和汗"的剥削阶级。十四级以上的国家干部，七级以上的工程师、厂长、高薪科长、高薪的车间主任、高薪的文艺界人士等都属于高薪阶层，而工人阶级是被统治阶级，低薪职员阶层是无权阶层。文章断言："目前中国的主要矛盾就是以占统治地位的高薪阶层为一方，以低薪阶层阶级为一方的矛盾。"

上海造反群众组织中串会的《一切为了九大》，声称坚持阶级关系变动论，反对所谓"小资产阶级革命派"的观点，认为"十七年来我国的阶级阵线基本上是稳定的。"《一切为了九大》认为："资产阶级思想体系最顽固的维护者和最集中的代表者走资派与广大人民之间的矛盾已经上升到主要地位了。这一基本事实，对于阶级关系的变化起了决定性的影响。"文章认为："从解放战争到文化大革命，党内机会主义者同人民的矛盾由次要上升为主要的矛盾，为革命的主要对象，并因此而引起的革命阵线内部的依靠、团结、清洗对象的变动，这就构成了阶级阵线的大变动。"文章提出了备受争议的论断："资产阶级专政的教育界往往会出现这样一个怪现象：非党员要比党员好，非干部会比干部好。走资派排斥了大量优秀的革命分子"。因而，《一切为了九大》认为：小资产阶级革命派的显著特征是"专门喜欢揪斗地富反坏右以及具有资产阶级世界观的一般知识分子"，"注意力不是主要集中在革命的主要对象——走资派。一有风吹草动，就会把斗争矛头主要地指向革命的一般对象，甚至自己的战友，自觉或不自觉地起到掩护走资派的作用。"教育界的革命对象主要是走资派和反动学术权威，而不是具有资产阶级世界观的一般知识分子。

在全国造成重大影响的湖南杨曦光撰写的大字报《中国向何处去》等文章全面系统集中反映了阶级关系变动论的思想，当时被毛泽东称为"大杂烩"

背景复杂的杨曦光出身于干部家庭,但父母亲戚屡遭政治运动的迫害,文革开始时可以看作是贱民阶层的一员。当时他在重点中学长沙第一中学读高中,运动开始后卷入本校反对工作组的活动,受到工作组的打击,又因为父母的政治问题而遭到红五类红卫兵的歧视。他参加以批判领导干部和"血统论"为特征的造反派组织,积极组织给被打成反革命的群众平反的活动。1967年2月,在二月镇反中被驻军关押了一个多月。获释后,杨曦光到北京等地串联,接触了亲戚中的老红卫兵、联动派的干部子弟,但是更吸引他的是造反学生的"新思潮"。结合在湖南运动中目睹的普通市民对领导人强烈不满的思考,他不满足报刊社论的解释,开始阅读马克思主义原著,进行社会调查,独立地思考文化大革命爆发以及市民与领导干部尖锐冲突的原因。最后,他得出了结论:中国的政权与马克思设想的巴黎公社民主并无共同之处,中国已经形成了压迫和剥削人民的新的特权阶级或者阶层。因此,中国需要一次新的暴力革命推翻特权阶层,重建巴黎公社那样的以民选为基础的政权。杨曦光的这一思想大约形成于1967年10月,1968年他发表《中国向何处去》加以详细阐述。

杨曦光在《关于组织和建立毛泽东主义小组的想法》中提出了"新思潮"的纲领:"推翻中国新生资产阶级特权阶层和官僚机构的统治——这就是我们现阶段的纲领。"杨曦光的《长沙知识青年考察报告》,对特权阶层、官僚机构问题的论述有了深化,提出了社会革命的要求:"中国社会形成了新的资产阶级——特权阶层。中国现存的政权形式基本上是官僚机构,掌握官僚机构的特权阶层是压在中国人民头上的一座山。他们通过城市剥削农村来塞满自己的腰包,他们的高薪就是工农和知青的血汗。"而文化大革命的根源就是"广大劳动人民与特权阶层的矛盾愈来愈尖锐,终于在毛泽东的引导下形成文化大革命的滚滚洪流。"杨曦光认为:"这次革命的目的就是推翻十几年来形成的新资产阶级——特权阶层在中国的统治。对这场革命反抗最力的是新资产阶级及其子女","以前学校里所贯彻的阶级路线是培养新生资产阶级,使干部子女青云直上,这就是它的本质和总宗旨。所以以前学校并没有真正向工农子女开门,而是向高干子女开门。""文化大革命需要一个彻底的社会革命,需要推垮特权阶层、官僚机构的统治,一切改朝换代,改良主义、结构改良都是资本主义道路。"

杨曦光把文化大革命解释为反对"官僚特权阶层"的社会革命,摈弃以党内两条路线、两个司令部为中心的文革理论和实践,蔑视地称其为"罢官革命""揪人运动"。他认为,十七年来中国的社会发生了变化,产生了新的资产阶级,红色资本家——特权阶层,文化大革命群众运动是"广大劳动人民与特权阶层的矛盾尖锐化,而不是通常所说群众与走资派矛盾、或者党内两条路线斗争的结果。"杨曦光对中国社会的这种认识,从根本上挑战十七年来社会关系和制度的合理性,是中共党内各派都不能接受、不能允许的。文革派挑动干部与群众之间的社会矛盾,为实现党内斗争目标所用,而杨曦光事实上是要求党内斗争演变为社会革命。

总之,持阶级关系变动论观点的人,根据自己对社会现实的观察,站在社会底层的立场,利用马克思主义理论进行独立思考,表达了对现实社会的强烈不满和改造社会的强烈愿望,提出的政治主张实质上代表贱民阶层和社会底层民众的利益。他们认为新中国成立以后十七年,阶级关系发生了新的变动,接近形成或已经形成了官僚特权阶层;文化大革命是人民大众与这个特权阶层矛盾发展的产物,因而文化大革命不仅是政治革命,而且是推翻新的官僚特权阶层,即干部阶层统治的社会革命。

(二)财产和权力的再分配论

1967年6月11日,北京中学生的报刊《四三战报》发表文章《论新思潮——四三派宣言》,尝试用"财产和权力的再分配"的概念解释社会主义制度的社会政治矛盾和文化大革命的意义,虽没有被北京中学生造反派四三派普遍接受,却在有理论兴趣的学生中引起思想的波澜。该文的"财产和权力的再分配"概念直接源于毛泽东的讲话。《论新思潮》把历史的演进描述为财产和权力的不断再分配过程。其核心论点是认为社会主义社会继续存在财产和权力分配不理想的状态,故需要继续进行财产和权力的再分配才能保证社会主义的本质,并据此论证党内斗争和文化大革命的意义。文章说:"社会主义社会脱胎于资本主义社会,资本主义社会的分配制度、法权残余不可能一下子消除。所以这些再分配并不理想,仍然使财产和权力暂时集中到少数人手中——当权派手里"。因此,第一,现实的社会主义社会存在制度性的缺陷,财产和权力没有直接掌握在人民手里,而是集中在少数人——当权派的手中,没有实现真正的公有;第二,按照社会主义的原则,由领导干部集中掌握社会财产和政治权力的现状应当只是"暂时代替管理",是不得已而为之,仅具有暂时的合理性;第三,有鉴于此,不仅要有人民群众进行监督,并且要经过不断的革命化措施和文化大革命这样激烈变革行动,进行和平的财产和权力的再分配,即由领导干部逐步交出"暂时代替管理"的财产和权力,最终达到真正的公有。

《论新思潮》把社会矛盾的根源,主要归于现行制度的内部——财产和权力分配的不可避免的暂时性制度缺陷,为人民掌权的领导人必须主动逐步还财产和权力于人民,人民对当权派的有效监督必须得到切实保障。那么,社会主义条件下革命的本质,就是不断提出再分配要求的人民,与企图保持既得利益、并拒绝交出暂时代管的财产和权力的当权派,即特权人物之间的斗争。因此,那些宣称"干部子弟要掌权"的老红卫兵是再分配的被动、甚至是反动的势力。"这次文化大革命就是解决一小撮特权人物同人民群众的矛盾,而特权思想在一些高干及其子女中颇有市场,它的作用比地主资本家的反动思想所起的作用还要坏,因为现在社会上的最主要矛盾是无产阶级和广大劳动人民同特权人物的矛盾。"造反派批判特权,是"对再分配有最激进要求的那一部分人",他们在这场运动中的革命性在于:努力"促成财产、权力的再分配,促成社会的革命变动,打碎特权阶层。"

这种从财产和权力关系的角度，说明文化大革命、社会主义社会矛盾、共产党内斗争的尝试，是几位中学生作者的独立思考，在1967年夏的群众当中并不多见。这种自称四三派的新思潮与1966年秋的新思潮具有相似的倾向，即从制度和社会关系的角度解释政治斗争，但是增加了经济的思考，除了权力还有财产的再分配。这个新思潮与绝大多数热心于鉴别革命的领导干部与走资派，紧跟所谓无产阶级司令部反对资产阶级司令部的造反派思想很不相同，更与那种把现行制度等同于人民当家做主，把革命家的地位视为神圣不可侵犯，并且以此为根据要求享有特殊地位，"干部子弟要掌权"的老红卫兵思潮尖锐对立。1967年7月24日，《文汇报》发表署名"甘斗"题为《评一种所谓新思潮》的文章，否认社会矛盾具有制度性根源。认为："用领导与被领导之间的矛盾偷换社会主义社会两个阶级、两条道路的斗争，这不过是一种陈词滥调，是对社会主义制度的丑化。"实际上，《论新思潮》的行文，明确地区分了代表人民利益的当权派和蜕化变质的当权派，并没有对当权派一概而论，不同的只是完全没有套用无产阶级和资产阶级阶级斗争的概念。

在文化大革命的具体目标和任务问题上，新思潮主张确实如对他们的批判者所说的，是反对无产阶级司令部、反对革命委员会、反对军队（领导人）。新思潮重要之处，在于始终看重社会和政治制度的变革，将其作为政治运动的目标，即使毛泽东收回巴黎公社的榜样地位之后，仍然坚持参照巴黎公社样板变革政治体制，反对仅仅把运动局限于"罢官革命"，新思潮的出发点是反对苏联式的官僚化，反对国家机器和领导者蜕化为不由人民选举产生、不受人民监督、享有特权、压迫人民的官僚机器和官僚，期待巴黎公社式的民主自由能够挽回这个在苏联已经发生并且在中国正在发生的进程。

新思潮是由文化大革命实践和继续革命理论激发的政治和社会批评思潮。它尖锐地揭示出长期存在，并在文革中被认为激化的政治和社会弊端，诸如政治权力高度集中而缺少有效的社会监督，由固化的特定社会分层带来的社会不公正，特权等，与马克思主义理论家预期的社会主义社会相违背的现象。新思潮对所谓特权阶层的猛烈抨击，对政治和社会问题的剖析，对巴黎公社民主的真诚向往，反映出一部分青年对社会主义的理想主义的追求，也是对现实政治和社会关系实际认知，既有深入深邃的观察思考，又有十分明显地幼稚甚至荒谬。他们的思想带有显著的乌托邦的特点，在揭示现存弊病方面虽不无深刻之处，而在改造现实社会方面则陷入荒谬。它在理论上提出反对特权，但是对于铲除特权需要的物质和文化条件没有做更深入的探讨，因此不可避免地陷入空想。新思潮是作为现实政治要求提出的，如果付诸实施只会造成更大的灾难性后果。所幸新思潮始终处于被压抑、被打击的状态。他们的思想观点虽然极端，但是并没有对社会造成多少实际的危害。

结　语

"事实将证明，今天对文化大革命一味进行的全盘谴责与过去对文化大革命的全盘肯定一样，都将无助于对这一事件作出历史的理解。"①历史学家的目的是了解和解释历史，神话制造者则从历史中吸取能量，为现实的政治或宣传目的服务，为深层次的心理基础造势。与这两种人的想法不同，历史事件的直接参与者的意识包含着人的所有情感和目的。直接参与者也许会做些努力，试图理解他们正在经历的事情，而且他们很可能会以各种各样的方式把亲历之事加以神话。②对于文革历史的研究，从严格意义上说，由于各种主客观因素的制约，还处于历史事件的直接参与者与神话制造者类的研究盛行的阶段，真正的历史学家的了解和解释历史的研究亟待大大加强。但也不可否认，许多研究者提出了一些真知灼见，直指历史的本质。关于文革的定义和性质的争论多年来众说纷纭，莫衷一是。否定论者和肯定论者，各执一词，而且能够找出千万条根据和理由去证明它。"促使人们采取行动并在形成人们生活历史的过程中常常起重要作用的动机是多种多样、千差万别的。"③

文化大革命虽被其参与者冠以最富丽堂皇的字眼，号称是"是历史上最广泛、最深刻、规模最大的革命群众运动"，"是使我国生产力发展的一个强大的推动力"，④但不可否认，文革不是一场革命，这

---

① 【美】莫里斯·迈斯纳著，杜蒲、李玉玲译：《毛泽东的中国及后毛泽东的中国——人民共和国史》，第389页。
② 【美】柯文著，杜继东译：《历史三调——作为事件、经历和神话的义和团》，第52页。
③ 【美】柯文著，杜继东译：《历史三调——作为事件、经历和神话的义和团》，第52页。
④ 王力等：《无产阶级专政与无产阶级文化大革命》，载《红旗》第15期，1966

是绝大多数文革研究者达成的基本共识。亨廷顿认为:"革命必定意味着许多集团都对现存秩序怀有不满情绪。革命是'多方面功能失调'的产物","革命就是对一个社会居主导地位的价值观念和神话,以及其政治制度、社会结构、领导体系、政治活动和政策,进行一场急速的、根本性的、暴烈的国内变革。"[1] 1953 年之后,中国政府推出的统购统销、农业合作化运动、反胡风运动、肃反运动、反右派斗争、大跃进运动等,确实造成了社会各个阶层,特别是农民阶层、知识分子阶层的离心倾向和强烈不满,但远远还未达到革命的临界点。文革期间的冲突包含不同层次的冲突:在干部阶层,特别是最高统治集团,主要是治国方略、政策选择和价值选择的冲突;在中学的冲突,主要是身份、成分、家庭出身等引起的冲突;在大学则主要是与学校党政组织亲近远疏之间的冲突;在工厂,则主要是利益冲突和社会地位冲突的混合体。各种冲突相互交错,决定了文革的历史进程和文革的最终走向。文革的最明显的特点,即中下层阶级与上层阶级的冲突为主体的现象并不明显,而是干部阶层之间的冲突决定和影响着其他方面的冲突。但这也不能掩盖运动中实际存在的阶层之间利益冲突。

以毛泽东为首的文革派发动文革的目的,是试图在干部阶层内部的政治斗争和权力斗争中,借用社会其他阶层的力量来打倒政治对手,并借机将以阶级斗争为统领的意识形态灌输给民众。但其他社会阶层一旦被拉入这一运动中必将借机争取自身的利益。他们甚至积极投入其中亦有自身独有的利益诉求。文革派对其他社会阶层的现实利益诉求并不感兴趣,亦从未想过去满足或是作出某些让步,而是一味追求自己目标的实现。文革派在利用民众,民众也在利用文革派,两者打出的旗号大多数时候出奇的一致,但心中的愿景却毫不相同。对社会各个阶层、不同群体利益诉求的漠视甚至背离是文革失败

年 12 月 13 日。

[1] 【美】亨廷顿著,王冠华等译:《变化社会中的政治秩序》,第 220 页。

的最终根源所在。看似轰轰烈烈、全民参与的运动,最后的结局是谁也没有达到目的,社会和政治又回到了原点。因此,从整体上讲,文革无任何社会进步可言。但也不可否认,某种意义上来说,文革也含有一定的现代性因素和进步意义。显著的就是对民众言论、结社自由的短暂默许,固化社会阶层的轻微松动,妇女社会地位和参政人数的提高。整个社会的卫生环境、健康状况、人均寿命等也有所改善和进步。

文革的走向和结局是历史合力的结果,不是任何领袖人物、政治集团、社会阶层所能单独决定的。"历史是这样创造的:最终的结果总是从许多单个的意志的相互冲突中产生出来的,而其中每一个意志,又是由于许多特殊的生活条件,才成为它所成为的那样。这样就有无数相互交错的力量,有无数个力的平行四边形,而由此就产生出一个总的结果,即历史事变,这个结果又可以作为整体的、不自觉地和不自主地起着作用的力量的产物。"[①] 参与文革的社会各个阶层都或多或少对文革的进程和结局产生了影响,所谓个人崇拜等信仰冲突只是历史的表象。对毛泽东的个人崇拜是文革中的一种普遍现象。当时,几乎所有的社会阶层、各派别及团体、个人都呼喊着同样的口号,举着同样的标语,深入探究这一表象背后,存在着冲突本质上是社会阶层利益的冲突。"对于广大民众而言,个人崇拜似乎是更为真实的事情。然而,只要仔细辨析,其中仍然有着特定利益的驱动。在那个政治化的时代,围绕个人崇拜所发明创造的诸种表演形式,都是表演者表白炫耀自己,并借此占据社会生活重要位置(引人注目)的手段。"[②] 每一个社会阶层的思想、观点、行动和对文革中政策的态度,都是其阶层利益的外在表现。一位文革经历者说:"仔细反省当时似乎无可怀疑的个人迷信狂热,其实却以不同的社会阶层利益为

---

① 《马克思恩格斯选集》,第四卷,第 478—479 页。
② 尤西林:《文革境况片段》,徐友渔编:《1966 我们那一代的回忆》,第 8-9 页。

前提基础，众口一词的'毛主席'实质有着不同甚至对立的含义。""遭受资产阶级反动路线与血统论压制的'造反派'把毛泽东作为永生不背叛民众的革命家领袖，作为反抗特权阶层压迫的正义带头人。所谓尊严感，这特别是对那些将一己抗争提高到反抗特权统治，建立理想社会理念框架的人而言。在这种尊严感中，'毛主席'具有革命战友的意味，此中基本没有后来史家所反复断定的个人崇拜意识"，"有一种红卫兵对毛泽东的拥戴崇拜实质也以自身既得利益为立场。在那种似乎完全是理想观念性的革命欢呼与流行的朴素阶级感情表白语中，蕴含着对自身利益的肯定与守护，以及将此种既得利益升华到普遍观念的自豪。"①

"不应高估抽象的个人崇拜，起支配作用的是实际的利益。"②唐少杰、王绍光等认为，决定群众冲突的本质原因是尖锐对立的利益、要求和目的，而非纯然是意识形态的冲突，也不是一场更换官员职权的政治变革。王绍光认为，文革中对毛泽东的崇拜倾向是出于个人或是群体阶级的自利与理性，本质上出自阶级决定的利益追求。因此，群众信仰的是自身认知的毛泽东，而非真实的毛泽东。群众并进一步将自我利益诉诸对毛泽东思想的解读及其产生的行动上，将利益之争披上道德、理念之争的外衣，并由官方的意识形态（如继续革命、防止资本主义复辟、捍卫红色江山）来保护自己的利益，形成理性的疯狂持久战。

对文革需放在中国从传统的农业社会向现代工业社会转型这一长时段的历史过程来审视。毛泽东在文革中提出的理想社会的目标，实际上中国社会几千年来自给自足小农经济社会的最高理想——大同社会的翻版，与现代化目标格格不入。邵燕祥认为："文革是数千年皇权专制主义在二十世纪人类历史上的一次回光返照。它的反文明、反理性、反人道，因其持续时间之长，而且发生在八亿人口的

---

① 尤西林：《文革境况片段》，徐友渔编：《1966 我们那一代的回忆》，第 8 页。
② 尤西林：《文革境况片段》，徐友渔编：《1966 我们那一代的回忆》，第 9 页。

大国，对人民的荼毒之深之广，甚至超过了希特勒对其国内的祸害。"① 文革对现代化的意义，主要在于提出了现代社会的民主政治的议题，即公民应参与政治，参与国家管理中，并在文革初期力图通过建立民众自治的社会组织来实现。但这一设想很快被抛弃。除了暂时把地方政府改称革委会，文化大革命基本上没有改变中国的分层和干部制度。知识分子、工人、农民、红卫兵都没有从文革得到好处。全国约六千名靠造反进入干部阶层的所谓年轻干部暂时获益，但在文革结束后迅速遭到逮捕和清洗。十年文革对社会各个阶层来说都是一场浩劫，是一场严重的社会动乱和民族危机。

文革没有对它所产生和所依赖的社会结构产生任何改变，追求纯而又纯的社会主义公有制和计划经济而产生的城乡二元社会结构、户籍制度、单位制度、身份制度、社会分层和社会结构等，在文革中没有产生任何改变，反而有所强化，使社会进一步失去活力和动力。社会冲突并非完全没有积极意义，有些社会冲突会导致政治的冲突。然而，正如冲突并非变得日益诉诸暴力和日益具有破坏性，而是通过各种组织和机构得到抑制，通过组织和机构，冲突可以在宪法制度之内得到表现。政治党派、选举和议会，使得冲突成为可能，又不至于爆发革命。

文革的失败不在于它没有产生根本的社会变革。因为在缺乏必要的经济条件的情况下，任何企图激进地改变现存的劳动分工并废除阶级差别的尝试都势必导致经济混乱。文革的真正失败在于，它没有产生普遍的民主政治制度，这些制度使劳动群众获得对生产资料的控制，并最终在发展现代生产力的同时，使劳动群众自身获得社会经济上的解放，从而使整个社会获得解放。"在文化大革命过程中，随着权威的削弱，学生、工人、退伍军人获得了机会来表达他们热情和造反精神。但最后，经济结构不能满足他们的要求，他们不得不回

---

① 高德增、丁东编：《世纪学人自述》第六卷，第 452 页。

到自己不满意的生活状态。"①

　　文革失败之处还在于它在处理国家与社会关系方面的失败。文革不是适当扩大社会的自由度和社会自组织的功能和力量,而是使本来就已经高度重叠的国家权力和社会权力更加强化。国家在几乎全部控制经济活动、政治活动的情况下,试图全部控制文化权力,乃至试图改变人们的思维方式,改变人的根本属性,在人的灵魂深处闹革命,锻造所谓新人。由于国家控制了几乎全部权力,群众社会并没有发展成为群众有效参与的现代民主社会。亨廷顿认为,群众社会和参与社会两者都具有高水平的政治参与。它们的区别在于各自政治组织和程序的制度化程度。在群众社会里,政治参与是无结构的、无常规的、漫无目的的和杂乱无章的。每一股社会势力都试图利用自己最强的手段和战术来确保自己的目标。政治上的冷淡和激愤相互交替,他们是缺乏权威性政治象征和制度的孪生兄弟。在这里,政治参与的独特形式就是把暴力与非暴力、合法与非法、胁迫与说服结合起来使用的群众运动。群众社会缺乏能够把民众的政治愿望和政治活动与他们领袖们的目标和决定联系起来的组织结构。结果,领袖和群众之间就存在着面对面的直接关系,用科恩豪泽的话来说就是:领袖可以任意动员群众,群众可以随时影响领袖。而参与政体则不是这样,它的民众高度参与是通过政治制度来进行组织和安排的。②

　　文革剧烈动荡使社会各阶层、各群体产生了实现自身利益和目标的期望。当希望破灭以后接踵而至的必然是幻灭感和虚无主义情绪,对于人们来说,好像什么也没有改变,一切又回到了原点。"革命所取得的实际历史成就则会被人们忽视或遗忘。只是在革命时代的政治斗争和思想斗争成为遥远的过去以后,通常是经过好几代人的时间,革命时期的历史画卷才会清晰地展现在人们面前。正是毛泽

---

① 傅高义著、高申鹏译:《共产主义下的广州:一个省会的规划与政治(1949—1968)》,第331页。
② 【美】亨廷顿著,王冠华等译:《变化社会中的政治秩序》,第68页。

东时代的污点,尤其是大跃进和文化大革命,深深地留在当代的政治意识和历史意识之中,人们不能够也不应该忘记这些事件的巨大失误及其造成的巨大的人员损失。但是,未来的历史学家在看到这些污点和罪行的同时,肯定会把人民共和国历史上伟大的时期之一,作为一个取得了社会成就和人类成就的时期。"①

作为一个历史事件,文革对中国社会的进步亦有其积极意义。就如莫里斯·迈斯纳在《毛泽东的中国和后毛泽东的中国》中所说:在两年的时间里,中国人民享有前所未有的自由:批判社会,向现存的政治权力机构造反,建立自己的政治组织,在公众讲坛、大字报和报纸上表达自己的不满和希望等等。这种在言论自由、集会自由和出版自由等方面广泛的(尽管是失败的)实验至少在城市地区是如此普遍,给人的体验是如此强烈,因而它必然给人们尤其是给年轻人对权力的态度造成深远的影响。无论文化大革命的失败是多么惨重,它确实把向当局造反是群众的权利这一概念灌输了群众的意识中。当中国人民越来越充分的认识到这种权利既非上面所赐,亦非上面所能废除而为他们所固有的权利时,他们也许会再次实践无产阶级文化大革命所鼓吹的一幕,其唯一的方法只能是群众自己解放自己,不能采取任何包办代替的方法。文革提出的现代社会的命题有待于进一步求证,文革更为深远的意义还有待于更为深刻的挖掘和认识。

---

① 【美】莫里斯·迈斯纳著,杜蒲、李玉玲译:《毛泽东的中国及后毛泽东的中国——人民共和国史》,第543页。

参考文献

一、著作

【德】马克思 恩格斯著:《马克思恩格斯选集》,第1—4卷,北京:人民出版社,1972年版。

《上访通讯》编辑室编:《春风化雨集》,北京:群众出版社,1981年版。

商业部商业经济研究所编:《新中国商业史稿》,北京:中国财政经济出版社,1984年版。

高皋 严家其著:《"文化大革命"十年史》,天津:天津人民出版社,1988年版。

【美】阿妮达·陈著 史继平 田晓菲 穆建新译:《毛主席的孩子们——红卫兵一代的成长与经历》,天津:渤海湾出版公司,1988年版。

【美】格尔哈斯·伦斯基著 关信平 陈宗显 谢晋宇译:《权力与特权:社会分层的理论》,杭州:浙江人民出版社,1988年版。

【美】罗德里克·麦克法夸尔著,《文化大革命的起源翻译组》译:《文化大革命的起源(第一卷 人民内部矛盾1956—1957)》,石家庄:河北人民出版社,1989年版。

【美】罗德里克·麦克法夸尔著,《文化大革命的起源翻译组》译:《文化大革命的起源(第二卷 大跃进19586—1960)》,石家庄:河北人民出版社,1989年版。

《当代中国的北京》编委会:《当代中国的北京》,中国社会科学出版社,1989年版。

《当代中国的天津》编委会:《当代中国的天津》,中国社会科学出版社,1989年版。

《当代中国的山东》编委会:《当代中国的山东》,中国社会科学出版社,1989年版。

余习广主编:《位卑未敢忘忧国——"文化大革命"上书集》,湖南人民出版社,1989年版。

【美】梁恒 朱迪思·夏比罗著：《文革之子》，北京：中国民间文艺出版社，1989年版。

【美】兹·布热津斯基著 军事科学院外国军事研究部译：《大失败——二十世纪共产主义的兴亡》，北京：军事科学出版社，1989年版。

中国社会科学院 中央档案馆编：《中华人民共和国经济档案资料选编（1953—1957）》（劳动工资和职工保险福利卷），北京：中国物价出版社，1990年版。

中共中央党史研究室著，胡绳主编：《中国共产党的七十年》，北京：中共党史出版社，1991年版。

巴金著：《巴金书信集》，北京：人民文学出版社，1991年版。

魏明铎著：《中国共产党纪律检查工作全书》，石家庄：河北人民出版社，1992年版。

【美】罗德里克·麦克法夸尔 费正清编 俞金尧 孟庆龙 郑文鑫 张晓华等译：《剑桥中华人民共和国史 下卷 中国革命内部的革命1966—1982年》，北京：中国社会科学出版社，1992年版。

李路路 王奋宇著：《中国社会化进程中的社会结构及其变革》，杭州：浙江人民出版社，1992年版。

【法】托克维尔著 冯棠译：《旧制度与大革命》，北京：商务印书馆，1992年版。

王育琨著：《中国：世纪之交的城市发展》，沈阳：辽宁人民出版社，1992年版。

王绍光著：《理性与疯狂——文化大革命中的群众》，香港：牛津大学出版社，1993年版。

杨健著：《文化大革命中的地下文学》，北京：朝华出版社，1993年版。

《中共上海市教育卫生体育系统党史大事记》，上海：上海交大出版社，1993年版。

杨小凯著：《牛鬼蛇神录》，香港：牛津大学出版社，1994年版。

艾晓明著：《血统——一个黑五类子女的文革记忆》，广州：花城出版社，1994年版。

金春明著：《"文化大革命"史稿》，成都：四川人民出版社，1995年版。

王年一著:《大动乱的年代》,郑州:河南人民出版社,1996年版。

席宣 金春明著:《"文化大革命"简史》,北京:中共党史出版社,1996年版。

殷志静 郁奇虹著:《中国户籍制度改革》,北京:中国政法大学出版社,1996年版。

刘青峰编:《文化大革命——史实与研究》,香港:香港中文大学出版社,1996年版。

王景伦著:《毛泽东的理想主义和邓小平的现实主义——美国学者论中国》,北京:时事出版社,1996年版。

杨易辰著:《杨易辰回忆录》,北京:中央文献出版社,1996年版。

宋永毅 孙大进著:《文化大革命和它的异端思潮》,香港:田园书屋,1997年版。

中共中央文献研究室编:《周恩来年谱（1949—1976）》（上、中、下）,北京:中央文献出版社,1997年版。

【英】哈耶克著 王明毅等译:《通往奴役之路》,北京:中国社会科学出版社,1998年版。

金冲及主编:《周恩来传》,北京:中央文献出版社,1998年版。

者永平主编:《那个年代中的我们》上、下册,呼和浩特:远方出版社,1998年版。

徐友渔编:《1966我们那一代的回忆》,北京:中国文联出版公司,1998年版

陈敏之 丁东编:《顾准寻思录》,北京:作家出版社,1998年版。

贺黎 杨健著:《无罪流放:66位知识分子"五·七干校"告白》,北京:光明日报出版社,1998年版。

《胡乔木传》编写组编:《胡乔木论中共党史》,北京:人民出版社,1999年版。

马识途著:《沧桑十年》,北京:中共中央党校出版社,1999年版。

陈文斌 林蕴辉等主编:《中国共产党执政五十年(1949—1999)》,北京:中共党史出版社,1999年版。

徐友渔著:《形形色色的造反——红卫兵精神素质的形成及演变》,香港:

香港中文大学出版社，1999年版。

徐友渔著：陶鹤山译《自由的言说——徐友渔文选》，长春：长春出版社，1999年版。

赵丰编著：《红色牛棚——"五·七"干校纪实》，西宁：青海人民出版社，1999年版。

徐晓　丁东　徐友渔编：《遇罗克遗作与回忆》，北京：中国文联出版公司，1999年版。

邓瑞金主编：《名士自白：我在文革中》上、下册，呼和浩特：内蒙古人民出版社，1999年版。

罗点点著：《我的父亲罗瑞卿：红色家族档案》，广州：南海出版公司，1999年版。

朱学勤著：《书斋里的革命》，长春：长春出版社，1999年版。

冯毅之著：《风雨沧桑一百年》，第1—5册，香港：天马图书有限公司，1999年版。

张化　苏采青主编：《回首"文革"》上、下册，北京：中共党史出版社，2000年版。

【英】哈耶克著　冯克利　胡晋华译：《致命的自负——社会主义的谬误》，北京：中国社会科学出版社，2000年版。

【美】费正清著　刘遵奇译：《费正清文集——伟大的中国革命（1800—1985）》，北京：世界知识出版社，2000年版。

【美】柯文著　杜继东译：《历史三调：作为事件、经历和神话的义和团》，南京：江苏人民出版社，2000年版。

王力著：《王力反思录》，香港：北星出版社，2001年版。

徐友渔著：《直面历史》，北京：中国文联出版社，2000年版。

高德增、丁东编：《世纪学人自述》第六卷，北京：十月文艺出版社，2000年版。

单少杰著：《毛泽东执政春秋》，台湾：联经出版事业公司，2001年版。

陈凯歌著：《少年凯歌》，北京：人民文学出版社，2001年版。

边燕杰主编：《市场转型与社会分层——美国社会学者分析中国》，北京：三联书店，2002年版。

弗里曼（Edward Friedman）毕克伟（Paul G—pickowicz）塞尔登（Mark Selden）著《中国乡村·社会主义国家》，陶鹤山译，北京：社会科学文献出版社，2002年版。

宋云彬著：《红尘冷眼》，太原：山西人民出版社，2002年版。

宋永毅著：《文革大屠杀》，香港：开放杂志社，2002年版。

顾准著：《顾准自述：文革期间的历史交代》，北京：中国青年出版社，2002年版。

中共中央文献研究室编 逄先知 金冲及主编：《毛泽东传（1949—1976）》，北京：中央文献出版社，2003年版。

高文谦著：《晚年周恩来》，香港：明镜出版社，2003年版。

陆益龙著：《户籍制度——控制与社会差别》，北京：商务印书馆，2003年版。

张新蚕著：《红色少女日记：一个女红卫兵的心灵轨迹》，北京：中国社会科学出版社，2003年版。

【美】费正清著 张理京译：《费正清文集——美国与中国》，北京：世界知识出版社，2003年版。

【美】费正清著 傅光明译：《费正清文集——观察中国》，北京：世界知识出版社，2003年版。

【美】吉尔伯特·罗兹曼主编 国家社会科学基金"比较现代化"课题组译：《中国的现代化》，南京：江苏人民出版社，2003年版。

亚里士多德著，颜一、秦典华译：《政治学》，北京：中国人民大学出版社，2003年版。

朱多锦著：《发现与批判——朱多锦文论论稿选》，北京：中国文学出版社，2003年版。

唐少杰著：《1968：一叶知秋——从清华大学"百日大武斗"谈起》，香港：香港中文大学出版社，2003年版。

陆益龙著：《户籍制度——控制与社会差别》，北京：商务印书馆，2004年版。

冯骥才著：《一百个人的十年》，北京：时代文艺出版社，2004年版。

刘文忠著：《风云人生路：一个残疾苦囚新生记》，澳门：崇适文化出版拓展有限公司，2004 年版。

陈明显著：《晚年毛泽东》，南昌：江西人民出版社，2005 年版。

关海庭主编：《中国近现代政治发展史》，北京：北京大学出版社，2005 年版。

郭德宏 林小波著：《四清运动实录》，杭州：浙江人民出版社，2005 年版。

柯文著 杜继东译：《历史三调——作为事件、经历和神话的义和团》，南京：江苏人民出版社，2005 年版。

【法】吉斯塔夫·勒庞著 冯克利译：《乌合之众——大众心理研究》，北京：中央编译出版社，2005 年版。

【美】斯图尔特·R·施拉姆著 田松平 杨德等译：《毛泽东的思想》，北京：中国人民大学出版社，2005 年版。

陈伯达著；《陈伯达最后口述回忆》，香港：阳光环球出版香港有限公司，2005 年版。

【日】竹内实著 程麻译：《文化大革命观察》（《竹内实文集》第六卷），北京：中国文联出版社，2005 年版。

鲁礼安著 王绍光校：《仰天长啸：一个单监十一年的红卫兵狱中吁天录》，香港：香港中文大学出版社，2005 年版。

陈白尘著：《缄口日记》，郑州：大象出版社，2005 年版。

西德尼·塔罗著 吴庆宏译：《运动中的力量：社会运动与斗争政治》，南京：凤凰出版集团 译林出版社，2005 年版。

罗胜银著：《顾准的最后 25 年》，北京：中国文史出版社，2005 年版。

【美】戴维·格伦斯基主编：《社会分层》，北京：华夏出版社，2006 年版。

杨继绳著：《中国当代社会各阶层分析》，兰州：甘肃人民出版社，2006 年版。

周伦佐著：《"文革"造反派真相》，香港：田园书屋，2006 年版。

【美】罗斯·特里尔著 胡为雄 郑玉臣译：《毛泽东传（最新版全译本）》，北京：中国人民大学出版社，2006 年版。

【美】约翰·布莱恩·斯塔尔著 曹志为 王晴波译：《毛泽东的政治哲学》，

北京：中国人民大学出版社，2006年版。

【美】艾尔文·古德纳著　顾晓辉　蔡嵘译：《知识分子的未来和新阶级的兴起》，南京：凤凰出版传媒集团　江苏人民出版社，2006年版。

陈益南著：《青春无痕：一个造反派工人的十年文革》，香港：香港中文大学出版社，2006年版。

宋永毅主编：《文化大革命：历史真相与集体记忆》，香港：田园书屋，2007年版。

唐筱菊主编：《在"五七干校"的日子》，北京：中共党史出版社，2007年版。

李强著：《社会分层十讲》，北京：社会科学文献出版社，2008年版。

李春玲　吕鹏著：《社会分层理论》，北京：中国社会科学出版社，2008年版。

边燕杰　吴晓刚　李路路主编：《社会分层与流动》，北京：中国人民大学出版社，2008年版。

朱光磊著：《当代中国政府过程》，天津：天津人民出版社，2008年版。

叶维丽　马笑冬著：《动荡的青春——红色大院的女儿们》，北京：新华出版社，2008年版。

【美】亨廷顿著　王冠华等译：《变化社会中的政治秩序》，上海：上海人民出版社，2008年版。

【美】汉娜·阿伦特著　林骧华译：《极权主义的起源》，北京：三联书店，2008年版。

李毅著　肖蕾译：《中国社会分层的结构与演变》，合肥：安徽大学出版社，2008年版。

【美】傅高义著　高申鹏译：《共产主义下的广州：一个省会的规划与政治（1949—1968）》，广州：广东人民出版社，2008年版。

张贤亮、杨宪益等著：《亲历历史》，北京：中信出版社，2008年版。

李若建著：《折射：当代中国社会变迁研究》，广州：中山大学出版社，2009年版。

卜伟华著：《中华人民共和国史　1949—1981》第六卷《砸烂旧世界——文化大革命的动乱与浩劫（1966—1968）》，香港：香港中文大学出版社，2009年版。

史云 李丹慧著：《中华人民共和国史 1949—1981》第八卷《难以继续的"继续革命"》，香港：香港中文大学出版社，2009年版。

沈志华 杨奎松主编：《美国对华情报解密档案（1948—1976）》第1—8集，上海：东方出版中心，2009年版。

华东师范大学中国当代史研究中心编：《中国当代史研究》第一辑，北京：九州出版社，2009年版。

印红标著：《失踪者的足迹——文化大革命期间的青年思潮》，香港：香港中文大学出版社，2009年版。

金大陆 金光耀主编：《中国知识青年上山下乡研究文集》（上、中、下），上海：上海社会科学出版社，2009年版。

【法】夏尔·贝特兰著 中国工人研究网编译：《中国的文化大革命与工业组织——管理以及劳动分工的变革》，香港：中国文化传播出版社，2009年版。

陈小津著：《我的"文革"岁月》，北京：中央文献出版社，2009年版。

郭德宏 宋淑玉 张艺编：《我与五七干校》，北京：人民出版社，2009年版。

李陀 北岛主编：《七十年代》，北京：三联书店，2009年版。

刘小萌著：《中国知青史·大潮（1966—1980）》，北京：当代中国出版社，2009年版。

巴金著：《随想录》，北京：作家出版社，2009年版。

【德】马克斯·韦伯著 阎克文译：《马克斯·韦伯社会学文集》，北京：人民出版社，2010年版。

【美】詹姆斯·R·汤森 布莱特利·沃马克著 顾速 董方译：《中国政治》，南京：凤凰出版传媒集团 江苏人民出版社，2010年版。

【法】潘鸣啸著 欧阳因译：《失落的一代——中国的上山下乡运动1968—1980》，北京：中国大百科全书出版社，2010年版。

朱汉国 耿向东等著：《20世纪的中国——走向现代化的历程（社会生活卷 1949—2000）》，北京：人民出版社，2010年版。

李城外编：《向阳湖纪事——咸宁"五七"干校回忆录》上、下册，武汉：

武汉出版社，2010年版。

韩庆祥著：《面向"中国问题"的马克思主义哲学》，武汉：武汉大学出版社，2010年版。

茅于轼著：《无悔的历程》，杭州：浙江人民出版社，2010年版。

刘冰著：《风雨岁月：1964—1976年的清华》，北京：当代中国出版社，2010年版。

云峰选编：《平民历史——60—70年代·焚烧的青春与尘封往事》，昆明：云南出版集团公司 云南人民出版社，2010年版。

徐海亮著：《武汉七二〇事件实录》，香港：中国文化传播出版社，2010年版。

季羡林著：《牛棚杂忆》，北京：外语教学与研究出版社，2010年版。

吴汉全著：《中国当代社会史》第二卷（1956—1966），长沙：湖南人民出版社，2011年版。

王冠中 郑文涛 韩华著：《中国当代社会史》第三卷（1966—1978），长沙：湖南人民出版社，2011年版。

华东师范大学中国当代史研究中心编：《中国当代史研究》（二），北京：九州出版社，2011年版。

华东师范大学中国当代史研究中心编：《中国当代史研究》（三），北京：九州出版社，2011年版。

米鹤都著：《心路：共和国同龄人透视》，北京：中央文献出版社，2011年版。

金大陆著：《非常与正常——上海"文革"时期的社会生活》（上、下），上海：上海辞书出版社，2011年版。

米鹤都主编：《回忆与反思 红卫兵时代风云人物——口述历史之一》，香港：中国书局有限公司，2011年版。

米鹤都主编：《回忆与反思 红卫兵时代风云人物——口述历史之二》，香港：中国书局有限公司，2011年版。

许子东著：《重读"文革"》，北京：人民文学出版社，2011年版。

北岛 曹一凡 维一编：《暴风雨的记忆 1965—1970年的北京四中》，北京：三联书店，2012年版。

徐小棣著：《颠倒岁月》，北京：三联书店，2012年版。

徐正全著：《雪地足迹——一个文革死刑犯的人生记忆》，香港：中国文化传播出版社，2012年版。

孙月才著：《悲歌一曲：文革十年日记》，香港：香港中文大学出版社，2012年版。

中共中央文献研究室编：《毛泽东年谱（1949—1976）》，第1—6册，北京：中央文献出版社，2013年版。

高王凌著：《中国农民反行为研究（1950—1980）》，香港：香港中文大学出版社，2013年版。

王光照著：《这里 那时 潮起潮落——武汉锅炉厂文革记事》，香港：中国文化传播出版社，2013年版。

李汉林著：《中国单位社会议论、思考与研究》，北京：中国社会科学出版社，2014年版。

王克明 宋小明编：《我们忏悔》，北京：中信出版社，2014年版。

何蜀主编：《真相与反思——2013年〈昨天〉精选》，香港：中国文化传播出版社，2014年版。

王海光著：《时过境未迁——中国当代史采薇》，成都：四川人民出版社，2014年版。

邵燕祥著：《一个戴灰帽子的人》，南京：江苏凤凰文艺出版社，2014年版。

卢叔宁著：《一个黑五类的文革自述——苦难、不屈与求索》，台北：秀威资讯科技股份有限公司，2014年版。

李秉奎著：《狂澜与潜流——中国青年的性恋与婚姻（1966—1976）》，北京：社会科学文献出版社，2015年版。

李逊著：《革命造反年代：上海文革运动史稿》香港：牛津大学出版社，2015年版。

【美】周锡瑞著，史金金等译：《叶：百年动荡中的一个中国家庭》，太原：山西人民出版社，2014年版

何蜀主编：《亲历者的责任——2014〈昨天〉精选》，香港：中国文化传播出版社，2015年版。

孙怒涛主编：《历史拒绝遗忘——清华十年文革回忆反思集》，上、下册，香港：中国文化传播出版社，2015年版。

石名岗著：《文革中的山西》，香港：天马图书有限公司，2015年版。

彭绍鹏著：《时代与人生——一介草民的故事》，香港：中国文化传播出版社，2015年版。

王大宾著：《王大宾回忆录》，香港：中国文革历史出版社，2015年版。

岑颖义编著：《赤字——武汉水利电力学院文革回忆》，香港：中国文化传播出版社，2016年版。

季羡林著：《季羡林修身沉思录》，北京：中国财政经济出版社，2017年版。

张绍春著：《五七干校研究》，北京：人民出版社，2018年版。

启之主编：《中华学人论文集》（一）（二）（三）（四），奥斯汀：美国华忆出版社，2019年版。

中共中央文献研究室编：《周恩来年谱（1949—1976）》上、中、下册，北京：中央文献出版社，2020年版。

二、学位论文

张志明著：《"文化大革命"时期革命委员会研究》（博士论文1995），北京：中共中央党校。

范明强著：《论红卫兵政治思潮》（博士论文2000年），北京：中国人民大学。

张明军著：《50、60年代我国政治体制的演变与"文化大革命"的发动》（博士论文2001），上海：华东师范大学。

金鹏著：《符号化政治——并以文革时期符号象征秩序为例》（博士论文2002年），上海：复旦大学。

叶青著：《"文革"时期福建群众组织研究》（博士论文2002），福州：福建师范大学。

印红标著：《"文化大革命"期间的青年思潮与思想探索（1966—1976）》（博士论文2005年），北京：北京大学。

王朝晖著：《美国对中国"文化大革命"的研究》（博士论文2005年），

长春：东北师范大学。

黄延敏著：《"破四旧"运动研究》（博士论文2007年），北京：中国人民大学。

王宇英著：《"文革"时期家庭政治化问题研究》（博士论文2007年），北京：首都师范大学。

董宝训著：《当代中国政治文化研究（1949—1978）》（博士论文2009年），济南：山东大学。

张业赏著：《山东"文化大革命"史研究》（博士论文2010年），济南：山东大学。

王芳著：《记忆中的底层文革——关于文革时期武汉钢工总的口述历史研究》（硕士论文），武汉：武汉理工大学。

三、文献资料、内部资料

国防大学党史党建政工教研室编：《"文化大革命"研究资料》上、中、下册，内部资料，1988年印制。

密洛凡·吉拉斯著　陈逸译：《新阶级——对共产主义制度的分析》，北京1998年印制。

宋永毅主编：《中国文化大革命文库（光盘）》，美国《中国文化大革命文库》编纂委员会，香港中国研究服务中心出版，2002年。

王友琴著：《文革受难者——关于迫害、监禁和杀戮的寻访实录》（电子版图书）2004年。

高华：《身份和差异——1949年至1965年中国社会的政治分层》（未刊资料）

宋书星著：《文化大革命四十周年祭》（内部印刷本），济南2006年印制。

中共北京市委党史研究室编：《内乱的十年——北京区县"文化大革命"时期纪略》（内部资料）。

刘国凯著：《广州红旗派的兴亡》（电子版）

沈福祥著：《我的文革岁月》（电子版）

商欣仁　彭祖龙著：《六渡桥的黄昏》（电子版）

郑义著：《红色纪念碑——献给在"无产阶级文化大革命"中惨死的十万

广西冤魂》（电子版）

李梧龄著：《不堪回首》（电子版）

刘国凯著：《基层文革泥泞路》（电子版）

王希哲著：《毛泽东与文化大革命》（电子版）

张宗鲁著：《从我文革期间被判刑十年说文革》（电子书刊）。

四、论文

路风：《中国单位体制的起源和形成》，《中国社会科学季刊》（香港），1993年（第4卷），总第5期。

周平：《中国单位体制的演变与城市社会政治控制方式的调整》，《云南大学人文社会科学学报》，2000年第3期。

路风：《单位：一种特殊的社会组织形式》，《中国社会科学》1989年第1期。

叶麒麟：《中国单位制度变迁——一种历史制度分析的视角》，《华东理工大学学报（社会科学版）》，2008年第4期。

李路路：《社会分层结构的变革：从"决定性"到"交易性"》，《社会》2008年第3期，第28卷。

李汉林：《变迁中的中国单位制度——回顾中的思考》，《社会》2008年第3期，第28卷。

李强：《试分析国家政策影响社会分层结构的具体机制》，《社会》2008年第3期，第28卷。

唐少杰：《"文化大革命"史稿刍议》，《开放时代》1998年第6期。

五、报刊资料

《人民日报》《解放军报》《红旗》杂志、《新华月报》《文汇报》《中共党史研究》《当代中国史研究》《党的文献》《炎黄春秋》《百年潮》《开放时代》《华夏文摘增刊》《记忆》《昨天》。

2025年8月31日定稿

www.ingramcontent.com/pod-product-compliance
Lightning Source LLC
Chambersburg PA
CBHW031148020426
42333CB00013B/570